学/者/文/库/系/列

U0869136

现代科技管理体系研究

薛鹏程　胡世明　刘丹萍　著

哈尔滨工程大学出版社
Harbin Engineering University Press

内容简介

本书对国内外科技管理现状进行综述，指出国外科技管理体系的优点及我国存在的瓶颈和短板。旨在剖析现代科技管理体系运作规律，结合国内外实践经验与理论成果，为我国科技管理体系优化升级提供参考。内容涵盖现代科技管理体系的基本理论框架与构成要素、国内外现状比较分析、运行机制与运作模式，以及针对我国科技管理相关问题的优化策略与路径选择。

本书适合科技管理领域的研究者、政府相关部门的工作人员及对科技管理感兴趣的读者阅读。

图书在版编目(CIP)数据

现代科技管理体系研究 / 薛鹏程，胡世明，刘丹萍著. -- 哈尔滨：哈尔滨工程大学出版社，2025. 5.
ISBN 978-7-5661-4775-2

Ⅰ. F204

中国国家版本馆 CIP 数据核字第 2025VG7245 号

现代科技管理体系研究
XIANDAI KEJI GUANLI TIXI YANJIU

选题策划 夏飞洋
责任编辑 夏飞洋
封面设计 李海波

出版发行 哈尔滨工程大学出版社
社　　址 哈尔滨市南岗区南通大街 145 号
邮政编码 150001
电　　话 0451-82519989
经　　销 新华书店
印　　刷 哈尔滨市海德利商务印刷有限公司
开　　本 787 mm×1 092 mm　1/16
印　　张 20. 25
字　　数 351 千字
版　　次 2025 年 5 月第 1 版
印　　次 2025 年 5 月第 1 次印刷
书　　号 ISBN 978-7-5661-4775-2
定　　价 58. 00 元

http://www. hrbeupress. com
E-mail:heupress@ hrbeu. edu. cn

前　　言

在 21 世纪的今天,科技创新已成为推动社会进步和经济发展的核心动力。随着全球科技竞争的日益激烈,如何构建一个高效、灵活且可持续发展的现代科技管理体系,已成为各国政府、企业、高校和科研机构共同关注的焦点。本书旨在系统地探讨现代科技管理体系的构建、运行与优化,为科技管理领域的理论研究与实践应用提供参考。

本书共分为 9 章,内容涵盖了现代科技管理体系的各个方面。第 1 章从宏观的角度概述了科技管理体系的定义与内涵,以及现代构成要素、特点与优势,并分析了其发展趋势。第 2 章聚焦科技预测与战略规划,详细介绍了科技预测的方法与流程,以及科技战略规划的制定与实施,并通过国内外案例分析揭示了科技预测与战略规划的互动关系。第 3 章深入探讨了科技体制与组织结构,比较了世界主要科技体制的特点,分析了中国科技体制的形成与发展,以及存在的问题与挑战,并提出了构建新型科技体制的对策与建议。第 4 章和第 5 章分别从科技计划与项目管理、科技资源配置与利用的角度,探讨了如何通过科学的项目管理和资源优化配置提升科技创新的效率与质量。第 6 章则聚焦科技评估与决策支持,系统介绍了科技评估的概念、方法与应用,并探讨了大数据与人工智能在科技决策支持中的潜力与挑战。第 7 章从科技管理创新与政策层面分析了科技管理创新的必要性与路径,探讨了科技创新政策的制定、执行及国际比较等。第 8 章通过国内外知名企业、高校与科研机构以及区域科技创新体系的实践案例,总结了科技管理体系建设的经验与启示。最后,第 9 章展望了未来科技管理体系的发展趋势,并提出了构建适应未来需求的科技管理体系的策略建议。

本书的编写立足于理论与实践相结合,既注重理论体系的系统性与前瞻性,又强调实践案例的典型性与可操作性。通过对国内外科技管理经验的总结与反思,本书旨在为科技管理者、政策制定者、研究人员以及相关领域的学者提供有益的参考与借鉴。

在本书的编写过程中,参考了大量国内外文献、政策文件和实践案例,力求做到内容翔实、观点鲜明。然而,科技管理领域的发展日新月异,书中难免存在不足之处,恳请广大读者批评指正。

最后,感谢所有为本书编写提供支持与帮助的同事、朋友和专家。希望本书能够为推动我国科技管理体系的优化与升级贡献一份力量,助力我国在全球科技竞争中占据更加有利的地位。

本书撰写工作分工如下:宿迁学院薛鹏程老师负责第1、6、8、9章的编写,约12.2万字;黑龙江省科学院胡世明老师完成第3、4、5章及附录部分,约14.7万字;黑龙江省科学院刘丹萍老师撰写第2、7章,约8.2万字。全书总计约35.1万字。

本书得到"宿迁学院人才引进科研启动基金项目(校2023XRC014)、宿迁市科技计划指令性项目(K202334)、江苏高校哲学社会科学基金项目(2024SJYB1750)、江苏高校哲学社会科学基金项目(2024SJSZ1041)"的资助,系阶段性成果,在此表述感谢!

限于著者水平有限,书中难免有不足之处,欢迎读者批评指正,敬待专家、学者的宝贵意见。

著　者

2024年10月

目　　录

第1章　现代科技管理体系概述

随着全球科技竞争的日益激烈和科技创新的加速推进，构建科学、高效、适应时代发展的现代科技管理体系已成为各国提升综合国力、推动经济社会高质量发展的关键所在。科技管理，作为连接科技进步与社会应用的桥梁，其重要性不言而喻。本章旨在全面概述现代科技管理体系的定义与内涵、构成要素、特点与优势以及发展趋势，以期为相关决策者、研究者及实践者提供有价值的参考与启示。

1.1　科技管理的定义与内涵

在探讨现代科技管理体系的广阔图景时，我们先要深入理解科技管理的本质与内涵。科技管理，这一看似简单的概念，实则蕴含着丰富的层次与深远的意义。它远远超越了单纯对科技活动进行组织和协调的范畴，而是成为一种高度综合性的管理活动，其核心在于对科技资源的高效配置、对科技创新的持续激励，以及对科技生态的积极营造。

1.1.1　科技资源的高效配置

在当今科技飞速发展的时代，科技资源的高效配置成为推动科技创新和经济增长的关键因素。在资源有限的情况下，如何实现科技资源的最优配置，是科技管理面临的重要挑战。

科技资源的高效配置，先要对科研资金进行合理分配。科研资金是科技创新的重要支撑，管理者需要根据不同的科研项目和领域的需求，评估其潜在的经济和社会效益，制定科学的资金分配方案。同时，要加强对资金使用的监督和管理，确保资金的合理使用和高效产出。

人才是科技创新的核心资源，科技管理需要注重人才的培养和引进。管理者应该根据科技发展的需求，制定人才发展战略，吸引和培养具有创新能力和实践经验的高素质人才。通过建立合理的人才评价和激励机制，激发人才的创新活力和创造力，为科技创新提供强大的人才支撑。

设备和信息是科技创新的重要物质基础和信息保障。管理者需要根据科研项目的需求，合理配置先进的科研设备和完善的信息系统，提高科研工作的效率和质量。同时，要加强设备的维护和管理，确保设备的正常运行和高效使用。加强信息资源的整合和共享，打破信息孤岛，提高信息的利用效率和价值。

为了实现科技资源的高效配置，管理者需要具备敏锐的市场洞察力，要密切关注科技市场的动态和需求变化，及时调整科技资源的配置方向和重点，以满足市场的需求和提高科技创新的竞争力。同时，管理者还需要具备前瞻性的战略眼光，能够预测科技发展的趋势和方向，提前布局科技资源，为未来的科技创新奠定基础。

此外，高效的决策能力也是科技管理者必备的素质之一。在复杂多变的科技环境中，管理者需要迅速收集和分析各种信息，做出准确的判断和决策。他们要敢于承担风险，勇于创新，在不断变化的环境中寻找科技创新的机会和突破点。

总之，科技资源的高效配置是一个复杂的系统工程，需要管理者综合运用各种管理手段和方法，对科研资金、人才、设备、信息等关键要素进行合理配置和优化整合。只有这样，才能最大限度地发挥科技资源的作用，推动科技创新活动的蓬勃发展，为经济社会的可持续发展提供强大的动力和支撑。

1.1.2 科技创新的持续激励

当今社会，科技创新无疑是推动社会进步和经济发展的核心引擎。科技管理作为引导和促进科技创新的重要手段，通过持续的激励措施，为科研人员创造了优越的创新环境，极大地激发了他们的创新热情和创造力。

科研经费的支持是科技创新的重要保障。充足的经费能够让科研人员有条件开展深入的研究工作，购买先进的实验设备，进行大规模的数据采集和分析。科技管理部门应通过合理的规划和分配科研经费，确保资金流向最有潜力和价值的研究项目，为科技创新提供坚实的物质基础。

成果奖励是对科研人员辛勤付出的认可和激励。各种科技奖项的设立，如国家级科技进步奖、自然科学奖以及企业内部的创新奖励机制等，都为科研人员提供了追求卓越的动力。这些奖励不仅是对科研成果的肯定,更是一种荣誉和激励,促使科研人员不断挑战自我,勇攀科学高峰。

知识产权保护是科技创新的重要法律保障。科技管理部门通过加强知识产权法律法规的制定和执行,保护科研人员的创新成果不被侵犯。这使得科研人员能够安心地投入研究工作,同时也鼓励了更多的人积极参与创新活动,因为他们知道自己的创新成果将得到有效的保护和回报。

此外,科技管理还注重构建开放合作的创新网络,促进产学研深度融合。产学研合作能够充分发挥企业、高校和科研机构的优势,实现资源共享、优势互补。企业能够为科研提供实际的应用场景和市场需求,高校和科研机构则能够为企业提供前沿的科学技术和创新思路。通过这种深度融合,科技成果能够更快地转化为实际生产力,为社会创造更多的价值。

例如,在一些高新技术产业园区,科技管理部门积极推动企业与高校、科研机构建立合作关系,共同开展研发项目。这种合作模式不仅提高了科技成果的转化率,还培养了一批具有创新能力和实践经验的复合型人才,为科技创新的持续发展提供了有力的支撑。

总之,科技创新的持续激励是一个系统工程,需要科技管理部门在科研经费支持、成果奖励、知识产权保护和产学研合作等方面不断完善政策和措施,为科研人员提供良好的创新环境和条件。只有这样,才能充分激发科研人员的创新热情和创造力,推动科技创新不断取得新的突破,为社会进步和经济发展注入强大的动力。

1.1.3　科技生态的积极营造

在当今时代,科技的发展日新月异,对人类社会的影响也日益深远。科技生态作为科技创新活动的外部环境和条件,对于推动科技创新、促进经济社会发展具有至关重要的作用。营造一个积极的科技生态,是实现科技进步和社会可持续发展的关键。

科技生态涵盖了多个方面,其中政策法规是营造良好科技生态的重要保障。政府应制定和完善相关的政策法规,为科技创新提供明确的方向和支持。例如,加大对科研的投入力度,出台鼓励创新创业的政策,加强知识产权保护等,这些政策法规能够激发科研人员的创新热情,提高科技创新的效率和质量。

社会文化也是科技生态的重要组成部分。一个鼓励创新、包容失败的社会文化氛围,能够为科技创新提供肥沃的土壤。我们应该弘扬创新精神,培养公众的科学素养和创新意识,让科技创新成为全社会的共同追求。同时,要摒弃保守、僵化的思想观念,鼓励人们勇于尝试、敢于冒险,为科技创新创造宽松的社会环境。

市场需求是科技创新的重要驱动力。科技管理部门应密切关注市场需求的变化,引导科研人员根据市场需求开展科技创新活动。只有满足市场需求的科技创新成果,才能真正实现其价值,推动经济社会的发展。相关企事业单位要加强科技成果的转化和应用,建立健全科技成果转化机制,促进科技与经济的紧密结合,提高科技创新对经济增长的贡献率。

科技生态的营造还需要强调协同创新。科技创新不是孤立的活动,而是需要各方力量的协同合作。政府、企业、高校、科研机构等应加强沟通与协作,形成产学研用相结合的创新体系。整合各方资源,实现优势互补,共同攻克科技难题,推动科技创新不断向前发展。

总之,营造一个公平、开放、包容、协同的科技生态,是科技管理的重要任务。管理者要关注科技创新与经济社会发展之间的良性互动关系,通过完善政策法规、培育社会文化、满足市场需求和加强协同创新等多种手段,为科技创新提供有力的制度保障和文化支撑。只有这样,才能充分发挥科技创新的潜力,推动经济社会的高质量发展,让科技创新成果惠及更广泛的社会群体,为人类创造更加美好的未来。

综上所述,科技管理是一个涉及资源配置、创新激励和生态营造等多个方面的综合性管理活动。通过明确科技管理的定义与内涵,我们能够更加清晰地认识到其在国家战略发展中的核心地位,以及对于推动科技进步、促进产业升级、增强国家竞争力的重要作用。在未来的发展中,我们需要不断优化和完善科技管理体系,以更好地适应时代发展的需要。

1.2 现代科技管理体系的构成要素

现代科技管理体系是一个复杂而精细的系统,旨在促进科技创新、优化资源配置、推动科技成果转化与应用,并确保科技发展的可持续性。以下是构成现代科技管理体系的几个关键要素。

1.2.1　科技战略规划

科技战略规划是国家和企业在科技领域发展的重要指南,它犹如一座灯塔,为科技发展指明了方向,确定了目标和重点领域。在当今全球科技竞争日益激烈的背景下,制定科学合理的科技战略规划显得尤为重要。

科技战略规划制定前,需要先对国家发展需求进行深入分析。国家的发展需求是科技战略规划的出发点和落脚点。随着经济社会的发展,国家在能源、环境、健康、安全等方面面临着诸多挑战,科技战略规划要紧密围绕这些需求,推动科技创新,为解决国家发展中的实际问题提供技术支撑。例如,为了应对能源短缺和环境污染问题,科技战略规划可以将新能源开发、节能环保技术作为重点发展领域,加大研发投入,推动相关技术的突破和应用。

同时,全球科技趋势也是科技战略规划的重要考量因素。科技发展日新月异,新技术、新产业不断涌现。科技战略规划要密切关注全球科技发展的动态,把握科技发展的前沿趋势,积极引进和吸收国际先进科技成果,加强国际科技合作与交流,提高我国在全球科技领域的竞争力。例如,在人工智能、量子计算、生物技术等领域,我国应加强研究与开发,争取在这些领域取得突破性进展,实现从跟跑到并跑,再到领跑的转变。

此外,自身资源条件也是制定科技战略规划时必须考虑的因素。我国拥有丰富的科技人才资源、科研基础设施和产业基础,但在资源分布和利用效率方面还存在一些问题。科技战略规划要充分发挥我国的优势资源,优化资源配置,提高科技资源的利用效率。同时,要加强科技人才培养和引进,提高科技队伍的整体素质,为科技发展提供坚实的人才保障。

科技战略规划为科技政策的制定、科技项目的选择和科技资源的配置提供了战略指导。在科技政策制定方面,科技战略规划明确了政策的重点和方向,为政策的出台提供了依据;在科技项目选择方面,科技战略规划根据国家发展需求和科技趋势,确定了优先发展的项目领域,为项目的筛选和立项提供了指导;在科技资源配置方面,科技战略规划根据项目的重要性和紧迫性,合理分配科技资源,提高了资源的使用效益。

总之,科技战略规划是科技发展的蓝图和指南,它对于推动我国科技进步、提高国家竞争力、实现经济社会可持续发展具有重要意义。我们应高度重视科技战略规划的制定和实施,加强科技创新能力建设,为建设创新型国家和实现中华民族伟大复兴的中国梦提供强大的科技支撑。

1.2.2 科技政策制定与执行

科技政策在推动国家科技进步和经济发展方面发挥着至关重要的作用。它是国家为实现科技发展目标而采取的一系列措施和行动的总和,涵盖了多个关键领域和方面。

在科技政策的制定过程中,充分考虑国家发展战略是首要任务。国家的发展战略决定了科技发展的方向和重点,科技政策应与之紧密契合,以确保科技成果能够为国家的整体发展目标服务。例如,对于致力于实现可持续发展的国家,科技政策可能会侧重于清洁能源、环境保护等领域的研发和应用。

科技创新需求也是科技政策制定的重要依据。了解科技领域的前沿动态和市场需求,能够使科技政策更具针对性和前瞻性。通过对科研机构、企业和学术界的调研,政府可以及时掌握科技创新的需求和趋势,从而制定出符合实际情况的政策措施。例如,随着人工智能技术的迅速发展,科技政策可以加大对相关领域的投入和支持,培养专业人才,推动技术创新和应用。

社会经济效益是衡量科技政策有效性的重要标准。科技政策的制定旨在促进科技成果的转化和应用,提高生产效率,推动产业升级,创造更多的就业机会和经济增长点。例如,通过税收优惠政策鼓励企业加大研发投入,不仅可以提高企业的创新能力,还可以增强企业的市场竞争力,促进经济的持续增长。

然而,科技政策的有效执行同样至关重要。强有力的监管机制是确保科技政策得以贯彻落实的关键。政府应建立健全监督体系,对科技政策的执行情况进行实时监测和评估,及时发现和解决问题。同时,要加强对科研经费的管理和监督,确保资金的合理使用和安全运行。

评估体系的建立也是科技政策执行的重要环节。通过对科技政策的实施效果进行评估,可以及时总结经验教训,调整和完善政策措施,提高政策的科学性和有效性。评估体系应包括对科技创新成果、经济效益、社会效益等多个方面的综合评价,以全面反映科技政策的实施效果。

此外,加强国际科技合作也是科技政策的重要内容之一。在全球化的背景下,科技发展已经超越了国界,国际科技合作成为推动科技进步的重要力量。科技政策应积极鼓励和支持国内科研机构和企业开展国际合作与交流,引进国外先进技术和经验,提升我国在国际科技领域的地位和影响力。

总之,科技政策的制定与执行是一个复杂而系统的工程,需要政府、企业、科研机构和社会各界的共同努力。只有通过科学合理的政策制定和强有力的执行措施,才能充分发挥科技政策的引导和促进作用,推动我国科技事业的蓬勃发展,为实现国家现代化建设目标提供坚实的科技支撑。

1.2.3　科技项目管理

科技项目管理是现代科技管理体系的重要组成部分,是确保科技活动有序进行和高效完成的关键环节。它贯穿于科技项目的整个生命周期,从项目立项、计划制订、资源分配到进度控制、质量管理、风险管理以及成果评估,涵盖了科技活动的方方面面。科技项目管理的核心目标是通过科学的方法和手段,实现科技资源的优化配置,确保科技创新目标的顺利达成,从而推动科技进步和社会发展。

首先,科技项目管理的起点是项目立项。立项阶段需要对项目的可行性、创新性、社会效益和经济效益进行全面评估,确保项目的科学价值和实践意义。立项过程中,需明确项目的目标、任务、技术路线、预期成果以及所需的资源支持,为后续的项目实施奠定坚实基础。

其次,进度控制是科技项目管理的重要环节。科技项目通常具有周期长、技术难度大、不确定性高的特点,因此需要通过科学的进度管理方法,如甘特图、关键路径法等,对项目的各个阶段进行合理规划与监控,确保项目按计划推进。同时,进度控制还需要灵活应对项目实施过程中可能出现的技术难题、资源短缺等突发情况,及时调整计划,避免项目延误。

再次,质量管理是科技项目管理的另一个核心内容。科技项目的成果往往具有高度的专业性和技术性,因此必须建立严格的质量控制体系,确保项目成果的科学性、可靠性和实用性。质量管理包括技术标准的制定、过程监督、成果验收等环节,通过全过程的质量把控,提升科研成果的水平和社会影响力。

最后,风险管理也是科技项目管理中不可忽视的方面。科技项目在实施过程中可能面临技术风险、市场风险、政策风险等多种不确定性因素。因此,项目管理者需要建立完善的风险评估与应对机制,提前识别潜在风险,制定应急预案,最大限度地降低风险对项目进展的影响。

有效的科技项目管理不仅能够提升科研效率,降低科研成本,还能显著提高科研成果的质量和水平。通过科学的资源配置、高效的团队协作、严格的质量控制和灵活的风险管理，科技项目管理为科技创新提供了坚实的保障。同时，随着数字化和智能化技术的快速发展，使科技项目管理不断引入新的工具和方法，如大数据分析、人工智能辅助决策等，进一步提升管理的精细化水平和决策的科学性。

总之，科技项目管理是连接科技资源与创新成果的重要桥梁，是推动科技进步和实现科技目标的关键抓手。在未来的科技发展中，科技项目管理将继续发挥其不可替代的作用，为科技创新注入源源不断的动力。

1.2.4 科技成果转化与推广

科技成果转化与推广是推动科技进步和经济发展的关键环节。在当今的知识经济时代，科技成果的快速转化和广泛推广对于提高国家的核心竞争力、促进产业升级和社会发展具有重要意义。

建立健全的科技成果评价机制是科技成果转化的重要前提。科学合理的评价机制能够准确评估科技成果的创新性、实用性和市场价值，为成果的转化提供可靠的依据。通过建立多元化的评价指标体系，综合考虑技术水平、经济效益、社会效益等因素，能够更加全面地评价科技成果，避免单一指标的局限性。同时，评价机制应该具有动态性和灵活性，能够及时反映市场需求和技术发展的变化，为科技成果的不断优化和改进提供指导。

交易平台是科技成果转化的重要桥梁。一个高效的交易平台能够为科技成果的供需双方提供便捷的信息交流和交易服务，促进科技成果的快速流转和优化配置。通过建立线上线下相结合的交易平台，整合科技成果资源，提高交易效率，降低交易成本，有效地推动科技成果的商业化应用。此外，交易平台还应该提供专业的技术咨询、知识产权保护等服务，为科技成果的转化提供全方位的支撑。

市场推广机制是科技成果转化的重要保障。科技成果只有得到市场的认可和接受，才能真正实现其价值。因此，加强科技成果的市场推广工作，提高社会公众对科技成果的认知度和接受度，是科技成果转化的重要任务。通过开展多种形式的宣传推广活动，如科技展览、技术培训、成果发布会等，能够让更多的人了解科技成果的优势和应用前景，增强市场对科技成果的需求。同时，加强与企业的合作，推动科技成果在企业中的应用和推广，实现科技成果与市场的紧密结合，提高科技成果的转化率和产业化水平。

加强科技成果的普及和推广工作,不仅能够提高社会公众的科学文化素质,还能够促进科技成果的广泛应用。通过开展科普活动、科技下乡等形式,将科技成果普及到社会各个层面,让更多的人受益于科技进步。同时,加强科技成果在教育、医疗、环保等领域的应用与推广,提高社会公共服务的质量和水平,推动社会的可持续发展。

总之,科技成果转化与推广是一个系统工程,需要政府、企业、科研机构和社会各方的共同努力。只有建立健全的科技成果评价机制、交易平台和市场推广机制,加强科技成果的普及和推广工作,才能实现科技成果与市场需求的有效对接,推动科技成果的快速转化和广泛应用,为经济社会发展提供强大的科技支撑。

1.2.5　科技人才培养与引进

在当今科技迅猛发展的时代,科技人才的培养与引进成为推动国家科技创新和经济发展的关键因素。人才作为科技创新的第一资源,其重要性不言而喻。一个国家或地区拥有的高素质科技人才数量和质量,直接决定了其在科技领域的竞争力和创新能力。

为了培养和吸引优秀的科技人才,人们对现代科技管理体系采取了一系列积极有效的措施。首先,制定科学合理的人才培养计划是至关重要的。通过对科技发展趋势和市场需求的深入分析,确定人才培养的目标和方向,有针对性地开设相关专业和课程,培养具有创新精神和实践能力的科技人才。其次,加强产学研合作,为学生提供更多的实践机会和创新平台,使他们能够在实践中不断提高自己的能力和水平。

建立完善的人才激励机制也是吸引和留住优秀科技人才的重要手段。通过提供具有竞争力的薪酬待遇、良好的工作环境和发展空间,可激发科技人才的创新热情和创造力。此外,还可以设立科技奖项和荣誉称号,对在科技创新方面做出突出贡献的人才进行表彰和奖励,提高他们的社会地位和荣誉感。

优化人才发展环境也是科技人才培养与引进工作的重要内容。政府和企业应该加大对科技人才的投入,建设一批高水平的科研机构和创新平台,为科技人才提供良好的科研条件和创新环境。同时,加强知识产权保护,营造鼓励创新、宽容的社会氛围,让科技人才能够充分发挥自己的才能和潜力。

加强国际科技交流与合作,引进海外高层次科技人才和先进技术成果,是提升国家科技创新能力的重要途径。随着全球化的加速和科技的不断进步,国际科技交流与合作越来越频繁。通过开展国际科技合作项目、举办国际学术会议等方式,能够加强与世界各国的科技交流与合作,吸引海外高层次科技人才来华工作和创业。同时,还应积极引进国外先进技术成果,进行消化吸收和再创新,提高我国的科技水平和创新能力。

总之,科技人才的培养与引进是一项长期而艰巨的任务,需要政府、企业和社会各方的共同努力。只有不断加强科技人才培养和引进工作,优化人才发展环境,加强国际科技交流与合作,才能吸引和留住更多优秀的科技人才,为我国的科技创新和经济发展提供强有力的支撑。

这些构成要素之间相互关联、相互作用,共同构成了现代科技管理体系的完整框架。在实际操作中,需要根据具体情况灵活调整和优化这些要素之间的关系和配置方式,以适应科技发展的不断变化和需求。

1.3 现代科技管理体系的特点与优势

现代科技管理体系作为支撑科技创新与发展的重要基石,展现出一系列显著的特点与优势,这些特点与优势共同构成了其推动科技进步和社会发展的独特价值。

1.3.1 高度的战略性

在当今时代,科技的发展日新月异,对国家或组织的发展产生着深远的影响。现代科技管理体系以高度的战略性为显著特征,从国家层面或组织的战略高度出发,精心制定长远的科技发展规划和目标。

这种战略性思维具有极其重要的意义。

首先,它能够确保科技活动与国家发展战略的紧密结合。国家的发展战略是一个综合性的规划,涵盖了经济、社会、文化等多个方面。科技作为推动国家发展的重要力量,必须与国家发展战略相协调,为实现国家的总体目标提供有力支撑。通过从战略高度规划科技发展,能够使科技资源得到更加合理的配置,避免盲目性和分散性,提高科技投入的效益。

其次,现代科技管理体系的战略性有助于促使科技活动与经济社会发展需求的紧密衔接。经济社会的发展对科技提出了各种需求，如提高生产效率、改善生态环境、提升人民生活质量等。科技管理体系从战略层面出发，能够准确把握这些需求，并将其转化为科技发展的目标和任务。这样，科技成果能够更好地服务于经济社会发展，促进产业升级和社会进步。

最后，高度的战略性思维有利于集中资源，优化布局。在科技领域，资源是有限的，如何将有限的资源用在最关键的地方，是科技管理的重要任务。通过制定战略性的科技发展规划，能够明确重点发展领域和优先项目，将资源集中投入到这些领域和项目中，推动关键领域和核心技术的突破。这种集中资源、优化布局的方式，能够提高科技研发的效率和成功率，加快科技成果的转化和应用。

例如，我国在航空航天、高铁、5G 通信等领域取得的显著成就，正是得益于国家层面的战略性科技规划和资源投入。这些领域的发展不仅提升了我国的科技实力和国际竞争力，也为经济社会发展带来了巨大的推动作用。

总之，现代科技管理体系的高度战略性是实现科技与国家发展、经济社会需求有机结合的重要保障。它能够引导科技资源的合理配置，推动科技创新的持续发展，为国家和组织的繁荣富强提供强大的动力。在未来的发展中，我们应进一步强化这种战略性思维，不断完善科技管理体系，以更好地适应科技发展的新形势和新要求，实现科技引领发展的宏伟目标。

1.3.2　系统的协同性

在当今科技飞速发展的时代，系统的协同性成为推动科技创新的关键因素。一个完善的科技创新体系，需要科技政策、项目管理、成果转化、人才培养等多个环节的紧密配合，通过构建跨部门、跨领域的协作机制，实现资源共享、优势互补，从而形成推动科技创新的强大合力。

科技政策作为科技创新的引领和保障，为整个创新体系提供了方向和支持。政府通过制定一系列的科技政策，如研发投入政策、税收优惠政策、知识产权保护政策等，以营造良好的创新环境，激发企业和科研机构的创新活力。同时，科技政策还需要根据科技创新的发展趋势和需求，不断进行调整和完善，以确保其有效性和适应性。

项目管理是科技创新的重要环节，它涉及项目的规划、组织、实施和监控等方面。通过科学的项目管理，可以提高项目的执行效率和质量，确保项目按时完成并达到预期目标。在项目管理过程中,需要充分考虑各方面的因素,如技术可行性、市场需求、资源配置等,实现项目的综合优化。

成果转化是科技创新的关键环节,它将科技成果转化为实际生产力,实现科技创新的价值。为了促进成果转化,需要加强产学研合作,建立科技成果转化平台,完善成果转化机制。企业作为成果转化的主体,应该积极参与科技创新活动,加强与科研机构的合作,提高自身的技术创新能力和市场竞争力。

人才培养是科技创新的基础,只有拥有高素质的创新人才,才能推动科技创新的不断发展。因此,需要加强人才培养体系建设,培养具有创新精神和实践能力的人才。这包括加强高等教育中的科技创新教育,培养学生的创新思维和实践能力;加强职业教育中的技能培训,培养适应市场需求的高技能人才;加强企业内部的人才培养,提高员工的创新能力和业务水平。

通过构建跨部门、跨领域的协作机制,可以实现科技政策、项目管理、成果转化、人才培养等多个环节的有机结合,形成推动科技创新的强大合力。在这个协作机制中,政府、企业、科研机构、高校等各方应充分发挥各自的优势,加强沟通与合作,共同推动科技创新的发展。例如,政府可以提供政策支持和资金保障,企业可以提供市场需求和产业化条件,科研机构可以提供技术研发和创新成果,高校可以提供人才培养和学术支持。在各方的协同合作下,实现资源的优化配置,提高科技创新的效率和质量,推动科技创新不断取得新的突破。

总之,系统的协同性是推动科技创新的重要力量。只有加强各要素之间的协同作用,构建跨部门、跨领域的协作机制,才能实现科技创新的快速发展,为经济社会的发展提供强大的支撑。

1.3.3 持续的创新性

在当今竞争激烈的时代,持续创新是推动科技发展和社会进步的关键因素。现代科技管理体系的政策制定者充分认识到这一点,积极鼓励和支持创新活动,为科研人员打造了一个有利于创新的良好环境。

为了激发科研人员的创新热情和创造力,现代科技管理体系采取了一系列切实可行的措施。

首先,设立创新基金是重要的举措之一。现代科技管理体系通过投入专项资金,为科研项目提供必要的经济支持,使科研人员能够有足够的资源去开展具有挑战性和前瞻性的研究。这些基金不仅为科研人员解决了资金难题,还传递了一个明确的信号:创新是被高度重视和鼓励的。

其次,建立创新激励机制也是必不可少的。这种机制包括对科研人员的成果进行认可和奖励,如荣誉称号、奖金、晋升机会等。当科研人员的努力和成果得到及时的肯定和回报时,他们便会更加积极地投入到创新工作中,由此形成一个良性的循环。此外,创新激励机制还可以吸引更多优秀的人才加入到科研队伍中,进一步提升整个团队的创新能力。

最后,优化创新流程也对提高创新效率起到了重要作用。现代科技管理体系注重简化烦琐的行政程序,减少不必要的审批环节,使科研人员能够将更多的时间和精力投入到实际的研究工作中;同时,加强各部门之间的沟通与协作,促进信息共享和资源整合,提高创新的协同效应;在优化创新流程的过程中,还注重倾听科研人员的意见和建议,不断改进和完善管理体系,以更好地满足创新需求。

在现代科技管理体系的支持下,科技领域不断涌现出新的理论、技术和产品。这些创新成果不仅推动了科技的进步,也为解决人类面临的各种问题提供了新的思路和方法。例如,在医疗领域,新的药物研发和治疗技术的出现,为患者带来了更多的希望;在环保领域,新能源和节能减排技术的应用,有助于缓解全球气候变化的压力;在通信领域,高速网络和智能设备的发展,改变了人们的生活方式和沟通方式。

总之,持续的创新性是现代科技管理体系的核心特征之一。通过设立创新基金、建立创新激励机制、优化创新流程等措施,为科研人员提供了宽松的创新环境和必要的资源保障,激发了他们的创新热情和创造力。在未来的发展中,我们应不断完善和加强现代科技管理体系,持续推动科技创新,为人类社会的进步做出更大的贡献。

1.3.4　广泛的服务性

科技的发展日新月异,其对经济社会的影响也日益深远。而一个完善的科技体系,不仅要推动科技本身的进步,更要将科技成果有效地转化为实际的生产力,以广泛的服务性来推动经济社会的发展。

现代科技管理体系的广泛服务性首先体现在加强科技成果转化与推广方面。科技成果只有真正应用到实际生产中,才能发挥其最大的价值。因此,我们需要建立有效的科技成果转化机制,促进科研机构、企业和市场之间的紧密合作。通过搭建科技成果转化平台,加强知识产权保护,提高科技成果的转化率和产业化水平,使科技成果能够更快地进入市场,为经济发展注入新的动力。

此外,提供科技咨询与培训等服务也是现代科技管理体系的重要组成部分。随着科技的不断发展,企业和社会对科技知识的需求也越来越迫切。现代科技管理体系通过开展科技咨询服务,为企业和社会提供专业的科技信息和建议,帮助他们解决在科技创新过程中遇到的问题。同时,加强科技培训,提高全民的科技素质,培养更多的创新型人才,为科技进步和经济社会发展提供坚实的人才支撑。

科技与产业、社会的深度融合是实现广泛服务性的关键。现代科技管理体系通过加强产学研合作,推动科技成果在产业中的应用,促进产业升级和转型。例如,在制造业中,应用先进的科技成果可以提高生产效率、产品质量和企业竞争力;在农业领域,推广现代农业技术可以提高农产品的产量和质量,促进农业可持续发展;在社会领域,利用科技手段可以提高社会治理水平、改善民生福祉,如智慧交通、智慧医疗等的应用。

总之,该体系的广泛服务性旨在通过将科技成果转化为实际生产力,服务于经济社会发展。这不仅有助于提高国家整体竞争力,推动经济的持续增长,还能改善人民生活水平,实现科技与经济社会的协调发展。在未来的发展中,我们应不断完善这一体系,加强科技成果转化与推广,提供更加优质的科技咨询与培训服务,促进科技与产业、社会的深度融合,为实现中华民族伟大复兴的中国梦提供强大的科技支撑。

1.3.5 良好的可持续性

可持续发展已成为全球共识,而现代科技管理体系在推动科技创新的过程中,将可持续性视为至关重要的考量因素。这种注重良好可持续性的理念,旨在实现科技进步与资源节约、环境保护和社会责任的有机融合,确保科技创新为人类带来长期的福祉。

科技创新是推动社会进步的强大动力,但如果忽视了可持续性,可能会导致资源过度消耗、环境恶化等问题。因此,现代科技管理体系强调在科技创新的各个环节中贯彻可持续发展的原则。制定绿色科技政策是实现这一目标的重要手段之一。相关政府部门通过出台一系列鼓励和引导科技创新向绿色、低碳方向发展的政策,为科技企业和研发机构提供了明确的发展方向和政策支持。

推动绿色低碳技术的研发和应用是实现科技创新可持续发展的关键。在能源领域,太阳能、风能、水能等清洁能源技术的不断发展和应用,正在逐步改变传统的能源结构,减少对化石能源的依赖,减少碳排放。在制造业中,绿色制造技术的推广应用,如节能减排工艺、资源回收利用技术等,不仅提高了生产效率,还减少了对环境的污染。此外,在农业、交通运输、建筑等领域,绿色低碳技术也有着广泛的应用前景,为实现各行业的可持续发展提供了技术支撑。

实现科技创新与可持续发展的良性互动,还需要关注社会责任。科技企业和研发机构在追求经济效益的同时,应当积极履行社会责任,关注社会需求和利益。例如,通过开展科技扶贫、普及科技知识等活动,提高社会公众的科技素养和生活质量,促进社会的公平与和谐发展。同时,科技企业还应当加强与利益相关者的沟通与合作,共同推动科技创新的可持续发展。

总之,现代科技管理体系注重良好的可持续性发展,是实现科技与经济、社会和环境协调发展的必然要求。通过制定绿色科技政策、推动绿色低碳技术研发和应用以及积极履行社会责任,科技创新将能够更好地为人类创造一个美好的未来。在这个过程中,我们每个人都应当树立可持续发展的理念,共同努力,为实现全球可持续发展目标贡献自己的力量。

这些特点与优势共同构成了现代科技管理体系的独特价值,使其成为推动科技创新、促进经济社会发展的重要力量。在全球化、信息化快速发展的今天,现代科技管理体系的不断完善和创新对于提升国家竞争力、实现可持续发展具有越来越重要的意义。

1.4　现代科技管理体系的发展趋势

随着全球科技环境的日益复杂和科技创新的加速推进,现代科技管理体系正面临前所未有的变革与挑战。为了适应这一变化,并抓住新的发展机遇,科技管理体系需要不断创新,从理念、制度、技术等多个维度进行调整和优化。以下是现代科技管理体系可能的发展趋势。

1.4.1　理念创新:以人为本,创新驱动

在当今科技飞速发展的时代,构建一个适应时代需求的科技管理体系至关

重要。而“以人为本,创新驱动”的理念将成为这一体系的核心指导思想,引领科技发展迈向新的高度。

以人为本,强调的是人才在科技创新中的核心地位。人才是科技创新的源泉,是推动科技进步的关键力量。未来的科技管理体系将通过一系列措施,优化人才政策,吸引和留住优秀的科技人才,包括提供具有竞争力的薪酬待遇、良好的工作环境和发展空间,以及完善的福利保障体系。同时,加强人才培养质量也是至关重要的。通过建立多元化的人才培养机制,结合理论学习与实践操作,培养出具有创新思维和实践能力的高素质人才。此外,激发人才的创新活力也是必不可少的。鼓励人才勇于尝试、敢于创新,为他们提供宽松的创新环境和充分的资源支持,让他们能够充分发挥自己的才能,为科技创新贡献力量。

创新驱动是科技管理体系的核心理念。在这个充满挑战和机遇的时代,只有不断创新,才能在激烈的竞争中立于不败之地。创新驱动意味着鼓励探索未知领域,勇于挑战权威,突破传统束缚。科技管理体系将为科技创新营造更加开放、包容、自由的氛围,让科技工作者能够大胆地提出新的想法和观点,开展前沿性的研究工作。这种氛围将激发科技工作者的创新热情和创造力,推动科技创新不断向前发展。

为了实现创新驱动,科技管理体系将加强对基础研究的支持。基础研究是科技创新的源头,只有在基础研究方面取得突破,才能为应用研究和技术创新提供坚实的理论基础。同时,加强产学研合作也是推动创新驱动的重要途径。通过企业、高校和科研机构之间的紧密合作,实现资源共享、优势互补,加速科技成果的转化和应用,提高科技创新的效益和影响力。

总之,“以人为本,创新驱动”的理念将为未来科技管理体系注入强大的动力。通过注重人才培养和创新氛围的营造,我们将能够激发科技工作者的创新潜力,推动科技创新不断取得新的突破,为人类社会的发展做出更大的贡献。

1.4.2 制度创新:灵活高效,协同共治

在当今科技飞速发展的时代,科技管理体系的制度创新显得尤为重要。灵活高效的制度能够激发创新活力,提高管理效率;而协同共治则能够整合各方资源,形成强大的创新合力。

为了实现科技管理的灵活高效,我们需要建立更加科学、合理的决策机制。这意味着在制定科技政策和规划时,要充分考虑市场需求、技术发展趋势以及

社会经济影响等多方面因素，确保决策的科学性和前瞻性。同时，完善的激励机制能够激发科研人员的创新积极性，提高科技成果的产出效率。可以设立合理的奖励制度，对取得重要科研成果的个人和团队进行表彰和奖励，营造良好的创新氛围。此外，加强监督机制也是确保科技资源优化配置和高效利用的重要手段。建立健全的监督体系，对科技项目的实施过程和资金使用情况进行严格监督，可以防止资源浪费和滥用。

协同共治是科技管理体系的重要特征，也是推动科技创新的关键。政府、企业、高校和科研机构等多元主体在科技创新中都扮演着重要的角色，只有加强合作与协调，才能实现优势互补、资源共享、风险共担。政府应发挥引导作用，制定相关政策，营造良好的创新环境，为科技创新提供政策支持和保障；企业作为创新的主体，应加大研发投入，提高自主创新能力，推动科技成果的转化和应用；高校和科研机构则拥有丰富的人才和科研资源，应加强基础研究和前沿技术研究，为科技创新提供理论支持和技术储备。通过加强政府、企业、高校、科研机构之间的合作与交流，建立产学研合作机制，促进科技成果的快速转化和产业化，形成科技创新的强大生态体系。

例如，在某个地区，政府出台了一系列鼓励科技创新的政策，吸引了众多企业和高校、科研机构的参与。企业与高校、科研机构联合开展科研项目，共同攻克技术难题。高校和科研机构为企业提供了技术支持和人才培养，企业则为高校和科研机构提供了实践平台和资金支持。这种协同共治的模式，不仅提高了科技创新的效率和质量，还促进了地区经济的发展。

总之，灵活高效的制度创新和协同共治的发展模式是科技管理体系的重要内容。通过不断探索和完善制度创新路径，加强多元主体的合作与协调，我们能够构建一个更加富有活力和创新能力的科技管理体系，为推动科技创新和社会经济发展提供有力支撑。

1.4.3　技术创新：数字化和智能化转型

信息技术的迅猛发展正以前所未有的速度改变着我们的生活和工作方式。在科技管理领域，数字化和智能化转型已成为不可阻挡的重要趋势，为科技管理体系带来了全新的机遇和挑战。

数字化和智能化转型的核心是运用大数据、云计算、人工智能等先进技术，实现科技管理的精准化、智能化和高效化。这些技术的应用将彻底改变传统科技管理的模式和方法,提高科技管理的质量和效率。

利用大数据分析技术,我们可以对科技项目的立项、实施、验收等环节进行全过程跟踪和评估。通过收集和分析大量的数据,包括项目的背景信息、研究目标、实施方案、进展情况、成果产出等,我们能够更加全面、深入地了解项目的情况,及时发现问题并采取相应的措施。例如,通过对历史数据的分析,我们可以预测项目可能遇到的风险和挑战,提前做好防范和应对准备;通过对项目实施过程中的数据进行实时监控和分析,我们可以及时调整项目的进度和方向,确保项目按时、高质量地完成。

人工智能技术的应用则可以辅助科研人员进行创新决策和方案设计。人工智能可以通过对大量的文献、数据和案例进行学习和分析,为科研人员提供有价值的信息和建议。例如,在项目立项阶段,人工智能可以帮助科研人员分析市场需求和技术发展趋势,确定研究的方向和重点;在方案设计阶段,人工智能可以根据项目的要求和目标,自动生成多个可行的方案,并对这些方案进行评估和优化,为科研人员提供参考。

此外,云计算技术的发展也为科技管理的数字化、智能化转型提供了有力的支持。云计算可以为科技管理提供强大的计算和存储能力,使得科技管理系统能够更加快速、高效地处理大量的数据和信息。同时,云计算还可以实现科技管理资源的共享和优化配置,提高资源的利用率和效益。

总之,数字化和智能化转型是科技管理体系发展的必然趋势。通过运用大数据、云计算、人工智能等先进技术,我们可以实现科技管理的精准化、智能化和高效化,提高科技管理的质量和效率,推动科技创新和发展。在未来的科技管理工作中,我们应积极拥抱数字化、智能化转型的机遇,加强技术创新和应用,不断完善科技管理体系,为实现科技强国的目标提供有力的支撑。

1.4.4 开放合作:全球化视野,国际化布局

在当今全球化的时代浪潮中,开放合作成为推动科技发展的关键力量。科技管理体系以全球化视野和国际化布局为导向,积极融入国际科技合作的大舞台,展现了前所未有的活力与机遇。

加强与国际科技组织的交流与合作,是实现科技管理体系开放发展的重要途径。国际科技组织汇聚了全球顶尖的科技人才和前沿的科技成果,通过与之建立紧密的联系,我们能够及时了解国际科技动态,引进国外先进的科技资源

和管理经验。这不仅有助于提升我国科技水平，还能促进科技管理理念的更新与创新。例如，我国积极参与国际热核聚变实验堆（international thermoundear experimental reactor，ITER）计划，通过与各国科学家的合作，共同推动核聚变能源的研究与发展。在这个过程中，我们不仅学到了先进的技术和管理方法，还培养了一批具有国际视野的科技人才。

同时，积极参与全球科技治理体系的建设和改革，是我国提升在全球科技竞争中话语权和影响力的必然选择。随着我国科技实力的不断增强，我们有责任也有能力为全球科技治理贡献“中国智慧”和“中国方案”。通过参与国际科技规则的制定和修订，我们可以更好地维护我国的科技利益，推动全球科技发展更加公平、合理、有序。例如，在应对全球气候变化问题上，我国积极推动清洁能源技术的研发和应用，为全球气候治理做出了积极贡献。同时，我国还加强与其他国家的科技合作，共同应对全球性挑战，如疫情防控、粮食安全等，展现了我国的大国担当和责任意识。

此外，全球化视野和国际化布局还要求我们加强科技人才的国际交流与培养。人才是科技创新的核心要素，只有培养具有国际竞争力的科技人才，才能在全球科技竞争中立于不败之地。我们应该鼓励科技人才走出国门，参加国际学术会议、合作研究项目等，拓宽国际视野，提升创新能力。同时，我们也应该积极吸引国外的优秀科技人才来我国工作和创业，为他们提供良好的发展环境和待遇，促进国内外科技人才的交流与融合。

总之，在全球化背景下，科技管理体系的开放合作是实现我国科技跨越式发展的重要举措。通过加强与国际科技组织的交流与合作，积极参与全球科技治理体系的建设和改革，以及加强科技人才的国际交流与培养，我们将能够以更加开放的姿态融入全球科技发展的大潮中，提升我国在全球科技竞争中的地位和影响力，为推动人类科技进步做出更大的贡献。

1.4.5　可持续发展：绿色科技，生态优先

全球环境问题已经成为人类面临的严峻挑战。气候变化、资源短缺、生物多样性丧失等问题，不仅威胁着人类的生存和发展，也对地球的生态平衡造成了巨大的破坏。为了实现人类社会的可持续发展，科技管理体系必须将可持续发展理念贯穿始终，更加注重绿色科技的研发和应用，坚持生态优先的原则。

绿色科技是实现可持续发展的关键。它涵盖了一系列旨在减少环境污染、

提高资源利用效率和促进生态平衡的技术和方法。例如,新能源技术的发展可以减少对传统化石能源的依赖,降低温室气体排放;节能环保技术的应用可以提高能源利用效率,减少能源浪费;生态修复技术可以恢复受损的生态系统,增强生态系统的服务功能。通过推动绿色科技的研发和应用,我们可以实现科技创新与环境保护的深度融合,为解决全球环境问题提供有力的技术支撑。

同时,加强科技伦理建设也是实现可持续发展的重要保障。科技伦理是指在科技创新活动中应当遵循的道德原则和规范,它涉及人类的利益、社会的公平正义,以及生态环境的保护等多个方面。在科技发展的过程中,我们必须充分考虑科技创新成果可能带来的潜在风险和负面影响,确保科技创新成果能够造福人类并促进社会和谐发展。例如,在基因编辑技术的研究和应用中,我们必须遵循伦理原则,确保技术的应用不会对人类的健康和社会的伦理道德造成负面影响;在人工智能技术的发展中,我们必须关注技术可能带来的就业结构调整、社会歧视等问题,采取相应的措施加以解决。

为了推动绿色科技的发展和加强科技伦理建设,我们需要政府、企业、科研机构和社会公众的共同努力。政府应当制定相关的政策和法规,引导和支持绿色科技的研发和应用,加强对科技伦理的监管和引导;企业应当积极承担社会责任,加大对绿色科技的投入,推动企业的绿色转型;科研机构应当加强绿色科技的研究和创新,培养具有环保意识和伦理素养的科技人才;社会公众应当增强环保意识和科技伦理意识,积极参与到可持续发展的实践中来。

总之,实现可持续发展是人类社会的共同目标,绿色科技和生态优先是实现这一目标的重要途径。通过推动绿色科技的研发和应用,加强科技伦理建设,我们可以实现科技创新与环境保护的良性互动,为人类创造一个更加美好的未来。让我们携手共进,共同努力,为实现全球可持续发展做出自己的贡献!

综上所述,未来现代科技管理体系的发展趋势将呈现出以人为本、创新驱动、灵活高效、协同共治、数字化和智能化转型、全球化视野、国际化布局、绿色科技、生态优先的特点。这些趋势将为科技管理工作带来新的机遇与挑战,需要我们在实践中不断探索和创新,以适应新时代的需求。

第 2 章　科技预测与战略规划

在当今这个日新月异的科技时代，准确把握科技发展的脉搏，科学规划未来科技发展的蓝图，对于国家、企业乃至个人而言，都具有至关重要的意义。科技预测作为洞察未来科技趋势的窗口，不仅能够揭示潜在的技术变革方向，还能为决策者提供宝贵的参考依据。而科技战略规划，则是在此基础上，通过系统性的分析和规划，制定出指导未来科技发展的行动指南。本章将深入探讨科技预测与战略规划的相关议题，旨在为读者构建一个能够全面理解并有效运用这两大工具的框架。

2.1　科技预测的方法与流程

在探索未来的科技蓝图中，科技预测是不可或缺的一环。它依赖于一系列科学的方法和严谨的流程，以揭示技术发展的潜在趋势和方向。本部分将详细阐述几种主流的科技预测方法——德尔菲法、趋势外推法、情景分析法，并介绍这些方法在实际应用中的具体操作流程和注意事项，旨在帮助读者深入理解并掌握科技预测的核心技巧。

2.1.1　德尔菲法(delphi method)

在当今科技飞速发展的时代，准确地预测科技的发展趋势对于政府、企业和科研机构等具有重要的意义。科技预测可以帮助这些机构制定合理的发展战略、规划资源分配以及应对潜在的挑战和机遇。德尔菲法作为一种广泛应用的预测方法，以其独特的优势在科技预测领域发挥着重要的作用。本文将详细描述和分析德尔菲法的操作流程，探讨其在科技预测中的应用。

1. 德尔菲法概述

德尔菲法是一种基于专家意见的预测方法，它通过多轮的问卷调查和反馈,使专家们的意见逐渐趋于一致,从而得出较为可靠的预测结果。该方法最早由美国兰德公司于20世纪50年代提出,旨在解决军事和战略问题。随着时间的推移,德尔菲法逐渐应用于各个领域,包括科技、经济、社会等领域。

德尔菲法的核心思想是充分利用专家的知识和经验,通过匿名的方式避免专家之间的相互影响,从而保证预测结果的客观性和可靠性。与其他预测方法相比,德尔菲法具有以下优点。

(1)充分发挥专家的作用

德尔菲法可以汇集多个领域的专家意见,使预测结果更加全面和准确。

(2)避免群体思维

通过匿名的方式进行问卷调查,专家们可以独立地表达自己的意见,避免群体思维和从众心理的影响。

(3)具有较高的灵活性

德尔菲法可以根据实际情况进行调整,如增加或减少轮次、调整问题的内容和形式等。

(4)适用于长期预测

由于科技发展的不确定性,长期预测往往具有较大的难度。德尔菲法可以通过多轮的反馈和修正,逐步提高预测的准确性,适用于对科技发展的长期趋势进行预测。

2. 德尔菲法的操作流程

德尔菲法的操作流程通常包括以下几个步骤。

(1)确定预测主题和目标

首先,需要明确预测的主题和目标。预测主题应具有一定的重要性和现实意义,同时要能够通过专家的知识和经验进行预测;其次,预测目标应具体、明确,以便为后续的问卷调查和分析提供指导。

(2)选择专家

选择合适的专家是德尔菲法成功的关键。专家应具备与预测主题相关的专业知识和经验,同时要有较高的知名度和权威性。专家的数量一般在10~50人,具体数量根据预测的主题和范围而定。在选择专家时,可以通过查阅相关文献、咨询专业机构或个人推荐等方式进行。

(3)设计调查问卷

调查问卷是德尔菲法的重要工具,其设计质量直接影响到预测结果的准确性。调查问卷的内容应围绕预测主题展开，包括问题的描述、选项的设置以及相关的说明等。问题的类型可以包括开放性问题和封闭式问题，开放性问题可以让专家充分表达自己的意见和观点，封闭式问题则可以便于统计者对专家的意见进行统计和分析。在设计调查问卷时，应注意问题的合理性、科学性和可操作性，避免出现模糊不清、歧义性或过于复杂的问题。

（4）实施第一轮调查

将设计好的调查问卷发送给专家，要求专家在规定的时间内完成作答并返回。在第一轮调查中，专家可以根据自己的知识和经验，自由地发表对预测主题的看法和意见。由于专家们对预测主题的了解程度和观点可能存在差异，第一轮调查的结果往往会比较分散。

（5）整理和分析

根据第一轮调查结果对第一轮调查回收的问卷进行整理和分析。对于开放性问题，需要进行归纳和总结，提取出其中的关键信息和观点。对于封闭式问题，需要进行统计分析，计算每个选项的选择比例和频率。通过对第一轮调查结果的分析，可以了解专家们的意见分布情况和主要观点，为后续的反馈和修正提供依据。

（6）设计第二轮调查问卷

根据第一轮调查结果的分析，设计第二轮调查问卷。第二轮调查问卷的内容主要包括两个方面：一是对第一轮调查结果的反馈，将专家们的意见分布情况和主要观点反馈给专家，让专家了解其他专家的看法；二是进一步提出问题和进行讨论，针对第一轮调查中存在的问题和争议，提出新的问题和观点，引导专家进行深入的思考和讨论。第二轮调查问卷的设计应在充分考虑第一轮调查结果的基础上，进行合理的调整和优化，以提高调查的针对性和有效性。

（7）实施第二轮调查

根据将第二轮调查问卷发送给专家，要求专家在规定的时间内完成作答并返回。与第一轮调查相比，第二轮调查中专家们的意见会更加集中和趋于一致。这是因为专家们在了解了其他专家的看法后，会对自己的观点进行重新审视和调整，从而使专家们的意见逐渐接近。

（8）整理和分析

第二轮调查结果对第二轮调查回收的问卷进行整理和分析，方法与第一轮调查类似。通过对第二轮调查结果的分析，可以进一步了解专家们的意见变化情况和趋于一致的程度。如果专家们的意见已经基本一致,可以认为预测结果已经达到了较高的可靠性;如果专家们的意见仍然存在较大的分歧,则需要进行第三轮调查。

(9)重复以上步骤,直至专家们的意见趋于一致

根据需要,可以重复进行第三轮、第四轮甚至更多轮的调查,直到专家们的意见趋于一致。在每一轮调查中,都要对前一轮调查结果进行认真的分析和总结,及时调整调查问卷的内容和形式,以提高预测的准确性和可靠性。当专家们的意见在一定程度上达到一致时,可以认为预测结果已经基本形成。

(10)撰写预测报告

根据最终的调查结果,撰写预测报告。预测报告应包括预测的主题、目标、方法、过程以及结果等内容。预测报告的结果部分应详细阐述专家们的意见和观点,以及最终的预测结论。预测报告应具有科学性、客观性和可读性,为决策者提供有价值的参考依据。

3. 德尔菲法的局限性

尽管德尔菲法在科技预测中具有重要的应用价值,但它也存在一些局限性。

(1)专家选择的主观性

在选择专家时,可能会受到主观因素的影响,导致专家的代表性和权威性不够。

(2)信息的局限性

专家的意见和观点可能受到自身知识和经验的限制,以及信息获取渠道的影响,从而导致预测结果的局限性。

(3)时间和成本的限制

德尔菲法需要进行多轮的问卷调查和反馈,过程较为烦琐,需要耗费大量的时间和精力,同时也会增加预测的成本。

(4)缺乏对突发事件的应对能力

德尔菲法是基于对未来趋势的预测,对于突发事件和不确定性因素的应对能力相对较弱。

德尔菲法作为一种有效的科技预测方法,通过充分发挥专家的作用,避免了群体思维的影响,具有较高的灵活性和可靠性。在操作流程上,德尔菲法包括确定预测主题和目标、选择专家、设计调查问卷、实施多轮调查、整理和分析

调查结果以及撰写预测报告等步骤。通过不断的反馈和修正,使专家们的意见逐渐趋于一致,从而得出较为准确的预测结果。然而,德尔菲法也存在一些局限性,在实际应用中需要结合其他预测方法和手段,以提高预测的准确性和可靠性。

总之,德尔菲法在科技预测中具有重要的地位和作用,对于推动科技发展和社会进步具有重要的意义。

2.1.2　趋势外推法(trend extrapolation)

在当今科技飞速发展的时代,准确地预测科技的未来发展趋势对于企业、政府和科研机构等具有重要的意义。科技预测可以帮助决策者制定合理的发展战略,优化资源配置,降低风险,提高竞争力。趋势外推法是一种常用的科技预测方法,它基于历史数据和现有趋势,通过数学模型和统计分析来预测未来的发展趋势。

1. 趋势外推法的基本原理

趋势外推法的基本思想是假设事物的发展趋势将在未来一段时间内延续下去,即过去的发展模式和趋势可以外推到未来。这种方法认为,事物的发展是一个连续的过程,虽然在发展过程中可能会受到一些因素的干扰,但总体趋势是相对稳定的。因此,通过对历史数据的分析和研究,可以找出事物发展的规律和趋势,并以此为基础对未来进行预测。

2. 趋势外推法的操作流程

(1)数据收集与整理

趋势外推法的第一步是收集和整理相关数据。这些数据可以是时间序列数据,如历年的科技产品销售额、研发投入、专利申请数量等,也可以是横截面数据,如不同地区、不同行业的科技发展水平等。数据的质量和可靠性对于预测结果的准确性至关重要,因此在收集数据时,需要确保数据的来源可靠、准确、完整。同时,还需要对数据进行预处理,如去除异常值、填补缺失值等,以保证数据的质量和可用性。

(2)趋势分析

在收集和整理好数据后,需要对数据进行趋势分析。趋势分析的目的是找出数据中的发展趋势,以便为后续的预测提供依据。常用的趋势分析方法有线性趋势分析、非线性趋势分析和季节性趋势分析等。

①线性趋势分析

线性趋势分析是最简单的趋势分析方法，它假设数据的发展趋势是线性的，即可以用一条直线来表示。线性趋势分析的数学模型为

$$Y=a+bX$$

其中，Y 表示因变量，X 表示自变量，a 表示截距，b 表示斜率。通过对历史数据进行回归分析，可以求出 a 和 b 的值，从而得到线性趋势方程。然后，将未来的自变量值代入方程中，就可以得到相应的预测值。

②非线性趋势分析

当数据的发展趋势不是线性时，就需要采用非线性趋势分析方法。非线性趋势分析的数学模型有很多种，如指数曲线模型、二次曲线模型、对数曲线模型等。这些模型的选择需要根据数据的特点和实际情况进行确定。通过对历史数据进行拟合，可以求出模型中的参数值，从而得到非线性趋势方程。然后，将未来的自变量值代入方程中，就可以得到相应的预测值。

③季节性趋势分析

有些数据具有季节性特征，如某些农产品的产量、旅游行业的客流量等。对于这类数据，需要采用季节性趋势分析方法。季节性趋势分析的方法有很多种，如季节指数模型、移动平均季节乘法模型等。通过对历史数据进行分析，我们可以求出季节性因素的影响，并对数据进行季节性调整。然后，再采用线性或非线性趋势分析方法对调整后的数据进行预测。

(3)模型选择与建立

在进行趋势分析后，需要根据分析结果选择合适的预测模型。预测模型的选择需要考虑数据的特点、预测的目的和精度要求等因素。如果数据的发展趋势是线性的，那么可以选择线性回归模型；如果数据的发展趋势是非线性的，那么可以选择非线性回归模型，如指数曲线模型、二次曲线模型等；如果数据具有季节性特征，那么可以选择季节性预测模型，如季节指数模型、移动平均季节乘法模型等。

在选择好预测模型后，需要使用历史数据对模型进行训练和验证。通过对模型的参数进行调整和优化，使模型能够更好地拟合历史数据。同时，还需要对模型的预测精度进行评估，常用的评估指标有均方误差(MSE)、平均绝对误差(MAE)、平均绝对百分比误差(MAPE)等。如果模型的预测精度不满足要求，则需要重新选择模型或对模型进行改进。

(4) 预测与评估

在建立好预测模型后，就可以使用该模型对未来进行预测。将未来的自变量值代入模型中，就可以得到相应的预测值。在进行预测时，需要注意预测的时间范围和精度要求。一般来说，预测的时间范围越短，预测精度越高；预测的时间范围越长，预测误差越大。

在得到预测结果后，需要对预测结果进行评估和分析。评估的内容包括预测结果的准确性、可靠性和合理性等。如果预测结果与实际情况相差较大，那么需要对预测模型进行调整和改进，或者重新选择预测方法。同时，还需要对预测结果的不确定性进行分析，以便为决策者提供更加全面和准确的信息。

3. 趋势外推法的优缺点

(1) 优点

趋势外推法是一种基于历史数据的预测方法，具有简单易懂、数据依赖性强和短期预测效果好的优点。首先，其原理和操作流程相对简单，容易理解和掌握。其次，该方法需要大量的历史数据作为支撑，数据的质量和数量对预测结果的准确性有很大的影响。如果数据质量高、数量充足，预测结果的准确性也会相应提高。此外，对于短期预测，趋势外推法可以根据历史数据的趋势进行外推，预测结果往往比较准确。

(2) 缺点

趋势外推法也存在一些缺点。首先，它假设事物的发展趋势将在未来一段时间内延续下去，这种假设前提在某些情况下可能不成立。例如，当出现重大的技术突破、政策变化或市场环境变化时，事物的发展趋势可能会发生根本性的改变，此时趋势外推法的预测结果就会出现较大的误差。其次，由于事物的发展是一个复杂的过程，受到多种因素的影响，长期来看，事物的发展趋势往往是不确定的。趋势外推法在进行长期预测时，往往会受到这些不确定因素的影响，导致预测精度降低。最后，该方法是基于历史数据进行预测的，无法考虑到未来可能出现的新因素的影响。例如，新的技术创新、新兴市场的出现等因素可能会对事物的发展产生重大的影响，但趋势外推法无法将这些因素纳入到预测模型中。

4. 趋势外推法的应用案例

(1) 智能手机市场的预测

随着智能手机市场的快速发展，许多企业和研究机构都采用趋势外推法对智能手机市场的未来发展趋势进行预测。例如,通过分析历年智能手机的销售量、市场份额、价格等数据,可以建立线性或非线性回归模型,进而对未来几年智能手机市场的规模、增长率、价格走势等进行预测。这些预测结果可以为企业的产品研发、市场推广和战略规划提供重要的参考依据。

(2)新能源汽车市场的预测

新能源汽车是未来汽车产业的发展方向,进行新能源汽车市场的预测对于企业和政府的决策具有重要的意义。采用趋势外推法,可以对新能源汽车的销售量、市场份额、技术发展趋势等进行预测。例如,通过分析历年新能源汽车的销售量、政策支持力度、技术进步等数据,可以建立预测模型,对未来几年新能源汽车市场的发展趋势进行预测。这些预测结果可以为企业的投资决策、产品规划和政府的产业政策制定提供参考依据。

趋势外推法是一种常用的科技预测方法,它基于历史数据和现有趋势,通过数学模型和统计分析来预测未来的发展趋势。该方法的操作流程包括数据收集与整理、趋势分析、模型选择与建立、预测与评估等步骤。虽然趋势外推法具有简单易懂、数据依赖性强、短期预测效果好等优点,但也存在假设前提限制、长期预测精度低、无法考虑新因素影响等缺点。因此,在使用趋势外推法进行科技预测时,需要结合实际情况,对预测结果进行谨慎的分析和评估,并综合考虑其他预测方法的结果,以提高预测的准确性和可靠性。

总之,趋势外推法是科技预测中的一种重要方法,它可以为决策者提供有价值的信息和参考依据,帮助他们更好地把握科技发展的趋势和方向,制定合理的发展战略和政策措施,推动科技的进步和社会的发展。

2.1.3 情景分析法(scenario analysis)

在当今快速发展的科技领域,准确的科技预测对于企业、政府和研究机构来说至关重要。科技预测可以帮助决策者制定战略规划、分配资源、应对潜在的挑战和机遇。情景分析法作为一种有效的科技预测方法,通过构建多种可能的未来情景,可以帮助人们更好地理解不确定性和复杂性,为决策提供有力的支持。

1. 情景分析法的概念和特点

情景分析法是一种探索未来可能性的方法,它通过设想和分析多种未来情景,综合考虑技术发展趋势、社会经济环境、政策法规等因素,构建出不同的未来图景。与传统预测方法相比,情景分析法具有鲜明的特点:它承认并考虑未来的不确定性,通过构建多样化的情景来展现各种可能性,而非追求单一的确定性预测;它具备综合性,能够融合多种因素的相互作用,提供更为全面的未来视角;它展现出灵活性,能够根据新信息和变化进行调整和修改;同时,它通过将情景以故事或图像的形式进行可视化操作,使得未来的可能性更加直观易懂,便于人们理解和接受。

2. 情景分析法的操作流程

情景分析法的操作流程通常包括以下几个主要步骤。

(1)确定研究主题和目标

首先要明确情景分析的研究主题和目标。这包括确定要研究的科技领域、问题或趋势,以及希望通过情景分析达到的目的,例如预测市场需求、评估技术风险、制定战略规划等。

(2)收集和分析相关信息

在确定研究主题和目标后,需要收集大量的相关信息,包括技术发展趋势、市场动态、政策法规、社会文化因素等。这些信息可以通过文献研究、专家访谈、市场调研等方式获取。对收集到的信息进行深入分析,找出影响未来发展的关键因素和不确定性因素。

(3)确定关键因素和不确定性因素

根据对相关信息的分析,确定影响未来发展的关键因素和不确定性因素。关键因素是那些对未来发展具有重要影响的因素,而不确定性因素是那些存在多种可能性的因素。例如,在科技领域,技术突破、市场需求变化、政策法规调整等都可能是关键因素和不确定性因素。

(4)构建情景框架

确定关键因素和不确定性因素的下一步是构建情景框架。情景框架是对未来可能出现的情景的一种概括性描述,通常包括情景的主题、主要特征和关键事件。例如,通过头脑风暴、德尔菲法等方法,提出多个不同的情景框架。

(5)细化情景内容

在构建了情景框架后,需要对每个情景进行细化和充实。这包括详细描述情景中的各种因素、事件和发展趋势,以及它们之间的相互关系。可以通过故事叙述、图表展示等方式,使情景内容更加生动和具体。

(6)进行情景分析

对每个细化后的情景进行深入分析,评估其可能性和影响。可以采用定性和定量相结合的方法,分析情景中各种因素的变化对研究主题的影响。例如,可以使用模拟模型、专家评估等方法,预测在不同情景下技术的发展路径、市场需求的变化、竞争格局的演变等。

(7)制定应对策略

根据情景分析的结果,制定相应的应对策略。应对策略应该针对不同的情景,提出具体的行动方案和建议。例如,在某些情景下,可能需要加大研发投入、拓展市场渠道;在另一些情景下,可能需要调整产品结构、加强风险管理。

(8)监测和评估

情景分析法是一个动态的过程,需要不断地监测和评估。随着时间的推移,新的信息和变化可能会出现,需要及时对情景进行调整和更新。同时,还需要对制定的应对策略进行评估和反馈,以确保其有效性和适应性。

3. 情景分析法的应用案例

为了更好地理解情景分析法的操作流程,下面以新能源汽车的发展为例,展示如何应用情景分析法进行科技预测。

(1)确定研究主题和目标

研究主题为新能源汽车的未来发展趋势,目标是预测未来 10 年新能源汽车市场的规模、技术发展方向和竞争格局,为企业制定战略规划提供依据。

(2)收集和分析相关信息

通过文献研究、行业报告、专家访谈等方式,收集了以下信息。

①技术发展趋势。电池技术不断进步,续航里程逐步提高,充电时间逐渐缩短;自动驾驶技术逐渐成熟,有望在未来几年内实现商业化应用。

②市场动态。消费者对环保和节能的需求不断增加,新能源汽车市场份额逐年上升;传统燃油车企业纷纷加大对新能源汽车的研发投入,市场竞争日益激烈。

③政策法规。各国政府出台了一系列鼓励新能源汽车发展的政策,如补贴政策、充电基础设施建设规划等。

④社会文化因素。环保意识的提高使得消费者对新能源汽车的接受度逐渐增加。

4. 确定关键因素和不确定性因素

(1) 关键因素

关键因素包括电池技术的发展、自动驾驶技术的成熟度、政策法规的支持力度、消费者的需求和接受度。

(2) 不确定性因素

不确定因素包括电池成本的下降速度、充电基础设施的建设进度、市场竞争的激烈程度、技术突破的时间点。

(3) 构建情景框架

在构建情景框架的过程中,我们基于对关键因素和不确定性因素的深入分析,绘制了四幅未来可能的情景画卷:①在乐观情景中,电池技术实现重大飞跃,成本锐减,续航能力突破 1 000 km 大关,自动驾驶技术迅速普及,政府政策大力扶持,充电设施建设加速,消费者热情高涨,新能源汽车市场份额迅猛,超越传统燃油车;②在稳健情景中,描绘了电池技术稳步前进,成本逐步降低,续航里程达到 600 km,自动驾驶技术逐渐融入高端车型,政府支持持续但补贴逐渐减少,充电设施日益完善,消费者接受度稳步提升,市场份额持续增长;③在保守情景中,电池技术进展缓慢,成本降低有限,续航里程停留在 400 km,自动驾驶技术面临挑战,政府支持力度减弱,补贴大幅退坡,充电设施建设滞后,消费者需求增长缓慢,市场份额增长受限;④在悲观情景下,电池技术遭遇瓶颈,成本居高不下,续航里程难以提升,自动驾驶技术进展迟缓,安全问题频发,政府补贴取消,充电设施建设停滞,消费者兴趣减退,市场份额出现下滑。

(4) 细化情景内容

对每个情景框架进行细化,详细描述情景中的各种因素、事件和发展趋势。例如,在乐观情景中,详细描述了电池技术突破的具体表现、自动驾驶技术的应用场景、政府政策的具体措施、消费者需求的增长情况等。

(5) 进行情景分析

采用定性和定量相结合的方法,对每个情景进行分析。定性分析主要评估每个情景的合理性和可能性;定量分析则通过建立数学模型,预测在不同情景下新能源汽车市场的规模、增长率、技术发展路径等。例如,通过建立市场需求模型,分析在不同情景下消费者对新能源汽车的购买意愿和购买能力,从而预测市场规模的变化。

(6)制定应对策略

根据情景分析的结果,制定相应的应对策略。对于乐观情景,企业应加大研发投入,加快新产品推出速度,积极拓展市场份额;对于稳健情景,企业应保持稳定的研发投入,优化产品结构,提高产品质量和服务水平;对于保守情景,企业应加强成本控制,调整市场策略,寻找新的增长点;对于悲观情景,企业应采取收缩战略,降低成本,减少风险。

(7)监测和评估

应建立监测机制,定期收集新能源汽车市场的相关信息,对情景进行评估和调整。如果出现新的技术突破、政策变化或市场动态,需及时对情景进行更新和完善,确保预测的准确性和有效性。

5. 情景分析法的优点和局限性

(1)情景分析法的优点

情景分析法以其独特的优势,为决策者提供了一种强有力的工具:它能够帮助决策者更好地理解和应对未来的不确定性,通过构建多样化的情景,为决策提供全面的信息支持;该方法鼓励参与者提出不同的观点和想法,从而激发创新思维,揭示新的机遇与挑战;通过制定针对不同情景的应对策略,情景分析法提高了决策的适应性和灵活性,使其能够更好地适应未来的变化;此外,情景分析法以故事或图像的形式将未来的情景具象化,使得信息更易于理解和接受,有效促进了各方之间的沟通和共识。

(2)情景分析法的局限性

情景分析法虽然提供了对未来可能性的深入洞察,但其应用也面临一些挑战:首先,该方法的成果在很大程度上依赖于参与者的假设和判断,这可能引入主观性和偏差,影响分析的客观性;其次,情景分析法需要依托大量高质量的数据和信息,若这些数据信息不准确或不完整,将直接影响情景分析的有效性;再次,该方法的操作流程相对复杂,需要投入较多的时间和精力,这对于需要快速响应的紧急决策可能不太适用;最后,尽管情景分析法考虑了未来的不确定性,但对于极端事件,如自然灾害或重大政治变动,其预测能力仍然有限,难以准确预见这些非常规情况的发生。

6. 结论

情景分析法是一种有效的科技预测方法,通过构建多种可能的未来情景,帮助人们更好地理解不确定性和复杂性,为决策提供有力的支持。在操作流程上，情景分析法包括确定研究主题和目标、收集和分析相关信息、确定关键因素和不确定性因素、构建情景框架、细化情景内容、进行情景分析、制定应对策略以及监测和评估等步骤。通过应用情景分析法，可以为科技领域的发展提供有益的预测和指导，帮助企业、政府和研究机构更好地应对未来的挑战和机遇。然而，情景分析法也存在一些局限性，在应用时需要充分考虑这些因素，结合其他预测方法和工具，以提高预测的准确性和可靠性。

2.2　科技战略规划的制定与实施

在科技日新月异的今天，将科技预测的结果转化为实际可行的战略规划，是企业、组织乃至国家实现可持续发展的关键。本章将深入探讨科技战略规划的制定原则、制定步骤、内容框架，以及实施过程中可能遇到的挑战与应对策略，并通过分享成功案例与失败教训，为读者提供宝贵的经验借鉴。

2.2.1　制定原则

1. 前瞻性

科技战略规划的制定必须具备前瞻性。在当今科技飞速发展的时代，准确的科技预测是制定前瞻性战略规划的基础。通过对科技发展趋势的深入研究和分析，我们能够更好地预见未来的科技走向，从而为战略规划提供有力的支撑。

前瞻性的战略规划能够引领未来科技发展的趋势，使我们在科技竞争中占据主动地位。它不仅能够帮助我们提前布局关键技术领域，还能够引导资源的合理配置，提高科技创新的效率和效益。例如，在人工智能、量子计算、生物技术等前沿领域，前瞻性的战略规划可以促使我们加大研发投入，培养专业人才，建立创新平台，从而推动这些领域的快速发展，为经济社会的发展提供强大的动力。

总之，前瞻性是科技战略规划的核心原则之一，只有具备前瞻性的战略规划，才能使我们在科技发展的浪潮中勇立潮头，实现科技的跨越式发展。

2. 可行性

在制定科技战略规划时，可行性是至关重要的原则。这意味着我们必须对现有的资源进行全面而深入的评估,包括人力、物力、财力以及技术资源等。只有充分了解我们所拥有的资源,才能合理地分配和利用它们,以实现战略规划的目标。

同时,我们还需要对自身的能力进行准确的判断。包括研发能力、创新能力、管理能力以及市场运作能力等。了解自己的优势和劣势,有助于我们在制定战略规划时,选择适合自己的发展方向和项目,避免盲目跟风和不切实际的目标设定。

此外,环境条件也是不可忽视的因素。市场需求的变化、技术的发展趋势、政策法规的调整以及竞争对手的动态等,都会对我们的科技战略规划产生影响。因此,我们必须密切关注环境的变化,及时调整战略规划,以适应不断变化的市场环境。

总之,只有在充分考虑现有资源、能力和环境条件的基础上,制定出的科技战略规划才具有可行性,才能在实际实施过程中取得良好的效果,推动科技事业的不断发展。

3. 灵活性

在当今科技飞速发展的时代,新技术、新理念层出不穷,市场需求和竞争态势也在不断变化。因此,科技战略规划必须保持足够的灵活性,以适应这些变化。

灵活性意味着战略规划不能是僵化的、一成不变的。在制定规划时,要充分考虑到未来可能出现的各种情况,预留一定的调整空间。同时,要建立有效的监测和评估机制,及时收集和分析相关信息,以便能够准确地判断实际情况与规划之间的差异。

当发现实际情况与规划不符时,要有勇气和决心进行适时调整。这种调整不是随意的,而是基于对市场、技术和竞争等因素的深入分析和判断而进行的调整。通过灵活调整战略规划,企业或组织能够更好地抓住机遇,应对挑战,确保科技发展始终沿着正确的方向前进。

例如,某科技公司在制定产品研发战略规划时,原本计划投入大量资源开发一款新型智能手机。然而,在研发过程中,市场上出现了一种新的技术趋势,对智能手机的功能和性能提出了新的要求。该公司及时调整了战略规划,将部分资源转移到对新技术的研究和应用上,最终成功推出了一款更具竞争力的产品,赢得了市场份额。

总之,灵活性是科技战略规划制定与实施的重要原则之一。只有保持灵活性,才能使科技战略规划更好地适应不断变化的环境,为企业或组织的科技发展提供有力的支持。

4. 协同性

在科技战略规划的制定与实施过程中,协同性是至关重要的原则之一。协同性强调的是各个方面的协调合作,以实现整体效益的最大化。

首先,科技战略规划的协同性体现在内部各部门之间的协作上。研发、生产、市场等部门需要紧密配合,共同推动科技战略的实施。研发部门负责技术创新;生产部门确保产品的质量和生产效率;市场部门则要根据市场需求和竞争态势,为产品的推广和销售制定策略。只有各部门协同工作,才能将科技成果顺利转化为市场竞争力。

其次,协同性还要求科技战略规划与企业的总体战略相协调。科技战略应该是企业总体战略的重要支撑,要与企业的发展目标、市场定位和资源配置等方面相契合。通过科技战略的实施,推动企业实现可持续发展,提高企业的核心竞争力。

最后,科技战略规划的协同性还需要考虑与外部环境的协同。企业要关注行业发展趋势、技术创新动态以及政策法规的变化,及时调整科技战略规划,以适应外部环境的变化。同时,企业还应该加强与高校、科研机构、供应商和客户等外部合作伙伴的协同创新,整合各方资源,共同攻克技术难题,实现互利共赢。

总之,协同性是科技战略规划制定与实施的关键原则。只有通过内部各部门之间、科技战略与企业总体战略之间以及企业与外部环境之间的协同合作,才能确保科技战略规划的顺利实施,为企业的发展提供强大的动力。

2.2.2　制定步骤

1. 明确目标

在当今科技飞速发展的时代,科技预测对于企业和组织的战略规划至关重要。通过对科技趋势的深入研究和分析,我们能够获得有关未来科技发展的宝贵信息。基于这些科技预测结果,我们可以明确战略规划的目标。

总体目标应具有宏观性和长远性,它是企业或组织在未来一段时间内想要达到的总体方向。例如,成为行业内的领先者、推动科技创新、实现可持续发展等。而具体目标则是对总体目标的细化和分解，它们更加具体、可衡量和可实现。比如，在特定时间内推出几款具有创新性的产品，提高市场份额到一定比例，或降低能源消耗达到某个标准等。

明确目标的过程需要充分考虑内部资源和能力，以及外部市场环境和竞争态势，同时，还应该与企业或组织的使命、愿景和价值观相一致。只有这样，才能确保目标的合理性和可行性，为战略规划的制定和实施提供坚实的基础。

2. 分析现状

在制定科技战略规划时，分析现状是至关重要的一步。这一过程需要对组织内部的科技资源、能力进行全面评估。

首先，要对现有的科技设备、技术人员、研发投入等资源进行详细清查，了解其数量、质量和分布情况。同时，评估组织的科技研发能力、创新能力以及技术应用能力，明确自身的优势所在。例如，是否在某些领域拥有独特的技术专长或专利，是否具备高效的研发团队等。

其次，还需清醒地认识到自身的劣势。这可能包括技术落后、人才短缺、研发资金不足等方面。通过对优势和劣势的分析，能够为后续的战略规划提供有力的依据。

在分析内部情况的基础上，还要对外部环境进行深入研究，识别潜在的机会与威胁。关注行业的发展趋势、技术创新的动态以及市场需求的变化，及时发现新的发展机遇。同时，也要警惕竞争对手的动向、政策法规的变化等可能带来的影响。

总之，通过全面、客观地分析现状，企业或组织能够更好地把握自身的科技实力和所处的环境，为制定科学合理的科技战略规划奠定坚实的基础。

3. 制定策略

科技战略规划的制定与实施是推动科技发展和实现创新目标的关键步骤。在这一过程中，制定策略是至关重要的环节。

针对明确的目标和对现状的深入分析，我们需要制定具体的科技发展战略。这一战略应充分考虑市场需求、技术趋势以及企业自身的资源和能力。通过对这些因素的综合考量，确定科技发展的重点领域和方向，为企业的科技创新提供明确的指引。

技术路线图是实现科技战略的重要工具。它以可视化的方式展示了技术发展的路径和阶段性目标。在制定技术路线图时，需要对各项技术进行详细的评估和分析，确定技术研发的关键节点和时间进度，确保技术研发工作的有序进行。

行动计划则是将科技战略和技术路线图转化为具体的行动方案。行动计划应包括具体的项目安排、资源配置、责任分工和时间节点等内容。通过制订详细的行动计划，确保科技战略能够得到切实的执行，推动科技创新工作的顺利开展。

总之，制定具体的科技发展战略、技术路线图和行动计划是实现科技战略规划的重要步骤。只有通过科学合理的策略制定，才能确保科技战略规划的有效实施，推动企业在科技创新的道路上不断前进，提高企业的核心竞争力，实现可持续发展的目标。

4. 资源配置

科技战略规划的制定是为了引领组织在科技领域取得竞争优势，实现可持续发展。而资源配置则是确保战略规划能够顺利实施的关键环节。在这个过程中，根据策略需要，合理地配置人力、物力、财力等资源至关重要。

人力方面需要根据科技战略规划的目标和任务，确定所需的各类专业人才，包括科研人员、技术专家、管理人员等。通过招聘、培训和调配等方式，确保企业或组织拥有足够的人才来推动战略的实施。同时，要注重人才的培养和发展，提高他们的专业素质和创新能力，以适应科技发展的不断变化。

物力资源的配置主要包括科研设备、实验设施、办公场地等。根据战略规划的需求，合理购置和更新这些物力资源，以提高科研和开发的效率和质量。此外，还需要加强对物力资源的管理和维护，确保其正常运行和充分利用。

财力资源是实施科技战略规划的重要保障。在资源配置过程中，要根据战略规划的重点和优先领域，合理安排资金投入。这包括科研项目的经费支持、技术创新的奖励资金、人才引进和培养的费用等。同时，要加强财务管理，提高资金使用效率，确保资金的合理分配和有效利用。

合理配置资源还需要考虑资源的整合和协同效应。通过优化资源配置结构，实现人力、物力、财力等资源的有机结合和协同作用，提高资源的利用效率和整体效益。例如，在科研项目中，可以将不同专业的人才组成团队，共同攻克技术难题；同时，合理调配物力和财力资源，为项目的顺利进行提供保障。

总之，资源配置是科技战略规划实施的重要支撑。只有根据策略需要，科学合理地配置人力、物力、财力等资源，才能确保战略规划的顺利实施，推动组织在科技领域不断取得创新成果，提升竞争力，实现可持续发展的目标。

5. 风险评估

风险评估是战略规划实施过程中至关重要的环节。它旨在识别潜在的风险，并对其可能产生的影响进行评估，以便制定有效的应对措施。

首先，识别风险需要对战略规划的各个方面进行全面的审视，包括内部因素如组织的资源、能力、流程等，以及外部因素如市场变化、竞争态势、政策法规等。通过深入分析，找出可能影响战略目标实现的风险因素。

其次，对识别出的风险进行评估。评估的内容包括风险发生的可能性和潜在影响的严重程度。可能性可以通过历史数据、行业经验和专家判断等进行估计；影响程度则需要考虑对战略目标、财务状况、声誉等方面的潜在损害。

根据风险评估的结果，制定相应的应对措施。应对措施可以分为规避、降低、转移和接受四种策略。规避策略是指通过改变战略或行动计划来避免风险的发生；降低策略是采取措施减少风险发生的可能性或减轻其影响；转移策略是将风险转移给其他方，如通过保险或合同条款；接受策略则是在风险发生的可能性和影响都较小的情况下，选择承担风险。

总之，风险评估是一个动态的过程，需要在战略规划实施的全过程中持续进行。通过及时识别和评估风险，并采取有效的应对措施，能够提高战略规划的成功率，降低不确定性带来的负面影响，确保组织能够实现其战略目标。

6. 制定监控与评估机制

制定监控与评估机制是战略规划实施过程中的重要环节。它有助于确保战略规划能够按照预期的方向推进，并及时发现和解决可能出现的问题。

建立有效的监控与评估体系，首先需要明确监控与评估的指标。这些指标应与战略规划的目标紧密相关，能够准确反映实施情况的进展和效果。通过定期收集和分析这些指标的数据，我们可以对战略规划的执行情况进行跟踪。

在跟踪过程中，能够及时发现实施过程中与计划的偏差。这使得我们可以采取针对性的措施进行调整和改进，以保证战略规划能够朝着既定目标前进。

评估则是对整个战略规划实施效果的全面审查。它不仅关注短期的成果，更注重长期的影响和可持续性。通过评估，我们可以总结经验教训，为未来的战略规划提供参考和借鉴。

总之，监控与评估机制的建立为战略规划的成功实施提供了有力的保障。它能够增强组织的应变能力，提高资源利用效率，确保目标的最终达成，使组织在不断变化的环境中保持竞争力,实现可持续发展。

2.2.3　内容框架

科技战略规划是企业或组织在科技领域发展的重要指导文件,它为科技发展指明了方向,确定了目标和策略,有助于提高科技竞争力,实现可持续发展。以下将对科技战略规划的内容框架的各个方面进行详细阐述。

1. 总体目标

科技战略规划的总体目标是科技战略规划的核心,它明确了科技发展的总体方向和长期目标。总体目标应该具有宏观性、前瞻性和指导性,能够反映企业或组织的战略意图和发展需求。

制定总体目标时,需要考虑以下几个方面的因素。

(1)企业或组织的使命和愿景

总体目标应该与企业或组织的使命和愿景相一致,体现其核心价值观和发展理念。

(2)市场需求和竞争态势

了解市场的需求趋势和竞争环境,确保总体目标能够适应市场变化,提高企业或组织的市场竞争力。

(3)科技发展趋势

关注国内外科技发展的最新动态和趋势,使总体目标具有一定的前瞻性,能够引领企业或组织在科技领域的发展。

(4)内部资源和能力

充分考虑企业或组织的内部资源和能力,确保总体目标具有可行性和可实现性。

例如,一家科技企业的总体目标可以是:在未来五年内,成为全球领先的人工智能技术提供商,推动人工智能技术在多个领域的广泛应用,实现业务的快速增长和可持续发展。

总体目标的明确为科技战略规划的其他方面提供了基础和方向,它是企业或组织在科技领域发展的长期指引,有助于凝聚各方力量,共同实现科技发展的愿景。

2. 战略定位

战略定位是确定企业或组织在科技领域的角色和定位。它涉及企业或组织在科技产业链中的位置、竞争优势的来源以及与其他企业或组织的关系等方面。

在确定战略定位时,需要进行深入的市场分析和竞争分析,了解行业的发展趋势、市场需求的变化以及竞争对手的优势和劣势。通过分析,企业或组织可以找到自己在科技领域的独特价值和竞争优势,从而确定合适的战略定位。

战略定位可以从以下几个方面进行考虑。

(1)技术领先者

企业或组织致力于在某些关键技术领域取得领先地位,通过不断的技术创新和研发投入,推出具有创新性和竞争力的产品和服务。

(2)市场领导者

企业或组织在市场份额和品牌影响力方面具有优势,通过有效的市场营销和客户服务,巩固和扩大市场份额,引领市场发展。

(3)技术应用者

企业或组织注重将现有技术应用到实际业务中,通过技术与业务的深度融合,提高生产效率和产品质量,满足客户需求。

(4)合作伙伴

企业或组织通过与其他企业、科研机构或高校等建立合作伙伴关系,共同开展技术研发和创新活动,实现资源共享和优势互补。

例如,一家科技企业可以将自己定位为技术领先者,专注于人工智能算法的研究和开发,不断推出具有领先水平的人工智能产品,为客户提供智能化的解决方案;另一家科技企业则可以将自己定位为市场领导者,通过强大的市场营销和销售渠道,将自己的产品推向全球市场,占据较大的市场份额。

战略定位的确定对于企业或组织的科技发展具有重要意义,它决定了企业或组织的发展方向和重点,影响着企业或组织的资源配置和业务布局。

3. 技术路线图

技术路线图是描绘关键技术的研发路径、时间表和里程碑的重要工具。它有助于企业或组织明确技术发展的方向和步骤,合理安排研发资源,提高技术研发的效率和成功率。

制定技术路线图时,需要对关键技术进行深入的研究和分析,了解技术的发展现状和趋势,确定技术研发的重点和难点。同时,还需要考虑技术与市场需求的结合,确保技术研发的成果能够满足市场的需求。

技术路线图是企业或组织技术发展的蓝图，首先，它通过技术需求分析，深入挖掘业务需求，锁定关键技术和技术性能指标；其次，通过技术现状评估，对国内外相关技术的成熟度、应用情况和发展趋势进行全面审视；再次，基于这些分析，技术路线图确立了技术发展的目标和方向，旨在提升技术性能、扩展功能并开拓新的应用领域；最后，研发路径规划为技术研发绘制了详细的行动路线，明确了研发的阶段划分、任务分配和时间安排。此外，时间表和里程碑的设定，为技术研发的每个阶段提供了明确的时间节点和关键成果，确保研发进度的有效监控和评估。

例如，一家新能源汽车企业的技术路线图可以包括以下内容：在电池技术方面，未来三年内实现电池能量密度提高50%，充电时间缩短至30分钟以内；在自动驾驶技术方面，未来五年内实现L4级自动驾驶技术的商业化应用，并在部分城市开展试点运营。

技术路线图的制定需要充分考虑技术的不确定性和风险性，同时要具有一定的灵活性和可调整性，以便能够根据市场需求和技术发展的变化及时进行调整。

4. 重点任务

重点任务是实现战略目标所需完成的主要任务和项目。这些任务和项目应该具有明确的目标、具体的行动计划和责任人，能够有效地推动科技战略规划的实施。

确定重点任务时，需要根据总体目标和战略定位，结合技术路线图，对科技发展的各个方面进行系统的梳理和分析。重点任务可以包括技术研发、产品创新、市场拓展、人才培养、合作交流等方面。

例如，一家科技企业的重点任务可以包括：开展新一代通信技术的研发，推出具有自主知识产权的5G通信产品；加强人工智能技术在智能医疗领域的应用研究，开发智能化的医疗诊断和治疗系统；拓展国际市场，加强与国际知名企业的合作，提升企业的国际竞争力；加强人才队伍建设，引进和培养一批高层次的科技人才和管理人才。

对于每个重点任务，都需要制订详细的行动计划，包括任务的目标、具体内容、实施步骤、时间安排、资源需求和责任人等。行动计划应该具有可操作性和可衡量性，能够确保重点任务的顺利完成。

5. 资源配置

资源配置是规划人力、物力、财力等资源的分配和使用,以确保科技战略规划的顺利实施。合理的资源配置是实现科技战略目标的重要保障,它能够提高资源的利用效率,降低成本,增强企业或组织的竞争力。

在进行资源配置时,需要考虑以下几个方面。

(1)人力资源

根据科技战略规划的需求,确定所需的各类人才,包括科研人员、技术人员、管理人员等,并制定相应的人才引进、培养和激励计划,以提高人才队伍的素质和能力。

(2)物力资源

包括研发设备、实验设施、生产设备等,需要根据科技战略规划的任务和项目需求,合理配置物力资源,确保研发和生产工作的顺利进行。

(3)财力资源

科技研发和创新需要大量的资金投入,因此需要合理规划财力资源。根据科技战略规划的目标和任务,制订详细的预算计划,包括研发投入、市场推广费用、设备购置费用等,确保资金的充足和合理使用。

(4)资源整合

除了内部资源的配置,还需要考虑外部资源的整合和利用。通过与其他企业、科研机构、高校等建立合作关系,实现资源共享和优势互补,提高资源的利用效率。

例如,一家科技企业在进行资源配置时,可以根据技术研发的需求,引进一批具有丰富经验的科研人员和技术专家;购置先进的研发设备和实验设施,为技术研发提供良好的硬件条件;制订合理的预算计划,确保研发投入的持续增长;同时,加强与高校和科研机构的合作,共同开展技术研发项目,整合外部资源,提高创新能力。

资源配置是一个动态的过程,需要根据科技战略规划的实施情况和市场变化进行及时的调整和优化,以确保资源的合理利用和科技战略目标的实现。

6. 风险管理与应对措施

风险管理与应对措施是识别潜在风险并制定相应的预防和应对策略,以降低风险对科技战略规划实施的影响。科技发展过程中充满了不确定性和风险性,如技术风险、市场风险、竞争风险和法律法规风险等,因此需要加强风险管理,提高企业或组织的抗风险能力。

在进行风险管理时,需要按照以下步骤进行。

(1)风险识别

对科技战略规划实施过程中可能面临的各种风险进行全面的识别和分析,包括风险的类型、来源和影响程度等。

(2)风险评估

对识别出的风险进行评估,确定风险的概率和影响程度,评估风险的严重性和可控性。

(3)风险应对策略制定

根据风险评估的结果,制定相应的风险应对策略。风险应对策略可以包括风险规避、风险降低、风险转移和风险接受等。

(4)风险监控

建立风险监控机制,对风险进行持续的监控和评估,及时发现新的风险和风险的变化情况,调整风险应对策略。

例如,在技术研发过程中,可能面临技术失败的风险。为了降低这种风险,可以采取多种措施,如加强技术研发团队的建设,提高技术研发能力;进行充分的技术调研和可行性分析,降低技术研发的不确定性;建立技术储备机制,应对技术研发过程中的突发情况等。

风险管理与应对措施是科技战略规划的重要组成部分,它能够帮助企业或组织提前做好风险防范和应对准备,降低风险对科技战略规划实施的影响,确保科技战略目标的顺利实现。

7. 监控与评估

建立监控与评估体系,确保战略规划的有效实施和及时调整。监控与评估是科技战略规划实施过程中的重要环节,它能够及时发现问题和不足,为调整和优化战略规划提供依据。

监控与评估体系应该包括以下几个方面的内容。

(1)监控指标体系

建立一套科学合理的监控指标体系,用于衡量科技战略规划的实施进度和效果。监控指标应该具有明确性、可衡量性和可操作性,能够反映科技战略规划各个方面的情况。

(2)监控机制

建立定期的监控机制,对科技战略规划的实施情况进行跟踪和监测。监控机制可以包括定期的报告制度、数据分析和现场检查等,确保能够及时掌握科技战略规划的实施情况。

(3)评估方法

选择合适的评估方法,对科技战略规划的实施效果进行评估。评估方法可以包括定性评估和定量评估相结合的方法,如专家评估、问卷调查、数据分析等,确保评估结果的科学性和可靠性。

(4)反馈与调整

根据监控和评估的结果,及时进行反馈和调整。如果发现科技战略规划的实施情况与预期目标存在偏差,应该及时分析原因,采取相应的调整措施,确保科技战略规划能够按照预定的目标和方向进行。

例如,一家科技企业可以建立一套监控指标体系,包括技术研发进度、产品市场占有率、销售收入增长率等指标,定期对这些指标进行监测和分析;同时,每年对科技战略规划的实施效果进行一次全面的评估,根据评估结果对科技战略规划进行调整和优化。

监控与评估是一个持续的过程,它贯穿于科技战略规划的实施全过程,能够帮助企业或组织及时发现问题,调整策略,确保科技战略规划的有效实施和目标的实现。

综上所述,科技战略规划的内容框架包括总体目标、战略定位、技术路线图、重点任务、资源配置、风险管理与应对措施、监控与评估等方面。这些方面相互关联、相互支持,共同构成了一个完整的科技战略规划体系。在制定科技战略规划时,企业或组织应该根据自身的实际情况,结合市场需求和科技发展趋势,制定具有针对性和可操作性的科技战略规划,为科技发展提供明确的方向和指导,提高科技竞争力,实现可持续发展。

2.2.4 实施中的挑战与应对策略

在实施科技战略规划的过程中,会面临诸多挑战,需要制定相应的应对策略来确保规划的顺利实施和目标的实现。以下将对实施过程中可能遇到的挑战以及相应的应对策略进行详细的讲解和分析。

1. 实施中的挑战

(1)技术不确定性

科技发展的速度日新月异,新技术、新应用不断涌现,这使得科技发展具有很大的不确定性。在实施科技战略规划时,很难准确预测哪些技术将成为主流,哪些技术将被淘汰。这种技术不确定性可能导致企业在技术研发方面投入大量资源,但最终却无法获得预期的成果。此外,技术的快速变化也要求企业具备较强的技术研发灵活性和快速响应能力,能够及时调整技术研发方向,以适应市场需求和技术发展的变化。

例如,在智能手机领域,技术更新换代非常快。曾经,诺基亚凭借塞班系统在手机市场占据主导地位,但随着安卓和苹果 iOS 系统的崛起,塞班系统逐渐被淘汰。如果企业不能及时跟上技术发展的步伐,调整技术研发方向,就很容易在市场竞争中处于劣势。

(2)资源有限性

在实施科技战略规划时,企业往往面临着资源有限的问题。资源包括人力、物力、财力等方面,如何合理配置这些资源,优化资源使用效率,确保关键项目的资源投入,是企业需要解决的重要问题。如果资源分配不合理,可能会导致一些重要的科技项目无法得到足够的支持,从而影响整个科技战略规划的实施效果。此外,资源的有限性也要求企业在实施科技战略规划时,要注重成本控制,提高资源的利用效率,以实现资源的最大化利用。

以新能源汽车研发为例,在其研发过程需要大量的资金投入用于技术研发、生产设备购置、市场推广等方面。同时,还需要高素质的研发人员和管理人员。如果企业在资源分配上不合理,比如将过多的资源投入到市场推广而忽视了技术研发,那么可能会导致产品技术含量不足,无法满足市场需求,最终影响企业的市场竞争力。

(3)组织惯性

组织惯性是指企业在长期的发展过程中形成的固定的思维模式和行为方式。这些惯性思维和行为模式可能会阻碍企业的创新和变革,使得企业在面对新的市场环境和竞争压力时,无法及时做出调整。在实施科技战略规划时,需要克服组织内部的惯性思维和行为模式,推动组织变革和创新。这需要企业打破传统的组织结构和管理模式,鼓励员工勇于创新,积极探索新的业务模式和发展方向。

许多传统企业在面对数字化转型的挑战时,往往会受到组织惯性的影响。例如,一些企业习惯于传统的线下销售模式,对于电子商务等新的销售渠道缺乏足够的重视和投入。这种组织惯性使得企业在数字化时代的市场竞争中处于不利地位,难以适应市场需求的变化和新兴竞争对手的挑战。

(4)外部竞争压力

在当今全球化的市场环境下,企业面临着来自国内外同行的激烈竞争。竞争对手不断推出新的产品和服务,争夺市场份额。此外,随着市场的不断变化和技术的不断进步,新的竞争对手也不断涌现,使得市场竞争更加激烈。在实施科技战略规划时,企业需要密切关注竞争对手的动态,加强合作与竞争策略的制定和实施,以提高自身的市场竞争力。

以互联网行业为例,阿里巴巴和腾讯是中国两大互联网巨头,它们在电商、社交、金融科技等领域展开了激烈的竞争。双方不断推出新的产品和服务,争夺用户和市场份额。同时,随着字节跳动等新兴互联网公司的崛起,市场竞争更加激烈。企业需要密切关注竞争对手的动态,及时调整自身的发展策略,才能在激烈的市场竞争中立于不败之地。

2. 应对策略

(1)加强技术研发与创新

首先,企业持续投入研发资金。技术研发是企业保持竞争力的核心。为了提升技术创新能力,企业需要持续投入研发资金。研发资金的投入可以用于购买先进的实验设备、聘请优秀的科研人员、开展前沿技术研究等方面。通过持续的研发投入,企业可以不断提升自身的技术水平,开发出具有市场竞争力的新产品和新技术。

例如,华为公司每年都会将大量的资金投入到技术研发中。据统计,华为在 2022 年的研发投入达到了 1 615 亿人民币,占全年收入的 25.1%。这种持续的高研发投入使得华为在 5G 技术、芯片研发等领域取得了显著的成果,成为全球领先的通信技术供应商。

其次,企业要积极引进和培养优秀人才。人才是技术研发和创新的关键,企业需要引进和培养一批具有创新能力和实践经验的优秀人才,组建一支高素质的研发团队。在引进人才方面,企业可以通过提供优厚的薪酬待遇、良好的工作环境和发展空间等方式,吸引国内外优秀的科研人员和技术专家加入。同时,企业也需要注重内部人才的培养,通过开展培训课程、提供实践机会等方式，提升员工的技术水平和创新能力。

例如，阿里巴巴成立了达摩院，旨在吸引全球顶尖的科学家和研究人员开展前沿技术研究。同时，阿里巴巴也注重内部员工的培养，通过举办技术大赛、设立创新奖励等方式，激发员工的创新热情和创造力。

最后，企业需要建立一套完善的技术创新体系，鼓励员工勇于创新，以此提高技术创新的效率和质量。包括建立创新激励机制、加强知识产权保护、促进产学研合作等方面。通过建立创新激励机制，企业可以激发员工的创新积极性，提高员工的创新成果转化率。加强知识产权保护可以保障企业的创新成果得到合法的保护，防止知识产权被侵权和滥用。促进产学研合作可以整合高校、科研机构和企业的资源，实现优势互补，提高技术创新的水平和效率。

例如，腾讯公司建立了完善的创新激励机制，设立了腾讯创新奖等多个奖项，鼓励员工积极参与创新活动。同时，腾讯也加强了知识产权保护，成立了专门的知识产权部门，负责公司的知识产权管理和保护工作。此外，腾讯还积极开展产学研合作，与清华大学、北京大学等高校和科研机构建立了长期的合作关系，共同开展前沿技术研究和应用开发。

(2)优化资源配置

首先，企业需要建立科学的资源管理机制，对人力、物力、财力等资源进行全面的管理和监控。资源管理机制应该包括资源规划、资源分配、资源使用监控和资源评估等环节。通过资源规划，企业可以明确自身的资源需求和发展目标，为资源分配提供依据。资源分配应该根据企业的战略规划和项目需求，合理分配资源，确保关键项目得到足够的资源支持。资源使用监控可以及时发现资源使用过程中的问题和浪费现象，采取措施加以解决。资源评估可以对资源的使用效果进行评估和反馈，为资源管理的优化提供依据。

例如，某制造业企业建立了一套资源管理系统，对企业的生产设备、原材料、人力资源等进行全面的管理和监控。通过该系统，企业可以实时了解资源的使用情况和库存情况，合理安排生产计划，提高资源的利用效率。

其次，企业需要确保资源的有效配置和高效利用。这需要企业根据自身的发展战略和市场需求，对资源进行合理的分配和调整。在资源配置方面，企业应该将资源优先分配给那些具有核心竞争力和市场前景的项目和业务，以提高企业的整体竞争力。在资源利用方面，企业应该加强成本控制，提高资源的利用效率，减少资源的浪费和闲置。

例如,某科技企业在研发新产品时,对项目进行了详细的评估和分析,根据项目的技术难度、市场需求和预期收益等因素,合理分配研发资源。同时,企业加强了研发过程中的成本控制,优化研发流程,提高研发效率,降低研发成本。

(3)推动组织变革

首先,企业需要鼓励创新思维和跨界合作。为了推动组织变革和创新,企业需要鼓励员工树立创新思维,敢于突破传统的思维模式和行为方式。企业可以通过开展创新培训、举办创新大赛等方式,激发员工的创新热情和创造力。同时,企业也需要加强跨界合作,整合不同领域的资源和知识,实现协同创新。跨界合作可以打破行业壁垒,拓展企业的创新视野和发展空间。

例如,小米公司为了鼓励员工勇于创新,提出了"厚道的人运气不会太差"的价值观,营造了良好的创新氛围。同时,小米也积极开展跨界合作,与多家企业和机构合作,共同推出了一系列创新产品和服务,如小米生态链产品、小米金融等。

其次,部门之间要打破信息壁垒。在传统的企业组织结构中,部门之间往往存在着壁垒,信息流通不畅,协作效率低下。为了推动组织变革,企业需要打破部门壁垒,加强部门之间的沟通和协作。这可以通过建立跨部门团队、优化业务流程、加强信息共享等方式来实现。通过打破部门壁垒,企业可以提高组织的运行效率和创新能力,更好地适应市场变化和客户需求。

例如,某大型企业通过建立跨部门项目团队,成功地解决了部门之间协作不畅的问题。在项目实施过程中,来自不同部门的成员共同协作,充分发挥各自的专业优势,提高了项目的实施效率和质量。

最后,企业需要推动组织向更加灵活和高效的方向发展。随着市场环境的不断变化和竞争压力的不断增大,企业需要简化组织结构,减少管理层级,提高决策效率。同时,企业也需要建立灵活的工作机制,如弹性工作制度、远程办公等,提高员工的工作积极性和工作效率。

例如,字节跳动公司采用了扁平化的组织结构,减少了管理层级,提高了决策效率。同时,字节跳动也推行了弹性工作制度,员工可以根据自己的需求和工作安排,选择合适的工作时间和工作地点,提高了员工的工作满意度和工作效率。

(4)加强市场与竞争分析

首先,企业需要密切关注市场动态。市场动态是企业制定发展策略的重要依据。企业需要密切关注市场需求的变化、行业发展趋势、政策法规的调整等市场动态,及时调整自身的发展策略。这可以通过开展市场调研、分析市场数据、关注行业报告等方式来实现。通过密切关注市场动态,企业可以提前发现市场机会和潜在风险,为企业的发展提供决策支持。

例如,某餐饮企业定期开展市场调研,了解消费者的口味偏好、消费习惯和市场需求的变化。根据市场调研结果,企业及时调整菜品结构和营销策略,推出了一系列符合市场需求的新产品和新服务,提高了企业的市场竞争力。

其次,企业需要关注竞争对手策略变化。竞争对手的策略变化对企业的发展具有重要的影响。企业需要密切关注竞争对手的产品研发、市场推广、价格策略等方面的变化,及时调整自身的竞争策略。这可以通过竞争对手分析、市场监测等方式来实现。通过关注竞争对手策略变化,企业可以更好地了解市场竞争态势,制定出更加有效的竞争策略,提高自身的市场竞争力。

例如,某电商企业通过建立竞争对手监测系统,实时跟踪竞争对手的产品价格、促销活动、用户评价等信息。根据竞争对手的策略变化,企业及时调整自身的价格策略和促销活动,保持了在市场竞争中的优势地位。

最后,企业需要及时调整自身策略以应对外部挑战。企业需要根据市场动态和竞争对手策略变化,及时调整自身的发展策略和竞争策略。这需要企业具备快速决策和执行的能力。企业可以通过建立敏捷的决策机制、优化业务流程、加强团队协作等方式,提高自身的应对能力。同时,企业也需要保持敏锐的市场洞察力和创新意识,不断寻找新的市场机会和发展空间。

例如,在新型冠状病毒感染期间,许多企业面临着市场需求下降、供应链中断等挑战。一些企业通过及时调整生产计划、拓展线上销售渠道、加强供应链管理等方式,成功地应对了疫情带来的挑战,实现了企业的可持续发展。

综上所述,在实施科技战略规划的过程中,企业可能会遇到技术不确定性、资源有限性、组织惯性和外部竞争压力等挑战。为了应对这些挑战,企业需要加强技术研发与创新,优化资源配置,推动组织变革,加强市场与竞争分析。通过采取这些应对策略,企业可以提高自身的技术水平和创新能力,优化资源利用效率,打破组织内部的惯性思维和行为模式,提高市场竞争力,实现科技战略规划的目标。

在实际操作中,企业需要根据自身的实际情况,制定具体的实施方案和行动计划,并将这些策略和措施落实到具体的工作中。同时,企业也需要不断地对实施过程进行监控和评估,及时发现问题并采取措施加以解决,确保科技战略规划的顺利实施和目标的实现。

总之,实施科技战略规划是企业实现可持续发展的重要举措。面对实施过程中的各种挑战,企业需要积极采取应对策略,不断提升自身的核心竞争力,以适应市场变化和技术发展的需求,在激烈的市场竞争中立于不败之地。

2.2.5 成功案例与失败教训

科技战略规划的制定与实施是企业和组织在科技领域取得成功的关键。通过对成功案例的研究和对失败教训的总结,我们可以从中汲取宝贵的经验,为未来的科技战略规划提供有益的参考。在这一部分,我们将探讨一些成功的科技战略规划案例,从中我们可以学到一定的经验,同时也将分析一些失败的案例,并从中吸取教训。

1. 成功案例分析

(1)苹果公司成功的科技战略规划

苹果公司是全球知名的科技企业,其成功的科技战略规划使其在全球市场上占据了重要的地位。苹果公司的科技战略规划主要包括以下几个方面。

苹果公司以其创新驱动的产品设计为核心竞争力,不断推出革命性产品,如 iPhone,它不仅重塑了智能手机的概念,更以简洁美观的设计和用户友好的界面赢得了用户的广泛喜爱。此外,苹果构建了一个封闭而高效的生态系统,将硬件、软件和服务无缝结合,提供了稳定流畅的用户体验,并通过其应用商店为开发者搭建了一个繁荣的平台,进一步增强了生态系统的吸引力。为了维持这一创新和生态系统的领先地位,苹果公司每年投入巨资于研发,积极探索芯片技术、人工智能和增强现实等前沿领域,为其产品的持续升级和技术创新奠定了坚实的基础。

苹果公司的成功案例为我们提供了宝贵的经验:首先,创新是科技企业取得成功的核心要素,企业应不断推动创新,开发出符合用户需求和市场变化的新颖产品和服务;其次,构建一个封闭的生态系统能够为企业带来显著的竞争优势,通过硬件、软件和服务的深度融合,企业能够提供更加完善和高质量的用户体验,从而增强用户的忠诚度;最后,科技领域的快速发展要求企业必须持续进行研发投入,以保持技术的前沿地位,只有不断推出新技术和新产品,企业才能在激烈的市场竞争中立于不败之地。

(2)华为公司成功的科技战略规划

华为公司作为全球通信和信息技术的领军者,其科技战略规划的精妙布局为其在全球通信市场的辉煌成就奠定了基石。华为的战略规划聚焦于核心技术,将研发视为其竞争力的源泉,致力于通信技术、芯片技术、人工智能等关键领域的深耕细作,通过不断攻克技术难题,华为在通信领域取得了多项突破性成果,极大地增强了其产品的市场竞争力。同时,华为积极推进全球化战略,通过在全球范围内建立研发中心、销售网络和服务体系,巧妙地利用全球资源,有效提升了其产品的市场占有率和竞争力。此外,华为秉持合作共赢的理念,与供应商、客户、高校及科研机构等建立了紧密的战略合作关系,共同推动技术的创新与进步,这一理念不仅为华为赢得了良好的口碑,也为其在市场中树立了卓越的声誉。

华为公司的成功案例为我们提供了深刻的启示:首先,企业应聚焦于核心技术,加大研发投入,不断提升技术水平和创新能力,因为只有掌握了核心技术,企业才能在激烈的市场竞争中占据有利地位;其次,在全球化的浪潮中,企业应积极推进全球化战略,拓展国际市场,通过全球化布局,企业能够更有效地利用全球资源,增强市场竞争力和抗风险能力;最后,企业应树立合作共赢的理念,加强与合作伙伴的协作,共同推动行业的进步,通过合作实现资源共享和优势互补,从而提升创新能力和市场竞争力。

2. 失败教训分析

(1)诺基亚的科技战略失误

诺基亚曾是全球手机市场的引领者,然而因其科技战略的失误,市场份额急剧下降。其科技战略失误主要表现为:一是对智能手机市场反应迟缓,在该市场崛起时,诺基亚未及时调整战略,仍着重传统功能手机市场,其智能手机在操作系统及用户体验上落后于竞争对手,致使市场份额被苹果手机的 iOS 系统和安装有安卓系统的手机逐步占领;二是缺乏开放的生态系统,塞班操作系统较为封闭,限制了应用程序的开发与推广,生态系统不如苹果的 iOS 和谷歌的 Android 完善,难以满足用户对丰富应用程序的需求;三是内部创新能力不足,未能及时推出创新产品和技术,且组织结构与管理模式存在问题,导致决策效率低下,难以迅速应对市场变化。

诺基亚的失败教训为我们提供了宝贵的启示:首先,企业应具备敏锐的市场洞察力,密切关注市场动态,及时捕捉市场变化和趋势,以便在新的市场机遇出现时，能够迅速调整科技战略，把握机遇；其次，在科技领域，构建一个开放的生态系统至关重要，企业应积极与开发者和合作伙伴协作，共同打造一个丰富、完善的生态系统，从而为用户提供更大的价值；最后，企业应加强内部创新能力，鼓励员工创新，并建立支持创新的文化和机制，同时，也应加强与外部的合作与交流，吸纳外部的创新资源和理念，以保持企业的创新活力和竞争力。

(2)柯达的科技战略困境

柯达，一度是全球摄影行业的翘楚，却因科技战略的失误而走向破产。其困境主要体现在对数码技术的忽视、转型困难以及品牌老化三个方面。尽管柯达拥有数码技术的多项专利，却因过分依赖传统胶片业务，未能及时将资源投入到数码技术的研发和推广中，导致在数码摄影市场迅速崛起时，其胶片业务遭受重创，市场份额急剧萎缩。当柯达意识到数码技术的重要性并试图转型时，却因组织结构僵化、企业文化守旧等原因，转型之路步履维艰，管理层未能果断进行业务重组和战略调整，错失了转型的黄金时机。此外，柯达品牌在消费者心中与胶片摄影紧密相连，随着数码摄影的普及，其品牌形象逐渐显得陈旧，未能及时进行品牌升级和重塑，品牌价值随之逐渐下降，最终导致了柯达的没落。

柯达的失败教训为我们敲响了警钟，提供了以下启示：首先，企业应勇于拥抱新技术，在科技领域日新月异的发展中，积极进行技术创新和转型升级，保守和忽视新技术的发展只会导致企业被市场淘汰；其次，面对市场变化和竞争挑战时，企业应果断进行战略调整，及时实施业务重组和资源优化配置，犹豫和拖延只会使企业陷入更深的困境；最后，品牌作为企业的重要资产，其建设和维护不容忽视，企业应不断提升品牌价值和影响力，随着市场的变化及时进行品牌升级和重塑，以确保品牌能够适应市场的需求和变化，保持竞争力。

3. 成功案例与失败教训的对比分析

(1)成功的科技战略规划的特点

通过对成功案例和失败教训的深入分析，我们揭示了成功的企业的科技战略规划的共性特征：首先，这些企业普遍具备强大的创新能力，能够持续推出创新性的产品和服务，以满足市场需求和用户期望，这种创新能力是它们在科技领域取得成功的核心要素；其次，这些企业拥有敏锐的战略眼光，能够精准捕捉市场趋势和技术发展的脉搏，及时调整科技战略规划，以抓住市场机遇，这种战略眼光是确保企业在科技领域实现可持续发展的关键；最后，这些企业都展现出了卓越的执行能力,能够将科技战略规划有效转化为实际行动,确保各项战略措施得以顺利实施,这种执行能力是实现科技战略目标的重要保障。

(2)失败的科技战略规划通常存在的问题

失败的企业的科技战略规划通常存在几个问题。首先,市场反应迟缓,失败的企业常常对市场变化和趋势反应迟钝,不能及时调整科技战略规划,致使市场份额慢慢被竞争对手夺走。其次,技术创新不足,这类企业在技术创新上有所欠缺,无法及时推出有竞争力的产品和技术,难以满足市场需求与用户期望。最后,战略执行不力,失败的企业在战略执行方面出现问题,不能把科技战略规划切实地落实到实际行动当中,使得各项战略措施难以达到预期效果。

4.结论

科技战略规划的制定与实施是企业和组织在科技领域取得成功的关键。通过对成功案例的研究和对失败案例经验教训的总结,我们可以得出以下结论:首先,创新是科技战略规划的核心,企业和组织应不断推出创新性的产品和服务,以满足市场需求和用户期望,从而在激烈的市场竞争中立于不败之地;其次,战略眼光和敏锐的市场洞察力是科技战略规划的重要保障,企业和组织需准确把握市场趋势和技术发展方向,及时调整战略规划,抓住市场机遇;最后,有效的执行是科技战略规划成功的关键,企业和组织应加强执行能力,将战略规划转化为实际行动,确保各项措施顺利实施,从而实现科技战略目标,取得良好的经济效益和社会效益。总之,科技战略规划的制定与实施是一个复杂的系统工程,企业和组织只有在创新、战略眼光、市场洞察力和执行能力等方面不断提升和完善,才能在科技领域取得成功,实现可持续发展。

2.3　国内外科技战略规划案例分析

为了更直观地展现科技预测与战略规划的实际应用效果,本章将选取国内外具有代表性的科技战略规划案例进行深入剖析。通过对这些案例的对比分析,揭示不同国家和地区在科技战略规划方面的异同点,以及成功背后的关键因素。

在探讨科技预测与战略规划的实际应用效果时,深入剖析国内外具有代表性的科技战略规划案例显得尤为重要。这些案例不仅展示了科技战略规划的具体实施过程,还揭示了不同国家和地区在科技发展战略上的异同点,以及成功背后的关键因素。本章将选取几个典型案例进行分析,以期为读者提供有价值的参考和启示。

2.3.1 国内科技战略规划案例

在当今全球经济结构调整和科技竞争日益加剧的背景下,科技创新已成为推动国家经济发展和提升国际竞争力的关键因素。中国作为世界上最大的发展中国家,深刻认识到科技创新的重要性,2012 年 11 月,党的十八大报告明确提出要实施“创新驱动发展战略”,旨在通过科技创新推动经济高质量发展,实现从科技大国向科技强国的转变。

1. 背景分析

随着全球经济的发展,传统的经济增长模式面临着诸多挑战,如资源短缺、环境污染、产业结构不合理等。为了实现经济的可持续发展,各国纷纷将科技创新作为推动经济增长的新引擎。中国作为世界第二大经济体,也面临着经济转型升级的迫切需求。在过去的几十年里,中国的经济取得了举世瞩目的成就,但主要依靠的还是资源投入和劳动力优势,这种粗放型的增长模式已经难以适应新时代的发展要求。因此,中国必须加快科技创新步伐,提高自主创新能力,推动经济向高质量发展转型。

同时,全球科技竞争也日益激烈。发达国家在科技领域占据着领先地位,不断加大对科技创新的投入,试图保持其竞争优势。新兴经济体也在积极追赶,加大对科技研发的支持力度,力求在全球科技版图中占据一席之地。在这种形势下,中国必须加强科技创新,提高自身的科技实力和竞争力,才能在全球科技竞争中立于不败之地。

2. “创新驱动发展战略”的内容

中国的“创新驱动发展战略”涵盖了多个方面,旨在构建一个全方位、多层次的科技创新体系。

(1)加强基础研究

基础研究是科技创新的源头活水,是实现原始创新的重要基础。中国加大了对基础研究的投入力度,设立了国家自然科学基金、国家重点基础研究发展计划等项目,支持科研人员开展前沿性、基础性的科学研究。同时,中国还积极推进国家实验室建设,加强基础研究平台的建设和共享,提高基础研究的水平和能力。

(2)推动高新技术产业发展

高新技术产业是科技创新的重要载体,是推动经济高质量发展的重要力量。中国制定了一系列政策措施,鼓励和支持高新技术产业的发展。例如,加大对高新技术企业的税收优惠和财政补贴力度,鼓励企业加大研发投入,提高自主创新能力;加强高新技术产业园区的建设和管理,优化产业布局,提高产业集聚度;推动信息技术、生物技术、新能源、新材料等战略性新兴产业的发展,培育新的经济增长点。

(3)促进科技成果转化

科技成果转化是科技创新的关键环节,是实现科技与经济紧密结合的重要途径。中国加强了科技成果转化的政策支持和服务体系建设,完善了科技成果转化的机制和流程。例如,建立了科技成果转化基金,为科技成果转化提供资金支持;加强了科技中介服务机构的建设,提高了科技成果转化的效率和质量;推动了高校和科研机构与企业的合作,促进了科技成果的产业化应用。

(4)培养创新型人才

创新型人才是科技创新的核心要素,是实现创新驱动发展的重要支撑。中国高度重视创新型人才的培养,实施了一系列人才培养计划和政策措施。例如,加强高等教育改革,提高人才培养质量,培养具有创新精神和实践能力的高素质人才;加强职业教育和培训,培养适应产业发展需求的技能型人才;加大对海外高层次人才的引进力度,吸引全球优秀人才来华创新创业。

3.“创新驱动发展战略”的成效

近年来,中国在科技创新领域取得了显著成就,“创新驱动发展战略”的实施为中国经济高质量发展注入了强大动力。

(1)科技创新能力显著提升

中国在一些关键领域取得了重大突破,如 5G、人工智能、航天等领域。在 5G 技术方面,中国的企业如华为、中兴等在标准制定、技术研发和设备制造等方面处于世界领先地位,推动了全球 5G 产业的发展。在人工智能领域,中国的科研实力和应用水平不断提高,在语音识别、图像识别、机器翻译等方面取得了重要成果。在航天领域,中国成功发射了嫦娥五号月球探测器,实现了月球采样返回,标志着中国航天技术取得了重大突破。

(2)高新技术产业蓬勃发展

中国的高新技术产业保持了快速增长的态势,成为推动经济发展的重要力量。据统计,2022 年中国高新技术企业达到 33 万家,营业收入超过 45 万亿元。在信息技术领域,中国的电子商务、移动支付、云计算等产业发展迅速,成为全球领先的数字经济大国。在生物技术领域,中国的基因测序、生物医药等产业也取得了长足进步,为人民健康事业做出了重要贡献。

(3)经济结构不断优化

科技创新推动了中国经济结构的优化升级,提高了经济发展的质量和效益。传统产业通过技术改造和升级,实现了智能化、绿色化发展,提高了产业竞争力。新兴产业的快速发展,为经济增长注入了新动力,推动了经济结构的多元化和高端化。同时,科技创新还促进了服务业的发展,提高了服务业的附加值和质量,推动了产业结构的优化调整。

(4)国际影响力不断增强

中国在科技创新领域的成就,为全球科技进步做出了重要贡献,也提升了中国在国际上的影响力。中国积极参与全球科技合作,与世界各国共同开展科研项目和技术交流,为解决全球性挑战提供了"中国智慧"和"中国方案"。例如,中国在应对气候变化、公共卫生等领域的科技成果,得到了国际社会的广泛认可和赞誉。

4."创新驱动发展战略"的关键因素

中国的"创新驱动发展战略"能够取得显著成效,离不开以下几个关键因素。

(1)政府的高度重视和强力推动

中国政府将科技创新作为国家发展的核心战略,高度重视科技创新工作。政府出台了一系列政策措施,加大对科技创新的投入和支持力度,为科技创新提供了良好的政策环境和制度保障。同时,政府还加强了对科技创新的宏观管理和协调,推动了科技资源的优化配置和整合,提高了科技创新的效率和效益。

(2)完善的政策支持体系

中国政府建立了完善的科技创新政策支持体系,涵盖了财政、税收、金融、知识产权等多个方面。财政政策方面,政府加大了对科技研发的投入力度,设立了各类科技专项基金,支持科技创新项目的实施。税收政策方面,政府对高新技术企业和科技型中小企业给予了税收优惠,鼓励企业加大研发投入。金融政策方面,政府鼓励金融机构,加大对科技创新的支持力度,创新金融产品和服务,为科技创新提供融资支持。知识产权政策方面,政府加强了知识产权保护,完善了知识产权法律法规,提高了知识产权创造、运用、保护和管理的水平。

(3)强大的科研实力和人才储备

中国拥有庞大的科研队伍和丰富的人才资源,为科技创新提供了坚实的基础。近年来,中国不断加大对科研机构和高校的投入力度,提高科研设施和条件的水平,培养了一大批高素质的科研人才和创新团队。同时,中国还积极引进海外高层次人才,加强国际间科技合作与交流,提高了中国科技创新的国际化水平。

5. 面临的挑战和未来展望

尽管中国的"创新驱动发展战略"取得了显著成效,但仍然面临着一些挑战。例如,科技创新的体制机制还不够完善,科技成果转化的效率还需要进一步提高,高端创新人才仍然短缺等。面对这些挑战,中国需要进一步深化科技体制改革,完善科技创新的体制机制,提高科技成果转化的效率和质量,加强高端创新人才的培养和引进,推动科技创新实现更高水平的发展。

未来,中国将继续坚定不移地实施"创新驱动发展战略",加强科技创新能力建设,推动经济高质量发展。中国将加大对基础研究的投入力度,提高原始创新能力;加强关键核心技术攻关,突破"卡脖子"技术难题;推动科技创新与实体经济深度融合,提高产业核心竞争力;加强国际间科技合作与交流,融入全球创新网络。相信在"创新驱动发展战略"的引领下,中国将不断实现科技创新的新突破,为全球科技进步和人类社会发展做出更大的贡献。

2.3.2　国外科技战略规划案例

在当今全球科技竞争日益激烈的背景下,各国纷纷制定和实施科技战略规划,以提升自身的科技实力和竞争力。美国作为世界科技强国,一直以来都高度重视科技发展,并不断调整和完善其科技战略。其中,"国家创新战略"是美国为保持其在全球科技领域的领先地位而推出的一项重要举措。

1. 美国的"国家创新战略"背景

美国作为全球科技领域的领导者,深知科技创新对于国家经济发展和国际竞争力的重要性。然而,随着全球科技竞争的加剧,美国面临着来自其他国家的挑战。为了应对这些挑战,美国不断调整和完善其科技战略,以确保其在科技领域的领先地位。在这样的背景下,美国推出了“国家创新战略”,旨在通过加强科技创新,推动经济增长,创造就业机会,提高国家竞争力。

2. 美国的“国家创新战略”内容

(1)强调基础研究的重要性

基础研究是科技创新的源头,美国的“国家创新战略”高度重视基础研究的作用。美国政府加大了对基础研究的投入,支持科学家在各个领域开展前沿性的研究工作。通过资助科研项目、建设科研基础设施、培养科研人才等方式,美国为基础研究提供了坚实的保障。同时,美国还鼓励企业和高校加强合作,共同开展基础研究,促进知识的交流和创新的产生。

(2)加大对 STEM 教育的投入

科学、技术、工程和数学(science, technology, enjineering, mathematics, STEM)教育是培养科技创新人才的重要途径。美国的“国家创新战略”将 STEM 教育作为重点,加大了对 STEM 教育的投入。美国政府通过制定相关政策,鼓励学校加强 STEM 教育,提高学生的 STEM 素养。同时,美国还为学生提供了更多的 STEM 教育资源,如实验室设备、课程教材、实习机会等,以激发学生对 STEM 领域的兴趣和热情。此外,美国还加强了对 STEM 教师的培训,提高教师的教学水平和专业素养,为培养高素质的 STEM 人才提供了有力的支持。

(3)促进公私部门合作

科技创新需要政府、企业和高校等各方的共同参与和合作。美国的“国家创新战略”积极促进公私部门之间的合作,形成创新合力。政府通过制定相关政策,为企业和高校的合作提供了良好的政策环境和支持。例如,政府设立了科技合作项目,鼓励企业和高校共同申请,开展联合研发。同时,政府还为企业和高校提供了资金支持和技术咨询服务,帮助他们解决合作过程中遇到的问题。此外,美国还建立了一些科技合作平台,如科技园区、创新中心等,为企业和高校的合作提供了场所和机会。

(4)加速科技成果的商业化进程

科技成果的商业化是科技创新的重要环节,只有将科技成果转化为实际的产品和服务,才能实现科技创新的价值。美国的“国家创新战略”注重加速科技成果的商业化进程,提高科技创新的经济效益。政府通过制定相关政策,鼓励企业加强科技成果的转化和应用。例如,政府设立了科技成果转化基金,为企业的科技成果转化提供资金支持。同时,政府还加强了对知识产权的保护,为科技成果的商业化提供了法律保障。此外,美国还建立了一些科技成果转化机构,如技术转移中心、创业孵化器等,为企业的科技成果转化提供了技术支持和服务。

(5)加强国际合作

科技创新是全球性的,需要各国的共同努力和合作。美国的“国家创新战略”注重加强国际合作,共同应对全球性科技挑战。美国政府积极参与国际科技合作项目,与其他国家的科学家和科研机构开展合作研究。同时,美国加强了与其他国家的科技交流和合作,分享科技创新经验和成果。此外,美国还通过吸引国际优秀人才和科技企业,加强了自身的科技实力和竞争力。

3. 美国的“国家创新战略”成效

美国的“国家创新战略”的实施取得了显著的成效,使其在科技创新方面继续保持世界领先地位。

(1)在生物技术领域取得众多突破

美国在生物技术领域一直处于世界领先地位,“国家创新战略”的实施进一步推动了美国生物技术的发展。美国在基因编辑、细胞治疗、生物制药等方面取得了一系列重要突破,为人类健康事业做出了重要贡献。例如,美国科学家成功开发出了一种新型的基因编辑技术——CRISPR-Cas9,该技术具有高效、精准的特点,为基因治疗和疾病研究提供了强大的工具。此外,美国的生物制药产业也非常发达,许多美国制药公司研发的新药在全球范围内得到了广泛的应用。

(2)信息技术领域保持领先优势

信息技术是美国的传统优势领域,“国家创新战略”的实施使美国在信息技术领域的领先优势得到了进一步巩固。美国在人工智能、大数据、云计算、物联网等领域取得了众多创新成果,推动了信息技术的快速发展。例如,美国的谷歌、亚马逊、微软等科技公司在人工智能领域处于世界领先地位,他们的研究成果和产品在全球范围内得到了广泛的应用。此外,美国的云计算和大数据产业也非常发达,为企业和个人提供了高效、便捷的信息技术服务。

(3)推动经济增长和创造就业机会

科技创新是推动经济增长的重要动力,美国的“国家创新战略”的实施促进了科技成果的转化和应用,推动了美国经济的增长。同时,科技创新也创造了大量的就业机会,尤其是在高科技领域。据统计,科技产业每年为美国创造了数百万个就业岗位,为美国的经济发展和社会稳定做出了重要贡献。

4. 美国的“国家创新战略”成功实施的关键因素

美国的“国家创新战略”的成功实施,离不开以下几个关键因素。

(1)强大的科研基础

美国拥有世界上顶尖的科研基础,包括一流的科研机构、优秀的科研人才和先进的科研设备。美国的高校和科研机构在基础研究和应用研究方面都具有很高的水平,为科技创新提供了源源不断的动力。此外,美国还吸引了全球各地的优秀科研人才,为美国的科技创新注入了新的活力。

(2)灵活的创新机制

美国的创新机制非常灵活,鼓励创新和冒险。美国的企业和科研机构具有很强的创新能力和市场敏锐性,能够快速响应市场需求,推出具有创新性的产品和服务。同时,美国的资本市场也非常发达,为科技创新提供了充足的资金支持。此外,美国政府还通过制定相关政策,为科技创新提供了良好的政策环境和支持。

(3)丰富的市场资源

美国是世界上最大的经济体,拥有丰富的市场资源和强大的消费能力。美国的市场需求多样化,为科技创新提供了广阔的发展空间。同时,美国的企业和科研机构也能够充分利用市场资源,将科技成果转化为实际的产品和服务,实现科技创新的价值。

(4)开放的国际合作环境

美国积极参与国际科技合作,与世界各国的科学家和科研机构开展合作研究。通过国际合作,美国能够充分利用全球的科技资源,提高自身的科技创新能力。同时,美国也能够将自己的科技成果推向全球市场,实现科技成果的全球化应用。

5. 对我国的启示

美国的“国家创新战略”为我国的科技发展提供了一些有益的启示。

(1)加大对基础研究的投入

基础研究是科技创新的源头,我国应加大对基础研究的投入,提高我国的基础研究水平。政府应制定相关政策,鼓励科研机构和高校开展基础研究,培养一批具有国际水平的基础研究人才。同时,我国还应加强基础研究设施建设,为基础研究提供良好的条件。

(2)加强 STEM 教育

STEM 教育是培养科技创新人才的重要途径,我国应加强 STEM 教育,提高学生的 STEM 素养。政府应制定相关政策,鼓励学校加强 STEM 教育,改革教学内容和教学方法,培养学生的创新思维和实践能力。同时,我国还应加强对 STEM 教师的培训,提高教师的教学水平和专业素养。

(3)促进产学研合作

科技创新需要产学研各方的共同参与和合作,我国应促进产学研合作,形成创新合力。政府应制定相关政策,鼓励企业、高校和科研机构加强合作,建立产学研合作联盟,共同开展科技研发和成果转化。同时,政府还应加大对产学研合作的资金支持和政策扶持,为产学研合作提供良好的环境。

(4)加强知识产权保护

知识产权保护是科技创新的重要保障,我国应加强知识产权保护,为科技创新提供法律保障。政府应完善知识产权法律法规,加大对知识产权侵权行为的打击力度,提高知识产权保护的水平。同时,我国还应加强知识产权宣传和教育,提高企业和公众的知识产权意识。

(5)加强国际科技合作

科技创新是全球性的,我国应加强国际科技合作,积极参与国际科技合作项目,与其他国家的科学家和科研机构开展合作研究。通过国际合作,我国能够充分利用全球的科技资源,提高自身的科技创新能力。同时,我国还应加强科技交流和合作,分享科技创新经验和成果,提高我国在国际科技领域的影响力。

总之,美国的"国家创新战略"为我国的科技发展提供了一些有益的借鉴和启示。我国应结合自身的实际情况,制定和实施适合我国国情的科技战略规划,加强科技创新,提高我国的科技实力和竞争力,为实现中华民族伟大复兴的中国梦提供强大的科技支撑。

2.4 科技预测与战略规划的互动关系

在科技发展的广阔领域中,科技设想与战略规划之间的互动关系构成了推动科技进步和社会发展的重要基石。这种互动关系不仅体现在科技设想为战略规划提供方向指引和决策依据上,还表现在战略规划对科技设想的反馈与优化作用上。以下我们将深入探讨这一互动关系的具体表现及其重要性。

2.4.1 科技设想为战略规划提供方向指引和决策依据

在当今快速发展的科技时代,科技设想作为对未来科技发展的前瞻性思考和创造性构想,对于组织的战略规划具有至关重要的意义。科技设想不仅能够为战略规划提供明确的发展方向,还能为决策提供可靠的依据,帮助企业和组织在激烈的市场竞争中抢占先机,实现可持续发展。

1. 明确发展方向

科技设想是基于对当前科技发展趋势、未来可能性和创新潜力的深入洞察而提出的。在这个信息爆炸和科技飞速进步的时代,准确把握科技发展的脉搏对于组织的生存和发展至关重要。科技设想能够帮助组织站在时代的前沿,审视科技发展的动态,从而揭示科技发展的潜在方向。

(1)科技设想在洞察科技趋势与组织战略规划中的重要作用

当今世界,科技发展呈现出日新月异的态势,新的技术和应用不断涌现。通过对科技趋势的研究和分析进行的科技设想可以预测未来科技的发展方向,为企业和组织的战略规划提供指导。例如,随着人工智能、大数据、物联网等技术的迅速发展,这些领域成为未来科技发展的重要方向。企业和组织可以通过科技设想,在这些领域提前布局,开展相关的研发和应用,以适应科技发展的趋势,提升自身的竞争力。

(2)科技设想在挖掘创新潜力与探索新机遇中的关键作用

科技设想不仅仅是对现有科技的延续和改进,更是对未来科技的创新和突破。通过激发创新思维,科技设想可以挖掘出潜在的创新点和发展机遇,为企业和组织的发展开辟新的道路。例如,共享经济的出现就是一种创新的商业模式,它基于互联网技术和移动支付技术的发展,改变了人们的出行和消费方式。

企业和组织可以通过科技设想，探索类似的创新模式，挖掘新的市场需求和商业机会。

(3)科技设想在明确组织科技发展重点与方向中的重要作用

科技设想可以帮助企业和组织明确自身在科技领域的发展重点和方向。在面对众多的科技领域和发展方向时，企业和组织往往难以做出选择。科技设想通过对科技趋势和市场需求的分析，为企业和组织筛选出具有发展潜力和市场前景的领域，使企业和组织能够集中资源和精力，在这些领域进行深入的研究和开发。例如，一家制造企业可以通过科技设想，确定在智能制造、绿色制造等领域的发展重点，加大在这些方面的投入，提高生产效率和产品质量，实现转型升级。

通过明确发展方向，企业和组织可以制定出更具针对性和前瞻性的战略规划。战略规划是组织发展的蓝图，它决定了组织的发展方向和目标。科技设想为战略规划提供了科学的依据和指导，使战略规划能够更好地适应科技发展的趋势和市场需求的变化。例如，一家科技公司在制定战略规划时，将人工智能作为未来的发展重点，通过科技设想，确定了在人工智能领域的具体发展方向和应用场景，如智能语音识别、图像识别、智能客服等。在此基础上，该公司制定了详细的研发计划和市场推广策略，为自身的发展奠定了坚实的基础。

2. 提供决策依据

科技设想的提出往往伴随着对技术可行性、市场需求、资源投入等方面的全面分析。这些分析结果为战略规划的制定提供了重要的决策依据，帮助企业和组织做出更加科学、合理的决策。

(1)技术可行性分析

科技设想的实现需要依赖一定的技术支持。在提出科技设想时，企业和组织需要对相关技术的可行性进行分析，包括技术的成熟度、难度、风险等方面。通过技术可行性分析，企业和组织可以了解科技设想的实现难度和所需的技术条件，为决策提供依据。如果科技设想的技术可行性较高，企业和组织可以考虑将其纳入战略规划，加大投入进行研发和应用；如果技术可行性较低，企业和组织则需要重新评估科技设想的可行性，或者寻找其他替代方案。

例如，一家新能源汽车企业提出了研发固态电池的科技设想。在进行技术可行性分析时，发现固态电池技术虽然具有较高的能量密度和安全性，但目前仍存在一些技术难题，如固态电解质的制备、电极与电解质的界面相容性等。

通过对这些技术问题的分析和评估,该企业决定在固态电池技术上进行持续的研发投入,同时也制定了相应的风险应对措施,以确保项目的顺利进行。

(2)市场需求分析

科技设想的最终目的是满足市场需求及为企业和组织创造价值。在提出科技设想时,企业和组织需要对市场需求进行深入分析,包括市场规模、市场增长率、用户需求等方面。通过市场需求分析,企业和组织可以了解到科技设想的市场前景和潜在用户群体,为决策提供依据。如果科技设想的市场需求较大,企业和组织可以考虑将其纳入战略规划,加快研发和推广速度;如果市场需求较小,企业和组织则需要重新评估科技设想的市场价值,或者对其进行调整和优化。

例如,一家智能家居企业提出了开发智能安防系统的科技设想。在进行市场需求分析时,发现随着人们对生活安全的重视程度不断提高,智能安防系统的市场需求呈现出快速增长的趋势。通过对市场规模和增长率的预测,以及对用户需求的调研,企业决定将智能安防系统作为重点产品进行研发和推广,并制定了相应的市场营销策略,以满足市场需求,提高市场占有率。

(3)资源投入分析

科技设想的实现需要投入大量的资源。科技设想的实现需要投入大量的资源,包括人力、物力、财力等方面。在提出科技设想时,需要对资源投入进行分析,包括资源需求的数量、质量、时间等方面。通过资源投入分析,企业和组织可以了解到科技设想的实施成本和资源保障情况,为决策提供依据。如果科技设想的资源投入在企业和组织的承受范围之内,并且能够得到有效的保障,企业和组织可以考虑将其纳入战略规划;如果资源投入过大,超出了组织的承受能力,企业和组织则需要重新评估科技设想的可行性,或者寻找其他资源配置方案。

例如,一家生物医药企业提出了研发一种新型抗癌药物的科技设想。在进行资源投入分析时,发现该项目需要投入大量的研发资金和专业人才,并且研发周期较长。通过对资源需求的评估和分析,企业决定在该项目上进行谨慎的投资,并积极寻求外部合作和资金支持,以确保项目的顺利进行。

通过对技术可行性、市场需求和资源投入等方面的全面分析,科技设想为战略规划的制定提供了重要的决策依据。企业和组织可以根据科技设想的评估结果,合理分配资源、制订研发计划、优化资源配置,以确保战略规划的有效实施。

例如,一家电子企业在制定战略规划时,根据科技设想的分析结果,将资源重点投入到 5G 通信技术和柔性显示技术的研发和应用上,同时调整了其他项目的资源配置,以提高资源利用效率和战略规划的实施效果。

3. 科技设想在战略规划中的应用案例

为了更好地理解科技设想为战略规划提供方向指引和决策依据的作用,下面我们将通过一些实际案例来进行分析。

(1)苹果公司科技设想与战略规划的成功实践

苹果公司作为科技领域的创新者和领导者,其成功源于对科技设想的重视与应用。通过对科技趋势的敏锐洞察和对用户需求的深入理解,苹果提出了一系列前瞻性的科技设想,如智能手机、平板电脑和智能手表等,这些设想不仅改变了人们的生活方式,也为公司的战略规划提供了明确方向。在科技设想的基础上,苹果制定了详细的战略规划,加大在研发、设计、生产等方面的投入,持续推出创新性产品和服务。

例如,在推出 iPhone 之前,苹果通过对智能手机市场的深入研究,提出了将手机与互联网、多媒体功能结合的设想,并投入大量资源进行研发,最终推出了划时代的 iPhone,引领了智能手机的发展潮流。

(2)特斯拉公司科技设想与战略规划在推动电动汽车发展中的关键作用

特斯拉公司作为全球领先的电动汽车制造商,其成功源于对科技设想的积极探索与应用。特斯拉提出了可持续能源交通的科技设想,致力于推动电动汽车的发展和普及。为实现这一设想,公司制定了一系列战略规划,包括研发高性能电动汽车电池、建设全球充电网络以及提升生产效率等。在科技设想和战略规划的指引下,特斯拉不断取得突破与创新,例如研发高能量密度、长续航里程的锂离子电池技术,为电动汽车发展提供重要支持;同时,通过建设全球充电网络,解决用户充电难题,提升使用便利性。这些努力使特斯拉成功推动了电动汽车的发展,并成为全球电动汽车市场的领导者。

(3)阿里巴巴科技设想与战略规划在构建数字经济生态系统中的引领作用

阿里巴巴作为中国领先的互联网企业,通过提出构建数字经济生态系统的科技设想,致力于利用互联网技术和大数据推动商业的数字化转型与升级。为实现这一设想,阿里巴巴制定了一系列战略规划,涵盖电子商务、云计算、人工智能和物联网等领域。在科技设想和战略规划的驱动下,阿里巴巴不断拓展业务领域并创新商业模式。例如，其电子商务平台——淘宝和天猫改变了人们的购物方式，成为全球最大的电子商务平台之一；阿里云为企业提供强大的计算和存储能力，助力企业数字化转型；同时，阿里巴巴积极布局人工智能和物联网领域，为未来发展奠定坚实基础。这些举措使阿里巴巴在数字经济领域占据了领先地位。

通过以上案例可以看出，科技设想为战略规划提供了重要的方向指引和决策依据。企业和组织通过提出具有前瞻性的科技设想，并对其进行全面的分析和评估，能够制定出更加科学、合理的战略规划，实现可持续发展。

4. 结论

科技设想作为对未来科技发展的前瞻性思考和创造性构想，为企业和组织的战略规划提供了明确的方向指引和重要的决策依据。通过明确发展方向，科技设想帮助企业和组织洞察科技趋势、挖掘创新潜力、明确发展重点，使企业和组织能够制定出更具针对性和前瞻性的战略规划。通过提供决策依据，科技设想对技术可行性、市场需求、资源投入等方面进行全面分析，帮助组织做出更加科学、合理的决策，确保战略规划的有效实施。

在当今科技飞速发展的时代，企业和组织要想在激烈的市场竞争中立于不败之地，必须高度重视科技设想的作用，将其作为战略规划的重要组成部分。通过不断地提出和完善科技设想，企业和组织能够更好地适应科技发展的趋势和市场需求的变化，实现创新发展和可持续发展。同时，企业和组织还需要加强科技研发和创新能力，培养高素质的科技人才队伍，为科技设想的实现提供有力的支持和保障。

总之，科技设想是企业和组织战略规划的重要驱动力，它为企业和组织的发展指明了方向，提供了决策依据。只有充分发挥科技设想的作用，企业和组织才能在科技浪潮中把握机遇，实现跨越式发展。

2.4.2 战略规划对科技设想的反馈与优化作用

在当今科技飞速发展的时代，科技设想作为推动创新和进步的重要源泉，对于组织的发展具有至关重要的意义。然而，科技设想的实现并非一蹴而就，需要通过战略规划来进行引导和优化。战略规划不仅为科技设想提供了方向和目标，还能够通过反馈机制对科技设想的实施效果进行评估，并在此基础上对设想过程进行优化，从而提高科技设想的成功率和实际价值。

1. 反馈实施效果

战略规划的实施过程是一个动态调整的过程，这意味着组织需要不断地收集反馈信息，评估实施效果，并根据实际情况对战略规划进行调整。这种反馈机制在科技设想的实现过程中起到了至关重要的作用，它能够及时发现科技设想中存在的问题和不足，为优化和完善科技设想提供依据。

(1)及时发现问题

在科技设想的实施过程中，不可避免地会遇到各种问题和挑战。例如，技术难题可能导致研发进度滞后，市场需求的变化可能使科技产品的市场前景变得不确定，竞争对手的行动可能对科技设想的竞争优势构成威胁等。通过战略规划的反馈机制，企业和组织能够及时发现这些问题，并对其进行深入分析。

反馈信息可以来自多个渠道，包括内部的研发团队、市场部门、生产部门等，以及外部的客户、合作伙伴、行业专家等。这些信息能够帮助组织全面了解科技设想的实施情况，发现潜在的问题和风险。

例如，研发团队可以反馈技术研发过程中遇到的困难和挑战，市场部门可以反馈市场需求的变化和竞争对手的动态，生产部门可以反馈生产过程中的质量问题和成本控制情况等。

(2)评估实施效果

除了及时发现问题外，战略规划的反馈机制还能够对科技设想的实施效果进行评估。评估实施效果的目的是为了判断科技设想是否达到了预期的目标，是否为企业和组织带来了实际的价值。评估实施效果需要建立一套科学的评估指标体系，包括技术指标、市场指标、财务指标等。

技术指标可以用来评估科技设想的技术先进性和可行性，例如技术创新程度、技术成熟度、技术可靠性等。市场指标可以用来评估科技设想的市场适应性和竞争力，例如市场需求、市场份额、市场增长率等。财务指标可以用来评估科技设想的经济效益，例如投资回报率、成本效益比、利润增长率等。通过对这些指标的评估，企业和组织能够全面了解科技设想的实施效果，为进一步的优化和调整提供依据。

(3)调整战略规划

根据反馈信息和实施效果的评估结果，企业和组织需要对战略规划进行调整。调整战略规划的目的是为了使科技设想能够更好地适应实际情况，提高实施的成功率和效果。调整战略规划可以包括调整科技设想的目标、内容、实施路径等。

例如,如果发现科技设想的技术难度过高,导致研发进度滞后,企业和组织可以考虑调整技术方案,采用更加成熟的技术或寻求外部技术合作,以加快研发进度。如果发现市场需求发生了变化,科技产品的市场前景变得不确定,企业和组织可以考虑调整市场定位,开发新的应用场景或目标客户群体,以提高市场适应性。如果发现竞争对手推出了更具竞争力的产品,科技设想的竞争优势受到威胁,企业和组织可以考虑加强技术创新,提高产品的性能和质量,或降低成本,以增强竞争优势。

2. 优化设想过程

通过战略规划的实施和反馈,企业和组织可以积累宝贵的经验和教训,不断完善科技设想的提出和评估过程。这有助于提高设想的科学性、准确性和前瞻性,加强设想的可行性分析和风险评估,以及建立更加完善的设想筛选和评估机制。

(1)提高设想的科学性

科技设想的科学性是指设想基于科学的理论和方法,具有合理性和可行性。通过战略规划的实施和反馈,企业和组织可以不断积累科学知识和技术经验,提高对科技发展趋势的认识和把握能力,从而使科技设想更加符合科学规律。

在提出科技设想时,企业和组织可以充分利用已有的科学研究成果和技术经验,结合市场需求和行业发展趋势,进行深入的分析和研究。同时,企业和组织还可以加强与科研机构、高校等的合作,开展联合研发和技术创新活动,提高科技设想的科学性和创新性。例如,某电子企业在制定战略规划时,关注到了人工智能技术的发展趋势,并结合自身在电子产品制造方面的优势,提出了开发智能家电产品的科技设想。通过与高校的科研团队合作,该企业对人工智能技术在家电产品中的应用进行了深入研究,提出了一系列具有科学性和可行性的技术方案,为智能家电产品的研发奠定了坚实的基础。

(2)增强设想的准确性

科技设想的准确性是指设想能够准确地反映市场需求和技术发展的实际情况。通过战略规划的实施和反馈,企业和组织可以更加深入地了解市场需求和技术发展的动态,及时调整科技设想,使其更加符合市场和技术的实际情况。

为了提高科技设想的准确性,企业和组织可以加强市场调研和技术监测工作。市场调研可以帮助企业和组织了解消费者的需求和偏好,掌握市场的变化趋势,为科技设想的提出提供依据。技术监测可以帮助企业和组织及时了解国内外最新的技术发展动态,掌握技术创新的方向和趋势,为科技设想的技术方案选择提供参考。例如,某汽车企业在制定战略规划时,通过市场调研发现消费者对新能源汽车的需求不断增长,同时,通过技术监测了解到电池技术的不断进步,为新能源汽车的发展提供了技术支持。基于这些信息,该企业提出了开发高性能新能源汽车的科技设想,并根据市场需求和技术发展的实际情况,不断调整和完善技术方案,提高了科技设想的准确性和可行性。

(3)提升设想的前瞻性

科技设想的前瞻性是指设想能够具有一定的预见性,能够提前把握科技发展的趋势和市场需求的变化,为企业和组织未来的发展提供战略支撑。通过战略规划的实施和反馈,企业和组织可以积累丰富的经验和数据,运用科学的方法和工具,对未来的科技发展趋势和市场需求进行预测和分析,从而使科技设想具有更强的前瞻性。

为了提升科技设想的前瞻性,企业和组织可以建立专门的预测和分析团队,运用情景规划、趋势分析、德尔菲法等方式,对未来的科技发展和市场需求进行深入研究。同时,企业和组织还可以加强对新兴技术和新兴市场的关注,积极参与行业的技术交流和合作活动,及时了解行业的最新动态和发展趋势,为科技设想的前瞻性提供保障。

例如,某互联网企业在制定战略规划时,通过对大数据、云计算、人工智能等新兴技术的研究和分析,预测到这些技术将在未来的互联网行业中发挥重要作用。基于这一预测,该企业提出了一系列具有前瞻性的科技设想,如开发基于大数据的智能推荐系统、构建云计算服务平台、研发人工智能客服等,为企业未来的发展赢得了先机。

(4)加强设想的可行性分析

科技设想的可行性分析是指对科技设想的技术可行性、经济可行性和市场可行性进行分析和评估,以确定科技设想是否具有实际的可操作性和实施价值。通过战略规划的实施和反馈,企业和组织可以积累更多的可行性分析经验和数据,不断完善可行性分析的方法和流程,提高可行性分析的准确性和可靠性。

在进行可行性分析时,企业和组织需要综合考虑科技设想的技术难度、研发成本、市场需求、竞争状况等因素。同时,企业和组织还需要对科技设想的实施风险进行评估,制定相应的风险应对措施。

例如,某医药企业在提出开发一种新型抗癌药物的科技设想时,对该药物的技术可行性进行了深入研究,包括药物的化学成分、作用机制、临床试验方案等。同时,对该药物的经济可行性进行了分析,包括研发成本、生产成本、市场价格、预期收益等。此外,还对该药物的市场可行性进行了评估,包括市场需求、竞争状况、市场准入等。通过全面的可行性分析,该企业确定了该科技设想的可行性,并制定了详细的实施计划和风险应对措施,为药物的研发和上市奠定了坚实的基础。

(5)完善设想的筛选和评估机制

科技设想的筛选和评估机制是指对提出的科技设想进行筛选和评估,以确定哪些设想具有进一步开发和实施的价值。通过战略规划的实施和反馈,企业和组织可以不断完善设想的筛选和评估机制,提高筛选和评估的效率和准确性。

在完善设想的筛选和评估机制时,企业和组织可以建立一套科学的评估指标体系,包括技术指标、市场指标、财务指标、风险指标等。同时,企业和组织还可以组建专业评估团队(由技术专家、市场专家、财务专家等组成),对科技设想进行全面的评估和分析。此外,企业和组织还可以引入外部评估机构或专家,对科技设想进行独立的评估和论证,以提高评估的客观性和公正性。

例如,某科技园区在筛选和评估入驻企业的科技设想时,建立了一套完善的评估指标体系,包括技术创新性、市场前景、团队实力、商业模式等。同时,组建了由相关领域专家组成的评估团队,对入驻企业的科技设想进行了全面的评估和分析。此外,还邀请了外部评估机构对部分重点科技设想进行了独立评估和论证。通过完善的筛选和评估机制,该科技园区筛选出了一批具有较高发展潜力和实施价值的科技设想的企业,并为这些企业的科技设想的实施提供了相应的支持和服务。

3. 结论

战略规划对科技设想的反馈与优化作用是不可忽视的。通过反馈实施效果,组织能够及时发现科技设想中存在的问题和不足,为优化和完善科技设想提供依据。通过优化设想过程,企业和组织能够提高设想的科学性、准确性和前瞻性,加强设想的可行性分析和风险评估,建立更加完善的设想筛选和评估机制,从而提高科技设想的成功率和实际价值。

在当今竞争激烈的市场环境下,企业和组织要想实现可持续发展,必须高度重视科技设想的创新和优化。通过制定科学合理的战略规划,建立有效的反馈机制,不断优化科技设想的提出和评估过程,组织能够更好地适应市场变化和技术发展的趋势,提高自身的核心竞争力,实现科技创新驱动的发展目标。

总之,战略规划与科技设想是相互促进、相互影响的关系。战略规划为科技设想提供了方向和目标,科技设想则为战略规划的实施提供了技术支撑和创新动力。通过加强战略规划对科技设想的反馈与优化作用,企业和组织能够实现科技设想与战略规划的有机结合,推动企业和组织的科技创新和发展,为实现经济社会的可持续发展做出积极贡献。

2.4.3　构建科技设想与战略规划的互动关系模型

在当今科技飞速发展的时代,科技设想与战略规划的紧密结合对于组织和社会的发展具有至关重要的意义。构建科技设想与战略规划的互动关系模型,能够更好地发挥二者的协同作用,引领科技进步,推动社会经济的可持续发展。本文将详细探讨这一互动关系模型的各个关键环节,以及它们如何相互影响、相互促进,为实现科技事业的繁荣发展提供有力支撑。

1. 科技趋势分析:洞察未来的科技方向

科技趋势分析是构建互动关系模型的基础。企业和组织需要密切关注全球科技领域的最新动态,包括新兴技术的涌现、技术发展的热点方向以及科技应用的市场需求等方面。通过对大量科技信息的收集、整理和分析,企业和组织能够识别出潜在的科技发展趋势,为科技设想的提出提供依据。

在进行科技趋势分析时,企业和组织可以采用多种方法和工具。例如,文献研究可以帮助了解国内外学术领域的最新研究成果;市场调研可以把握消费者对科技产品和服务的需求变化;专家咨询则能够获取行业内权威人士的观点和建议。此外,还可以利用数据分析技术,对科技领域的相关数据进行挖掘和分析,从中发现潜在的趋势和规律。

通过深入的科技趋势分析,企业和组织可以发现一些具有重要影响力的科技发展方向,如人工智能、生物技术、新能源、量子计算等。这些领域的技术创新有望在未来带来巨大的社会和经济效益,因此成为企业和组织科技设想的重点关注对象。同时,科技趋势分析还能够帮助组织及时发现潜在的风险和挑战,如技术瓶颈、市场竞争、法律法规等方面的问题,为战略规划的制定提供参考。

2. 科技设想提出:激发创新的思维火花

基于科技趋势分析的结果,企业和组织可以提出一系列具有前瞻性和创新性的科技设想。科技设想是对未来科技发展的一种大胆预测和构想,它体现了企业和组织对科技进步的追求和对未来市场的洞察力。科技设想的提出需要充分发挥企业和组织内部的创新能力,鼓励员工积极参与,提出各种新颖的想法和建议。

在提出科技设想时,企业和组织可以从多个角度进行思考。首先,要考虑科技设想的可行性,即是否具备实现的技术条件和资源支持。其次,要关注科技设想的市场需求,确保其能够满足消费者的实际需求和期望。此外,还要考虑科技设想的社会影响,如对环境、社会公平等方面的影响,以实现科技发展与社会可持续发展的有机统一。

为了激发员工的创新思维,企业和组织应营造良好的创新氛围,提供必要的创新资源和支持。例如,企业和组织可以开展创新培训活动,提高员工的创新能力和素质;设立创新奖励机制,对提出优秀科技设想的员工进行表彰和奖励;建立开放的创新平台,促进员工之间的交流与合作,共同探讨科技设想的可行性和发展前景。

3. 战略规划制定:明确发展的目标和路径

根据科技设想的指导,企业和组织可制定出具有明确目标和实施路径的战略规划。战略规划是企业和组织为实现长期发展目标而制定的总体行动计划,它将科技设想转化为具体的发展策略和行动方案。战略规划的制定需要综合考虑企业和组织的内部资源和能力、外部市场环境及科技发展趋势等因素,确保规划的科学性、合理性和可行性。

首先,在制定战略规划时,企业和组织要明确自己的发展目标。发展目标应该具有明确性、可衡量性和可实现性,能够为组织的发展提供明确的方向。例如,企业和组织可以将发展目标设定为在某一特定领域取得技术领先地位、实现市场份额的快速增长或提高组织的核心竞争力等。

其次,企业和组织要制定具体的实施路径。实施路径包括一系列的行动计划和措施,如研发投入、人才培养、市场拓展、合作联盟等。这些行动计划和措施应该相互协调、相互支持,共同推动企业和组织朝着发展目标前进。同时,企业和组织还需要制定相应的风险评估和应对措施,以应对可能出现的各种风险和挑战。

战略规划的制定是一个动态的过程,需要根据实际情况进行不断的调整和优化。在实施过程中,企业和组织要密切关注市场变化和科技发展趋势,及时对战略规划进行评估和调整,确保其始终与组织的发展需求和外部环境相适应。

4. 实施与反馈:检验规划的实际效果

在战略规划的实施过程中,企业和组织需不断收集反馈信息,评估实施效果,并根据实际情况对战略规划进行调整和优化。实施与反馈是互动关系模型中的重要环节,它能够及时发现战略规划中存在的问题和不足,为进一步改进和完善提供依据。

企业和组织可以通过多种渠道收集反馈信息,如市场调研、客户反馈、内部评估等。市场调研可以了解消费者对产品和服务的满意度和需求变化;客户反馈可以帮助企业和组织改进产品质量和服务水平;内部评估则可以对企业和组织的运营管理、团队协作等方面进行全面的检查和评估。通过对这些反馈信息的分析和整理,企业和组织能够了解战略规划的实施效果,发现存在的问题和不足。

在评估实施效果时,企业和组织可以采用多种评估指标和方法。例如,可以从财务指标、市场指标、技术指标等多个方面对战略规划的实施效果进行评估。财务指标可以反映组织的经济效益,如销售额、利润、投资回报率等;市场指标可以反映组织的市场地位和竞争力,如市场份额、品牌知名度、客户满意度等;技术指标可以反映组织的技术创新能力和水平,如研发投入、专利数量、技术领先程度等。通过综合运用这些评估指标和方法,企业和组织能够全面、客观地评估战略规划的实施效果。

根据评估结果,企业和组织要及时对战略规划进行调整和优化。调整和优化的内容可以包括发展目标的调整、实施路径的改进、资源配置的优化等方面。通过不断地调整和优化,企业和组织能够使战略规划更加符合实际情况,提高其实施效果和竞争力。

5. 优化设想过程:提高设想的科学性和准确性

通过战略规划的反馈机制,企业和组织可不断优化科技设想的提出和评估过程,提高设想的科学性和准确性。优化设想过程是互动关系模型中的一个重要环节，它能够使科技设想更加贴近实际需求，提高科技设想的实现概率。

在优化设想过程中，企业和组织可以从以下几个方面入手。首先，要加强对科技趋势的跟踪和分析，及时掌握科技发展的最新动态，为科技设想的提出提供更加准确的依据。其次，要完善科技设想的评估机制，建立科学的评估指标和方法，对科技设想的可行性、创新性和市场需求等方面进行全面的评估。此外，还要加强组织内部的沟通和协作，促进科技设想与战略规划之间的有效对接，提高科技设想的转化效率。

同时，企业和组织还可以积极开展与外部机构的合作与交流，拓宽科技设想的来源和视野。例如，企业和组织可以与相关高校、科研机构等建立合作关系，共同开展科技研发和创新活动，分享科技成果和经验。通过与外部机构的合作，企业和组织能够获取更多的科技信息和资源，提高科技设想的质量和水平。

6. 互动关系模型的意义和价值

科技设想与战略规划的互动关系模型具有重要的意义和价值。

首先，它能够促进科技与经济的紧密结合，推动科技成果的转化和应用。通过将科技设想转化为战略规划，并在实施过程中不断调整和优化，企业和组织能够将科技成果快速推向市场，实现科技与经济的良性互动，促进经济的增长和社会的发展。

其次，互动关系模型能够提高组织的创新能力和竞争力。通过不断地提出科技设想、制定战略规划和实施反馈，企业和组织能够培养员工的创新思维和能力，提高企业和组织的创新水平和核心竞争力。在激烈的市场竞争中，只有具备强大的创新能力和竞争力的企业和组织才能脱颖而出，实现可持续发展。

此外，互动关系模型还能够为政府和社会提供决策依据。政府和社会可以通过了解组织的科技设想和战略规划，把握科技发展的趋势和方向，制定相应的政策和措施，引导和支持科技事业的发展。同时，互动关系模型还能够促进科技资源的优化配置，提高科技资源的利用效率，推动科技事业的整体发展。

7. 结论

构建科技设想与战略规划的互动关系模型是推动科技进步和社会发展的重要举措。通过科技趋势分析、科技设想提出、战略规划制定、实施与反馈及优化设想过程等关键环节的相互作用，企业和组织能够更好地实现科技设想与战略规划的协同发展，提高科技创新能力和竞争力，为经济社会的可持续发展做出贡献。

在实际应用中,企业和组织需要根据自身的特点和需求,灵活运用互动关系模型,不断探索和创新,使其更好地适应科技发展的新形势和新要求。同时,政府和社会也应该为企业和组织构建互动关系模型提供必要的支持和保障,营造良好的创新环境和氛围,共同推动科技事业的繁荣发展。

总之,科技设想与战略规划的互动关系模型是一个开放、动态的系统,它将随着科技的不断进步和社会的发展而不断完善和发展。通过构建这一模型,我们有信心在科技领域取得更加辉煌的成就,为人类的美好未来贡献更多的智慧和力量。

第3章　科技体制与组织结构

3.1　世界主要科技体制比较

当今世界,科技的发展对于国家经济的增长、社会的进步和国际竞争力的提升起着至关重要的作用。不同国家根据自身的历史、文化、政治和经济背景,形成了各具特色的科技体制。全球科技体制呈现出多样性的特点,这种多样性反映了各国在科技发展道路上的不同选择和探索。

对世界主要科技体制进行比较研究具有重要的意义。首先,通过对不同科技体制的分析,我们可以深入了解各国科技发展的模式和特点,从中吸取有益的经验和教训,为我国科技体制的改革和完善提供参考。其次,科技体制的比较研究有助于促进国际科技合作与交流。了解各国科技体制的差异和共性,可以更好地协调各国在科技领域的合作,实现资源共享和优势互补,共同推动全球科技的进步。最后,对世界主要科技体制的研究有助于我们把握全球科技发展的趋势和方向,为我国在全球科技竞争中占据有利地位提供战略指导。

本章旨在通过对世界主要科技体制的比较研究,揭示各国科技体制的特点和优劣,探讨科技体制与科技发展之间的关系,为我国科技体制的创新和发展提供有益的启示。

3.1.1　美国科技体制分析

1. 自主管理与政府引导

美国的科技体制具有独特性,其自主管理与政府引导的结合是其重要的方面。

(1)美国大学及科研机构的自主管理机制

美国大学和科研机构的成功经验体现在多个方面:首先,它们拥有悠久的学术自治传统，如哈佛大学和斯坦福大学等知名学府在教学、研究和管理方面享有高度自主权，能够根据自身发展战略和学术优势灵活调整课程设置、教师招聘和学术研究方向，这种自治不仅激发了创新思维和学术自由，还促进了学科交叉和新兴领域的研究；其次，多元化的经费来源是其重要特征，包括政府拨款、私人捐赠、企业合作和学费收入等，这种多元化的经费结构赋予了它们在资金使用上的自主性，能够根据研究需求和机构目标合理分配资源，例如麻省理工学院通过与企业紧密合作，不仅获得了大量研究经费，还推动了科研成果的转化和应用；最后，独立的科研管理体系是其科研高效运行的关键，如加州理工学院设立了专门的科研管理机构，负责科研项目的申报、评审、执行和监督，确保科研工作高效进行并提升科研成果的质量和影响力。这些特点共同构成了美国大学和科研机构在学术和科研领域的独特优势。

(2)政府通过经济、法规、政策等手段对科技的间接管理

美国政府通过制定一系列科技政策来引导和支持科技发展，如《美国创新战略》提出的，加强基础研究、培养创新人才、促进创新创业等政策措施，为美国科技发展提供宏观指导。科技政策的制定通常基于对国内外科技发展趋势的分析评估，以及对国家经济、安全和社会发展需求的考虑。同时，美国政府通过财政投入和资助来支持科技研发，在国防、航天、能源、健康等领域投入大量资金，推动相关领域科技进步。例如，美国国防部高级研究计划局(DARPA)资助了一系列具有前瞻性和挑战性的科研项目，如互联网、全球定位系统等，对美国科技发展和军事现代化产生了深远影响。此外，美国政府还通过设立各种科研基金和奖励机制，鼓励科研人员开展创新性研究。

美国政府通过法律法规的保障和产业政策的引导，为科技发展提供了强有力的支持。首先，通过制定和完善专利法、商标法、著作权法等知识产权法律法规，保护了科研人员的创新成果，激发了科技创新的积极性，同时，《反垄断法》等法律法规维护了市场竞争秩序，促进了科技企业的健康发展；其次，美国政府通过制定产业政策，引导科技与产业的深度融合，推动科技成果的转化和应用。例如，在新能源、生物技术、信息技术等领域，政府出台了一系列产业政策，鼓励企业加大研发投入，提升产业竞争力；此外，美国政府还通过政府采购等手段，为新兴科技产业提供市场支持，助力其发展壮大。这些措施共同为美国科技创新的蓬勃发展奠定了坚实基础。

2. 产学研深度融合

产学研合作是美国科技体制的一个重要特点，这种合作模式有助于加速科技成果转化，推动经济发展和社会进步。

(1)美国促进产学研合作的机制和模式

美国在推动科技发展方面，采取了多种有效措施。其合作研发机制主要表现为企业、大学和科研机构之间开展合作研发项目，以攻克技术难题并实现科技成果的共享和转化。如通用电气公司(GE)与麻省理工学院就合作开展了多项能源领域研究项目并取得重要成果。这种合作基于双方优势互补和共同利益，通过签订协议明确各方权利义务以确保项目顺利进行。此外，美国建立了许多科技园区和创新中心，如世界上最重要的高科技创新中心之一的硅谷，聚集了大量高科技企业、大学和科研机构，形成了完善的产学研合作生态系统。这些园区和中心通常提供办公场地、实验室设备、技术咨询、融资服务等，帮助企业和科研机构降低创新成本、提高创新效率。同时，美国的大学和科研机构普遍设立技术转移机构，负责将科研成果推向市场实现商业化应用。例如斯坦福大学的技术许可办公室(OTL)，通过专利许可、技术转让等方式将学校科研成果转化为实际生产力。这类技术转移机构具有专业的技术评估、市场分析和商业运营能力，能有效促进科技成果的转化和应用。

(2)产学研合作的案例分析

在美国，产学研合作在多个领域取得了显著成效。在生物医药领域，辉瑞公司与宾夕法尼亚大学合作研发的新冠疫苗，在全球广泛应用，为抗击疫情做出重要贡献。这种合作充分发挥了企业的产业化能力和大学的科研优势，加速了疫苗研发和生产进程。在信息技术领域，谷歌公司与斯坦福大学、加州大学伯克利分校等高校保持密切合作，共同开展人工智能、大数据等领域的研究项目。该合作模式不仅推动了信息技术的创新发展，还为高校培养了大量优秀人才，实现了互利共赢。

(3)产学研合作对美国科技成果转化的推动作用

产学研合作模式意义重大。一方面，它打破了企业、大学和科研机构之间的壁垒，通过合作研发、技术转移等方式，将科研成果转化为实际产品和服务，提高了科技成果的转化率和经济效益，从而促进了产业升级和创新发展。企业借此能及时了解并掌握最新科技成果和技术趋势，为产品研发和产业升级提供技术支持，同时还能培养大量创新型人才，为产业发展提供人才保障。另一方面,产学研合作是提高国家科技竞争力的重要途径,以美国为例,加强产学研合作可整合各方资源,提高科技创新能力和科技成果转化效率,使其在全球科技竞争中占据优势地位。

3. 国际科技合作

美国在全球科技合作中扮演着重要的角色,其策略和举措对全球科技发展产生了深远的影响。

(1) 美国在全球科技合作中的角色

美国在许多科技领域(如信息技术、生物医药、航空航天等)处于世界领先地位,是科技领先者,在全球科技合作中具有较强话语权和影响力,能主导合作方向与进程。凭借科技优势,美国积极参与国际科技规则制定,在知识产权保护、技术标准制定等方面发挥了重要作用,并试图以制定利于自身的规则来维护科技利益和竞争优势。尽管某些情况下会采取保护主义措施,但总体上美国也是合作推动者,通过与他国开展科技合作项目、建立合作机制等,加强科技交流与合作,共同应对全球性科技挑战。

(2) 美国的国际科技合作策略

美国在国际科技合作方面采取了多种形式。在双边科技合作上,美国与许多国家建立了关系,通过签订科技合作协议、开展联合研究项目等加强与他国的科技交流与合作。比如,美国与日本在能源、环境、生物技术等领域展开了广泛合作,并取得一系列重要成果。在多边科技合作中,美国积极参与国际空间站、ITER 等多边科技合作机制,借此与多个国家共同开展大型科技项目,分享科技成果和经验,提升国际科技合作的效率与影响力。然而,美国在国际科技合作中始终以自身利益为出发点,依据自身科技需求和战略目标挑选合作伙伴与合作领域。在合作过程中,会运用各种手段保护自身科技利益和知识产权,以确保合作成果符合自身利益诉求。

(3) 美国国际科技合作的案例分析

美国在国际科技合作中扮演着重要角色,其与欧盟和中国的科技互动尤为突出。美国与欧盟在气候变化、能源、健康、信息技术等多个领域展开了广泛合作,例如在气候变化研究方面,双方共同推动全球气候变化的应对与解决,这种合作不仅促进了双方科技的共同发展,也为全球科技合作树立了典范。与此同时,美国与中国的科技合作与竞争是当前国际科技格局中的重要议题。过去几十年里,中美两国在气候变化、清洁能源等领域开展了广泛合作,取得了一系列重要成果。然而,随着中国科技实力的快速提升,美国对中国的科技发展产生了担忧,并采取了一系列限制措施,导致中美科技合作面临严峻挑战。这种合作与竞争并存的局面,深刻影响着全球科技发展的走向。

(4)国际科技合作对美国科技发展的影响

美国通过国际科技合作实现多方面的利益。一方面,能够获取全球范围内的科技资源,涵盖人才、技术、信息等,这有利于保持其在科技领域的领先地位,促进科技持续创新与发展;另一方面,有助于美国企业拓展国际市场,提升产品和服务的国际竞争力,因为与其他国家的企业和科研机构合作,可使其更好地把握国际市场需求和技术趋势,进而开发出契合市场需求的产品和服务。此外,在全球化的大背景下,科技安全备受各国重视,通过国际科技合作,美国积极与其他国家携手应对科技安全挑战,强化科技领域的安全防范与合作机制,以维护国家的科技安全和利益。

3.1.2 欧洲科技体制概览

欧洲在全球科技领域中占据着重要的地位,其科技体制具有独特的特点和优势。本文将从集成式管理、国际合作网络和创新生态系统三个方面对欧洲科技体制进行概览,通过举例和分析,深入探讨欧洲在科技管理和创新方面的经验与做法。

1.集成式管理

欧洲国家的科技管理体系呈现出集成的特点,这种集成式管理旨在整合各方资源,提高科技研发的效率和效果。欧盟框架计划是欧洲集成式科技管理的一个典型代表。

欧盟框架计划是欧盟最重要的科技研发计划,旨在加强欧盟成员国之间的科技合作,提高欧洲的科技竞争力。该计划通过整合欧盟各国的科研力量和资源,共同开展一系列跨领域、跨学科的研究项目。例如,欧盟在第七框架计划(The Framework Programme for Research,FP7)中,投入了大量资金用于支持能源、环境、健康、信息技术等领域的研究。通过这些项目的实施,不仅推动了欧洲在相关领域的科技进步,还促进了各国科研机构和企业之间的合作与交流。欧盟框架计划的集成式管理体现在以下几个方面。

(1)多领域整合

框架计划涵盖了多个领域的研究,打破了学科和领域的界限,鼓励跨学科的合作与创新。例如,在能源领域的研究项目中,可能会涉及物理学、化学、材料科学、工程学等多个学科的知识和技术,通过整合这些学科的优势,能够更好地解决能源领域的复杂问题。

(2)跨国合作

框架计划鼓励欧盟成员国之间的跨国合作,促进了科技资源的流动和共享。各国的科研机构和企业可以通过联合申请项目的方式,共同开展研究工作。这种跨国合作不仅能够提高项目的研究水平和质量,还能够加强各国之间的科技交流与合作,促进欧洲科技一体化的发展。

(3)产学研结合

框架计划注重产学研结合,鼓励科研机构、企业和高校之间的合作。通过这种合作模式,能够将科研成果更快地转化为实际应用,提高科技研发的经济效益和社会效益。例如,在一些框架计划项目中,企业可以参与到项目的研发过程中,提供实际需求和市场信息,科研机构负责技术研发和创新,高校为项目提供人才支持和学术研究基础。这种产学研结合的模式能够有效地促进科技成果的转化和应用,推动产业的升级和发展。

除了欧盟框架计划外,欧洲各国也在国家层面上实施了一系列集成式科技管理措施。例如,德国的"高科技战略"将科技研发与产业发展紧密结合,通过整合政府、企业和科研机构的资源,推动德国在关键技术领域的发展。法国的"未来投资计划"则重点支持新兴产业和前沿技术的研究与开发,通过设立专项基金和项目,引导社会资本投入科技领域,提高法国的科技竞争力。

2. 国际合作网络

欧洲在跨国科技合作和研究网络构建方面积累了丰富的经验,通过积极参与国际合作项目和构建国际研究网络,欧洲能够充分利用全球科技资源,提高自身的科技水平和创新能力。

(1)参与国际大科学项目

欧洲国家积极参与国际大科学项目,如国际热核聚变实验堆(ITER)、欧洲核子研究中心(CERN)等。这些大科学项目通常需要多个国家的共同参与和合作,涉及大量的资金、技术和人力资源。通过参与这些项目,欧洲国家能够在前沿科学领域取得重要的研究成果,同时也能够加强与其他国家的科技交流与合作。

以 ITER 项目为例,这是一个旨在实现可控核聚变的国际合作项目,参与国包括欧盟、中国、美国、俄罗斯、日本、韩国和印度等。欧盟在该项目中发挥了重要的作用,承担了部分关键部件的研发和制造任务。通过参与 ITER 项目,欧洲国家能够在核聚变领域积累丰富的经验和技术,为未来的能源发展提供新的途径。

CERN 则是世界上最大的粒子物理学实验室,吸引了来自全球各地的科学家和研究机构参与。欧洲国家在 CERN 的建设和运营中发挥了主导作用,通过开展一系列高能物理实验,取得了许多重要的科学发现。CERN 的成功经验表明,国际合作在推动基础科学研究方面具有重要的作用,能够汇聚全球的智慧和资源,共同探索未知的科学领域。

(2)构建国际研究网络

欧洲国家还积极构建国际研究网络,加强与其他国家的科研机构和高校之间的合作与交流。例如,欧洲分子生物学实验室(EMBL)是一个国际性的科研机构,其总部位于德国海德堡,成员包括来自欧洲多个国家的科研机构和高校。EMBL 通过开展分子生物学领域的研究和培训活动,促进了欧洲各国在该领域的合作与交流,提高了欧洲在分子生物学领域的研究水平。

此外,欧洲还通过与其他地区的国家和组织建立合作关系,构建了一系列跨区域的研究网络。例如,欧盟与中国在科技领域开展了广泛的合作,双方在气候变化、能源、环境、生物技术等领域共同实施了一系列合作项目。通过这些合作项目,双方能够分享科技成果和经验,共同应对全球性的挑战。

(3)推动科技人才的国际流动

科技人才的国际流动是促进跨国科技合作的重要因素之一。欧洲国家通过一系列政策和措施,鼓励科技人才的国际流动,吸引全球优秀的科技人才来欧洲工作和学习。例如,欧盟推出了“玛丽·居里行动计划”,旨在支持科研人员的流动和培训,提高欧洲的科研水平和创新能力。该计划为科研人员提供了资金支持和培训机会,帮助他们在欧洲各国之间进行流动和合作。

同时,欧洲国家也积极鼓励本国科技人才到国外进行交流和合作。通过参与国际合作项目和研究网络,科技人才能够拓宽视野,学习到先进的科学技术和管理经验,提高自身的综合素质和创新能力。这种科技人才的国际流动不仅有助于促进跨国科技合作,还能够为欧洲的科技发展注入新的活力和动力。

3. 创新生态系统

欧洲注重构建开放、协同的创新生态系统,通过整合各种创新要素,营造良好的创新环境，促进科技创新和经济发展的紧密结合。

(1)政策支持

欧洲各国政府均出台了一系列政策措施，支持创新生态系统的构建。例如，政府通过提供研发资金、税收优惠、知识产权保护等政策支持，鼓励企业和科研机构开展创新活动。同时，政府还通过制定产业政策，引导创新资源向重点领域和产业集聚，促进产业的升级和发展。

以德国为例，政府出台了“工业 4.0”战略，旨在推动制造业的数字化和智能化转型。通过该战略的实施，政府为企业提供了技术研发、人才培养、市场推广等方面的支持，促进了制造业与信息技术的深度融合，提高了德国制造业的竞争力。

(2)创新创业环境

欧洲各国注重营造良好的创新创业环境，为创业者提供了必要的支持和服务。例如，建立了众多的科技园区、孵化器和加速器，为创业者提供办公场地、资金支持、技术咨询、市场推广等一站式服务。同时，还举办各种创新创业大赛和活动，为创业者提供展示和交流的平台，激发他们的创新热情和创业精神。

英国的剑桥科技园区是欧洲著名的科技园区之一，吸引了大量的高科技企业和创新型人才。该科技园区提供了完善的基础设施和服务体系，为企业的创新和发展提供了有力的支持。此外，英国还举办了“剑桥创业大赛”等活动，为创业者提供了展示和交流的机会，吸引了全球各地的创业者参与。

(3)产学研合作

欧洲各国积极推动产学研合作，促进科技成果的转化和应用。例如，建立了产学研合作联盟和创新中心，加强企业、科研机构和高校之间的合作与交流。通过这种合作模式，能够将科研成果更快地转化为实际产品和服务，提高科技创新的经济效益和社会效益。

瑞典的产学研合作模式较为成熟，该国建立了多个产学研合作创新中心，如瑞典皇家工学院的创新中心。该中心通过与企业和政府合作，开展了一系列应用研究和技术开发项目，将科研成果转化为实际应用，为企业的发展提供了技术支持，同时也促进了瑞典经济的增长。

(4)开放创新

欧洲各国倡导开放创新，加强与全球创新资源的合作与交流。例如，积极参与国际科技合作项目和研究网络，吸引国际科技企业和创新型人才来欧洲发展。同时,还鼓励本国企业走出去,开展国际合作和并购,获取全球创新资源和市场份额。

荷兰是一个开放创新的国家,该国积极吸引国际科技企业和创新型人才来荷兰发展。例如,荷兰的埃因霍温科技园区吸引了众多国际知名企业的研发中心和创新机构,形成了一个国际化的创新社区。此外,荷兰的企业也积极开展国际合作和并购,如飞利浦公司通过收购美国的医疗设备公司,提升了自身的技术实力和市场竞争力。

综上所述,欧洲科技体制在集成式管理、国际合作网络和创新生态系统方面具有独特的特点和优势。通过欧盟框架计划等集成式管理措施,欧洲能够整合各方资源,提高科技研发的效率和效果;通过参与国际大科学项目和构建国际研究网络,欧洲能够充分利用全球科技资源,提高自身的科技水平和创新能力;通过构建开放、协同的创新生态系统,欧洲能够营造良好的创新环境,促进科技创新和经济发展的紧密结合。这些经验和做法对于其他国家和地区的科技发展具有一定的借鉴意义。

3.1.3 其他国家科技体制的亮点

在当今全球科技竞争日益激烈的背景下,许多国家都在积极探索和完善自己的科技体制,以提高国家的科技创新能力和竞争力。除了一些传统的科技强国,一些新兴国家也在科技领域取得了显著的成就,其科技体制也有许多值得借鉴的亮点。下文将分别介绍日本、以色列和印度的科技体制亮点,通过举例和分析,探讨这些国家在科技发展方面的成功经验。

1. 日本:政府主导与企业创新

日本作为世界上的科技强国之一,其科技体制在政府主导和企业创新方面具有独特的优势。日本政府在科技政策制定、研发投入及企业创新激励方面采取了一系列积极有效的措施,为日本的科技发展提供了有力的支持。

(1)科技政策制定

日本政府高度重视科技发展,将科技作为国家发展的重要战略支撑。为了推动科技进步,日本政府制定了一系列科技政策和规划。例如,日本政府在20世纪90年代提出了“科学技术创造立国”的战略口号,强调要通过科技创新来实现国家的可持续发展。在此基础上,日本政府相继出台了一系列科技发展计划,如“新技术开发事业团计划”“产业技术研究开发制度”等,旨在加强基础研究、促进技术创新和推动科技成果转化。

此外，日本政府还根据国内外科技发展的形势和需求，及时调整科技政策。例如，在面对全球气候变化等全球性挑战时，日本政府加大了对新能源、节能环保等领域的科技研发投入，制定了相关的政策和措施，以推动这些领域的技术创新和产业发展。

(2)研发投入

日本政府一直以来都非常重视研发投入，将其作为推动科技发展的重要手段。日本的研发投入占国内生产总值(GDP)的比例一直位居世界前列。据统计，2019年日本的研发投入占GDP的比例为3.26%，仅次于韩国。

日本政府的研发投入主要集中在基础研究、应用研究和试验发展三个领域。在基础研究方面，日本政府通过设立国立科研机构、资助大学科研项目等方式，加强对基础科学的研究和探索；在应用研究方面，日本政府通过产业技术综合研究所等机构，开展与产业发展密切相关的应用研究，促进科技成果的转化和应用；在试验发展方面，日本政府通过鼓励企业开展研发活动、提供研发补贴等方式，提高企业的技术创新能力和市场竞争力。

除了政府的研发投入外，日本企业也非常重视研发投入。日本的许多大型企业都拥有自己的研发机构，投入大量的资金和人力进行技术研发。丰田、索尼、松下等企业每年的研发投入都高达数十亿美元。这些企业的研发投入不仅推动了企业自身的技术创新和发展，也为日本的科技进步做出了重要贡献。

(3)企业创新激励

为了鼓励企业创新，日本政府采取了一系列激励措施。首先，日本政府通过税收优惠政策，鼓励企业加大研发投入。例如，企业用于研发的费用可以在计算所得税时进行加计扣除，从而减轻企业的税收负担。其次，日本政府通过提供研发补贴、贷款担保等方式，为企业的研发活动提供资金支持。最后，日本政府还通过设立科技奖项、表彰创新企业等方式，营造良好的创新氛围，提高企业的创新积极性。

在日本政府的大力支持下，日本企业的创新能力得到了显著提高。日本企业在许多领域都取得了重要的技术创新成果，如汽车、电子、机械等领域。例如，丰田公司研发的混合动力汽车技术、索尼公司研发的高清电视技术等，都在全球范围内具有广泛的影响力。这些技术创新成果不仅为企业带来了巨大的经济效益，也提高了日本在全球科技领域的地位。

(4)案例分析:丰田汽车公司的创新发展

丰田汽车公司是日本知名的汽车制造商,也是全球最大的汽车公司之一。丰田汽车公司的成功离不开其强大的创新能力和日本政府的支持。

在技术创新方面,丰田汽车公司一直致力于研发节能环保的汽车技术。早在20世纪90年代,丰田汽车公司就开始研发混合动力汽车技术,并于1997年推出了全球首款量产混合动力汽车——普锐斯。普锐斯的推出,不仅标志着丰田汽车公司在混合动力汽车技术方面的领先地位,也为全球汽车产业的发展带来了新的思路和方向。此后,丰田汽车公司不断加大对混合动力汽车技术的研发投入,推出了一系列混合动力汽车产品,如凯美瑞混合动力版、卡罗拉混合动力版等。这些产品在全球市场上取得了良好的销售业绩,为丰田汽车公司带来了丰厚的利润。

除了混合动力汽车技术外,丰田汽车公司还在新能源汽车、自动驾驶技术等领域进行了积极的探索和研发。例如,丰田汽车公司计划在2025年前推出10款以上的纯电动汽车,并在自动驾驶技术方面与多家科技公司开展合作,共同推进自动驾驶技术的发展。

在企业创新激励方面,日本政府为丰田汽车公司提供了一系列支持政策。例如,日本政府为丰田汽车公司的研发活动提供了研发补贴和贷款担保,帮助企业降低了研发成本和风险。此外,日本政府还通过税收优惠政策,鼓励丰田汽车公司加大研发投入。这些政策的实施,为丰田汽车公司的创新发展提供了有力的支持。

总之,日本的科技体制在政府主导和企业创新方面具有独特的优势。日本政府通过制定科技政策、加大研发投入和采取企业创新激励措施,为日本的科技发展提供了有力的支持。在日本政府的支持下,日本企业的创新能力得到了显著提高,在许多领域都取得了重要的技术创新成果。日本的科技体制和经验,为其他国家提供了有益的借鉴和启示。

2. 以色列:创业文化与创新机制

以色列是一个科技创新实力非常强的国家,尽管其国土面积狭小、资源匮乏,但却在高科技领域取得了举世瞩目的成就。以色列独特的创业文化和创新机制是其科技发展的重要动力。

(1)创业文化

以色列的创业文化可以追溯到其建国初期。由于以色列面临着诸多的挑战和困难,如国土狭小、资源匮乏以及周边国家的敌对态度等,因此以色列人养成了勇于创新、敢于冒险的精神。这种精神在以色列的创业文化中得到了充分的体现。

以色列的年轻人普遍具有强烈的创业意愿和创新精神。他们不满足于传统的就业模式,渴望通过自己的努力和创新来实现自己的梦想和价值。在以色列,创业被视为一种光荣的职业选择,而不是一种无奈的选择。许多以色列年轻人在大学毕业后就会选择创业,而不是进入大企业工作。这种创业文化为以色列的科技创新提供了源源不断的动力和人才支持。

此外,以色列的社会文化也非常鼓励创新和冒险。在以色列,失败被视为一种宝贵的经验和财富,而不是一种耻辱。人们对失败的宽容和理解,使得创业者们能够更加勇敢地尝试和创新,不怕失败。这种创业文化氛围为以色列的科技创新创造了良好的环境和条件。

(2)风险投资机制

以色列的风险投资机制是其科技创新的重要支撑。以色列拥有发达的风险投资市场,吸引了大量的国外资本进入。以色列的风险投资机构不仅数量众多,而且投资规模大、专业性强。这些风险投资机构为以色列的创业者们提供了资金支持、管理经验和市场资源,帮助他们将创新理念转化为实际的产品和服务。

以色列政府也非常重视风险投资的发展,出台了一系列优惠政策和措施来支持风险投资行业的发展。例如,以色列政府设立了专门的风险投资基金,为风险投资机构提供资金支持;以色列政府还为风险投资机构提供税收优惠和政策支持,鼓励它们投资于高科技企业。此外,以色列政府还积极推动风险投资机构与国内外的企业和机构合作,拓宽风险投资的渠道和资源。

(3)科技创新推动作用

以色列独特的创业文化和风险投资机制对其科技创新起到了巨大的推动作用。

首先,创业文化激发了人们的创新热情和创造力,使得以色列成为一个创新的国度。在以色列,人们不断地提出新的想法和理念,并勇于将这些想法和理念付诸实践。这种创新精神使得以色列在许多领域都取得了重要的突破和进展,如信息技术、生命科学、农业科技等领域。

其次,风险投资机制为科技创新提供了资金支持和资源保障。风险投资机构不仅为创业者们提供了资金支持,还为他们提供了管理经验、市场资源和技术支持等方面的帮助。这些帮助使得创业者们能够更加顺利地将创新理念转化为实际的产品和服务,提高了科技创新的成功率和效率。

最后,以色列的创业文化和风险投资机制还吸引了大量的国内外人才和企业来到以色列。这些人才和企业带来了先进的技术和管理经验,进一步促进了以色列的科技创新和经济发展。

(4)案例分析:Waze 公司的成功之路

Waze 是一家以色列的交通导航应用公司,成立于 2008 年。Waze 的成功得益于以色列独特的创业文化和创新机制。

Waze 的创始人具有强烈的创业意愿和创新精神。在创业过程中,他们不断地尝试和创新,提出了一种基于用户生成内容的交通导航模式。这种模式允许用户实时上报路况信息,如交通拥堵、事故等,从而为其他用户提供更加准确和实时的导航服务。这种创新的模式得到了用户的广泛认可和欢迎,使得 Waze 在短时间内迅速发展壮大。

在发展过程中,Waze 得到了以色列风险投资机构的大力支持。风险投资机构为 Waze 提供了资金支持、管理经验和市场资源,帮助 Waze 不断完善产品和服务,提高市场竞争力。此外,以色列政府也为 Waze 提供了一定的政策支持和资源保障,为 Waze 的发展创造了良好的环境和条件。

2013 年,谷歌以 10 亿美元的价格收购了 Waze。这笔收购不仅为 Waze 的创始人带来了巨大的财富回报,也为以色列的科技创新树立了一个成功的典范。Waze 的成功充分证明了以色列独特的创业文化和创新机制的强大力量,也为其他国家和地区的科技创新提供了有益的借鉴和启示。

3. 印度:信息技术与服务外包

印度是世界上软件和服务外包产业发展最为迅速的国家之一,其在信息技术领域的快速发展得益于其独特的科技体制和发展模式。

(1)信息技术领域的发展

印度在信息技术领域的发展可以追溯到 20 世纪 80 年代。当时,印度政府意识到信息技术的重要性,开始大力发展信息技术产业。印度政府出台了一系列政策和措施,鼓励企业投资信息技术领域,培养信息技术人才,建立信息技术产业园区等。

经过多年的发展,印度的信息技术产业取得了显著的成就。印度成为全球最大的软件和服务外包出口国之一，其软件和服务外包业务涵盖了全球多个国家和地区。印度的信息技术企业在软件开发、信息技术服务、电子商务等领域具有较强的竞争力，涌现出了一批如塔塔咨询服务公司（TCS）、Infosys 等全球知名的信息技术企业。

（2）教育体系的支持与科技体制的特点

①教育体系的支持

印度拥有较为完善的教育体系，特别是在理工科教育方面具有一定的优势。印度的高等院校和科研机构培养了大量的信息技术人才，为印度信息技术产业的发展提供了坚实的人才支撑。印度的教育体系注重培养学生的实践能力和创新能力，使得学生能够更好地适应信息技术产业的发展需求。

②政府的支持与引导

印度政府对信息技术产业的发展给予了高度的重视和支持。政府出台了一系列优惠政策，如税收减免、财政补贴等，鼓励企业投资信息技术领域。政府还积极推动信息技术产业的国际化发展，加强与其他国家的合作与交流，提高印度信息技术产业的国际竞争力。

③服务外包模式的创新

印度的信息技术企业通过创新服务外包模式，提高了服务质量和效率，降低了成本。印度的服务外包企业不仅提供传统的信息技术服务，如软件开发、系统维护等，还提供了一系列增值服务，如业务流程外包（BPO）、知识流程外包（KPO）等。这种服务外包模式的创新使得印度的信息技术企业能够更好地满足客户的需求，提高客户满意度。

（3）对经济发展的影响

印度信息技术产业的快速发展对其经济发展产生了积极的影响。首先，信息技术产业成为印度经济增长的重要引擎。印度的信息技术产业每年为国家创造了大量的外汇收入，促进了印度经济的快速发展。其次，信息技术产业的发展带动了相关产业的发展。信息技术产业的发展需要大量的硬件设备、通信设施等支持，因此带动了印度电子信息制造业、通信业等相关产业的发展。最后，信息技术产业的发展创造了大量的就业机会。印度的信息技术产业不仅为高学历的信息技术人才提供了就业机会，还为大量的普通劳动者提供了就业机会，如数据录入员、客服人员等。

(4)案例分析:Infosys 的发展历程

Infosys 是印度著名的信息技术企业,成立于 1981 年。Infosys 的发展历程充分体现了印度信息技术产业的发展特点和科技体制的优势。

Infosys 成立之初,主要从事软件开发和信息技术服务业务。在发展过程中,Infosys 不断加强技术创新和人才培养,提高服务质量和效率。Infosys 注重与国际客户的合作,积极拓展国际市场。通过与国际客户的合作,Infosys 不仅获得了大量的订单和业务,还学习到了国际先进的技术和管理经验,提高了自身的竞争力。

印度政府对 Infosys 的发展给予了大力的支持和引导。政府出台了一系列优惠政策,如税收减免、财政补贴等,鼓励 Infosys 加大研发投入,提高技术创新能力。政府还积极为 Infosys 提供市场信息和政策咨询服务,帮助 Infosys 更好地把握市场机遇和应对市场挑战。

在印度完善的教育体系和创新的服务外包模式的支持下,Infosys 不断发展壮大。如今,Infosys 已经成为全球知名的信息技术企业,在全球多个国家和地区设有分支机构和研发中心。Infosys 的成功不仅为印度信息技术产业的发展树立了榜样,也为其他国家和地区的信息技术产业发展提供了有益的借鉴。

综上所述,日本、以色列和印度在科技体制方面都有各自的亮点和特色。日本的政府主导与企业创新模式、以色列的创业文化与创新机制、印度的信息技术与服务外包产业,都为这些国家的科技发展带来了强大的动力和支撑。这些国家的成功经验告诉我们,科技体制的完善和创新是推动国家科技发展的关键因素。我们应该积极借鉴这些国家的经验和做法,结合我国的实际情况,不断完善我国的科技体制,提高我国的科技创新能力和竞争力,为实现我国经济社会的高质量发展提供有力的科技支撑。

3.1.4 比较与启示

通过对各国科技体制的研究和分析,我们可以发现它们存在一些异同点。

1. 比较

各国科技体制在目标上具有一定的共性,即都致力于推动科技进步、提高国家的科技实力和竞争力。然而,在具体的实现方式和特点上存在一定的差异。

一些国家注重政府的主导作用,通过大规模的科研投入和政策引导,推动关键领域的科技发展。这种体制在集中资源、实现国家战略目标方面具有优势，但可能在一定程度上限制了市场的灵活性和创新活力。

另一些国家则更强调市场机制的作用，鼓励企业成为科技创新的主体，通过市场竞争激发创新动力。这种体制能够更好地适应市场需求，但可能在基础研究和公共领域的科技投入上相对不足。

此外，各国在科技人才培养和引进方面的政策也有所不同。一些国家重视本土人才的培养，通过完善的教育体系和科研环境，培养高素质的科技人才；而另一些国家则更加注重吸引国际优秀人才，以提升本国的科技水平。

2. 启示

一是科技发展需要多方面的努力。政府的积极引导和支持是重要保障，应制定明确的科技发展战略和政策，加大科研投入，提供良好政策环境和资源支持。二是强化企业在科技创新中的主体地位至关重要，企业作为市场主体和创新重要力量，应加大研发投入，提高自主创新能力，促进科技成果转化和应用。三是重视科技人才的培养和引进是关键，要建立完善人才培养体系，培养具创新精神和实践能力的人才，同时积极吸引国际优秀人才，加强国际科技合作与交流。四是促进产学研结合能提高创新效率和效益，需加强高校、科研机构与企业间的合作，推动科技成果转化和产业化。五是营造良好的创新生态环境也必不可少，包括完善知识产权保护制度、营造鼓励创新的文化氛围、提供便捷的创新创业服务等，以激发全社会的创新活力。

总之，各国科技体制各有优劣，我们应根据本国的国情和发展需求，借鉴他国的成功经验，不断完善和优化本国的科技体制，推动科技事业的蓬勃发展，为经济社会的可持续发展提供强大的科技支撑。在全球化的时代背景下，加强国际科技合作与交流，共同应对全球性的科技挑战，这也是实现科技进步的重要途径。通过各国之间的相互学习和合作，我们可以共同推动全球科技的发展，为人类社会的进步做出更大的贡献。

3.2 中国科技体制的形成与发展

科技是国家强盛之基,创新是民族进步之魂。中国科技体制的形成与发展,是中国现代化建设的重要组成部分,也是中国实现科技强国目标的重要保障。本节将从初始阶段(1949—1977 年)、恢复与改革阶段(1978—2000 年)、创新体系建设阶段(2001 年至今)三个时期,对中国科技体制的形成与发展进行探讨。

3.2.1 初始阶段(1949—1977 年)

1. 计划经济体制下的科技管理体系建立

中华人民共和国成立后,为了迅速改变我国科技落后的面貌,适应社会主义建设的需要,我国开始建立计划经济体制下的科技管理体系。1949 年 11 月,中国科学院成立,这是我国第一个国家级科学研究机构,标志着我国的科技事业进入了一个新的发展阶段。中国科学院的成立,为我国的科技发展奠定了坚实的基础,也为我国的科技管理体系的建立提供了重要的经验和借鉴。

在科技计划体系方面,我国初步形成了以国家科技计划为主体的科技计划体系。国家科技计划是国家为了实现科技发展目标而制定的一系列计划,包括国家自然科学基金、国家科技攻关计划、国家高技术研究发展计划等。这些科技计划的实施,为我国的科技发展提供了重要的资金和技术支持,也为我国的科技管理体系的完善提供了重要的依据。

2. 科技管理体系与科研组织体系的基本确立

在科技管理体系方面,我国建立了以中华人民共和国国家科学技术部为国家科委为核心的科技管理体系。中华人民共和国国家科学技术部是国务院的组成部门,负责全国的科学技术工作。中华人民共和国国家科学技术部的成立,标志着我国的科技管理体系的基本确立,也为我国的科技事业的发展提供了重要的组织保障。

在科研组织体系方面,我国建立了以中国科学院、中国工程院、高等院校、科研机构和企业为主体的科研组织体系。这些科研组织在不同的领域和方向上开展科学研究和技术创新,为我国的科技事业的发展做出了重要的贡献。同时,我国还建立了一批国家级科研基地和实验室,为我国的科技发展提供了重要的平台和支撑。

3.2.2　恢复与改革阶段(1978—2000 年)

1. 改革开放后科技体制的恢复与改革历程

1977 年,中华人民共和国国家科学技术委员会(1998 年改名为中华人民共和国科学技术部)全国科学大会的召开,标志着我国科技事业迎来了春天。在这次大会上,邓小平同志提出了“科学技术是第一生产力”的重要论断,为我国科技事业的发展指明了方向。会后,我国开始恢复和重建科技管理机构,加强科技人才培养,推动科技体制改革。

1978 年,国家科学技术委员会恢复成立,负责统筹协调全国的科技工作。国家科学技术委员会的恢复成立,为我国科技体制的改革和发展提供了重要的组织保障。同时,我国还制定了一系列科技发展规划,明确了科技发展的目标和任务。例如,1985 年,我国发布了《关于科学技术体制改革的决定》,提出了科技体制改革的目标和任务,即改革科技拨款制度,开拓技术市场,加强企业的技术吸收与开发能力,促进科技与经济的结合。

为了推动科技体制改革,我国还启动了科研机构试点改革。1984 年,我国选择了一批科研机构进行试点改革,探索科研机构与企业相结合的新途径。这些试点改革取得了一定的成效,为我国科技体制改革的全面推进积累了经验。

2. 支持基础研究和高技术发展的政策措施

在科技体制改革的过程中,我国采取了简政放权的政策措施,逐步扩大科研机构的自主权。科研机构可以根据自身的特点和需求,自主制定研究计划,自主组织科研人员,自主安排科研经费。这些政策措施的实施,激发了科研机构的创新活力,提高了科研效率。

同时,我国还加大了对基础研究和高技术发展的支持力度。基础研究是科技创新的源头,高技术发展是国家竞争力的重要体现。我国设立了国家自然科学基金,加大了对基础研究的投入力度。同时,我国还实施了国家高技术研究发展计划(863 计划)、国家重点基础研究发展计划(973 计划)等,加强了对高技术领域的研究和开发。这些政策措施的实施,为我国的基础研究和高技术发展提供了重要的支持,也为我国的科技事业的发展奠定了坚实的基础。

3.2.3 创新体系建设阶段(2001 年至今)

1. 国家自主创新能力的重要性

进入 21 世纪之后,随着经济全球化的深入发展和国际竞争的日益激烈,科技创新成为国家发展的核心竞争力。为了适应新形势的需要,我国提出了建设国家创新体系,增强自主创新能力的战略目标。

国家创新体系是一个由企业、高校、科研机构、政府等多个主体组成的相互联系、相互作用的创新网络。建设国家创新体系,就是要通过优化创新资源配置,加强创新主体之间的合作与交流,提高创新效率和创新能力实现科技与经济的紧密结合。增强自主创新能力,是建设国家创新体系的核心任务。自主创新能力是一个国家在国际竞争中保持优势的关键。只有不断提高自主创新能力,才能在国际科技竞争中占据主动地位,实现国家的可持续发展。

2. 深化科研体制改革深化

为了建设国家创新体系,增强自主创新能力,我国不断深化科研体制改革,加强产学研合作,优化科技创新环境。

在科研体制改革方面,我国进一步推进科技管理体制改革,完善科技评价体系,加强科技资源共享,提高科技管理水平。同时,我国还加大了对科研机构的改革力度,推动科研机构向企业化、市场化方向发展,提高科研机构的创新能力和市场竞争力。

产学研合作是科技创新的重要途径。我国积极推动产学研合作,建立了一批产学研合作创新联盟,加强了企业、高校、科研机构之间的合作与交流。通过产学研合作,企业可以获得高校和科研机构的技术支持,提高自身的技术创新能力,同时高校和科研机构可以将科研成果转化为实际生产力,实现科技与经济的紧密结合。

科技创新环境的优化是科技创新的重要保障。我国不断加大对科技创新的投入力度,完善科技创新政策体系,加强知识产权保护,营造良好的创新创业氛围。同时,我国还加强了科技人才队伍建设,培养和引进了一批高层次创新人才,为科技创新提供了有力的人才支撑。

3.2.4　中国科技体制发展的成就与挑战

1. 中国科技体制发展的成就

经过多年的发展,中国科技体制取得了显著的成就。在科技投入方面,我国的研发经费投入持续增长,2020 年我国研发经费投入总量达到 2.44 万亿元,位居世界第二。在科技产出方面,我国的科技论文数量和专利申请量均位居世界前列,在一些领域取得了一批具有国际影响力的科技成果,如载人航天、探月工程、量子通信等。在科技支撑经济社会的发展方面,我国的科技进步贡献率不断提高,为经济社会发展提供了强有力的支撑。

2. 中国科技体制发展的挑战

尽管中国科技体制取得了显著的成就,但仍然面临着一些挑战。在科技管理体制方面,我国的科技管理体制还存在一些不完善的地方,如科技资源配置不合理、科技评价体系不科学等。在科技创新能力方面,我国的原始创新能力还不够强,在一些关键核心技术领域还存在受制于人的局面。在科技人才队伍建设方面,我国的高层次创新人才还相对不足,人才结构还不够合理。

3.2.5　中国科技体制发展的未来展望

1. 完善科技管理体制

科技是第一生产力,是国家发展的核心竞争力。在当今时代,科技创新的速度和质量直接影响着一个国家的经济发展和国际地位。为了实现科技强国的目标,我国将进一步完善科技管理体制,这是推动科技创新发展的重要举措。

完善科技管理体制,先加强科技宏观统筹协调。科技发展涉及到多个部门和领域,需要建立健全部门之间、地方之间的协同创新机制。通过加强沟通与合作,打破部门和地区之间的壁垒,实现科技资源的优化配置和高效利用。例如,在国家层面设立科技发展领导小组,统筹协调各部门的科技工作,制定统一的科技发展规划和政策,避免重复投入和资源浪费。同时,加强地方之间的科技合作,推动区域科技创新协同发展,形成各具特色的区域创新格局。

其次,完善科技评价体系是提高科技管理效率的关键。传统的科技评价体系往往过于注重论文数量、科研项目数量等指标,忽视了创新质量、绩效和贡献。这种评价体系容易导致科技人员为了追求数量而忽视质量,影响了科技创新的实际效果。因此,建立以创新质量、绩效、贡献为导向的评价机制势在必行。新的评价机制将更加注重科技成果的实际应用价值和对经济社会发展的贡献,引导科技人员潜心研究、追求卓越。例如,对于基础研究,要更加注重研究的创新性和学术价值;对于应用研究,要更加注重成果的转化和应用效果。通过建立科学合理的科技评价体系,激发科技人员的创新活力和创造力,提高科技创新的质量和水平。

此外,完善科技管理体制还需要加强科技管理队伍建设。科技管理工作需要具备专业知识和管理能力的人才来承担。因此,要加强科技管理人才的培养和引进,提高科技管理队伍的整体素质。同时,要加强科技管理人员的培训和交流,不断提高他们的管理水平和业务能力。此外,还可以建立科技管理专家库,为科技管理决策提供咨询和建议,提高科技管理决策的科学性和合理性。

总之,完善科技管理体制是推动科技创新发展的重要保障。通过加强科技宏观统筹协调、完善科技评价体系和加强科技管理队伍建设等措施,我国将进一步优化科技资源配置,提高科技管理效率,激发科技人员的创新活力和创造力,推动科技创新取得更加丰硕的成果,为实现科技强国的目标奠定坚实的基础。相信在不久的将来,我国的科技实力将不断提升,在国际科技舞台上发挥更加重要的作用。

2. 提升科技创新能力

科技创新是推动经济社会发展的核心动力,对于提高国家竞争力、实现可持续发展具有重要意义。为了提升我国的科技创新能力,我们需要在多个方面下功夫。

(1)加强基础研究,提高原始创新能力

基础研究是科技创新的源头,是实现原始创新的关键。我们应加大对基础研究的投入,鼓励科研人员勇于探索未知领域,挑战科学难题。通过设立专项基金、优化科研评价体系等方式,为基础研究创造良好的环境和条件。同时,加强高校、科研机构与企业之间的合作,促进基础研究成果的转化和应用,提高原始创新能力,在一些关键核心技术领域实现突破,如量子计算、人工智能、生物医药等。这些领域的突破将为我国的经济发展和国家安全提供强大的支撑。

(2)加强前沿技术研究,抢占科技制高点

前沿技术代表着科技发展的方向,是培育新经济增长点的重要源泉。我们要密切关注全球科技发展动态,加强对前沿技术的研究和布局。在新一代信息技术、新能源、新材料、智能制造等领域,加大研发投入,培养和吸引高端人才,争取在这些领域取得一批具有自主知识产权的核心技术和成果。通过抢占科技制高点，我们可以引领未来产业发展，创造新的经济增长点，推动我国经济结构转型升级。

（3）加强科技创新平台建设，打造具有国际影响力的科技创新中心和创新高地

科技创新平台是集聚创新资源、促进科技成果转化的重要载体。我们要加强国家实验室、国家重点实验室、工程研究中心等科技创新平台的建设，提高其创新能力和服务水平。同时，积极推动区域创新发展，打造一批具有国际影响力的科技创新中心和创新高地。例如，以北京、上海、粤港澳大湾区等为代表的科技创新中心，应充分发挥其人才、技术、资金等优势，加强国际合作与交流，提升在全球科技创新领域的影响力。此外，我们还可以通过建设科技产业园区、创新创业基地等方式，营造良好的创新创业生态，激发全社会的创新活力。

为了实现以上目标，我们还需要加强政策支持和引导。政府应出台一系列鼓励科技创新的政策措施，如税收优惠、财政补贴、知识产权保护等，为科技创新提供有力的政策保障。同时，要加强科技人才培养和引进，建立健全人才评价和激励机制，吸引更多的优秀人才投身科技创新事业。

总之，提升科技创新能力是我国实现高质量发展的必由之路。我们要加强基础研究，提高原始创新能力；加强前沿技术研究，抢占科技制高点；加强科技创新平台建设，打造具有国际影响力的科技创新中心和创新高地。通过全社会的共同努力，推动我国科技创新事业不断取得新的突破，为实现中华民族伟大复兴的中国梦提供强大的科技支撑。

3. 加强科技人才队伍建设

科技是第一生产力，而科技人才则是科技创新的核心力量。在当今全球科技竞争日益激烈的背景下，加强科技人才队伍建设已成为我国实现科技自立自强、建设科技强国的关键举措。

加大对科技人才的培养和引进力度是加强科技人才队伍建设的重要基础。我们应积极推动高等教育改革，优化科技相关专业的课程设置，加强实践教学环节，培养学生的创新思维和实践能力。同时，鼓励高校、科研机构与企业开展合作，建立产学研联合培养机制，使科技人才能够更好地将理论知识与实际应用相结合。此外，还应加大对海外高层次科技人才的引进力度，通过提供优厚的待遇、良好的科研环境和发展空间，吸引更多优秀人才回国创新创业。

完善科技人才评价激励机制是激发科技人才创新活力和创造力的重要保障。我们应打破传统的评价体系，建立以创新能力、成果质量和实际贡献为导向的评价标准，避免单纯以论文、学历、职称等作为评价依据。同时，要加强对科技人才的激励措施，通过设立科技奖项、给予科研经费支持、提供股权激励等方式，充分调动科技人才的积极性和创造性。此外，还应建立宽容失败的机制，鼓励科技人才勇于探索、敢于创新，营造良好的创新氛围。

加强科技人才队伍的结构优化是提高科技人才队伍整体素质的重要途径。我们应根据科技创新的需求，培养和造就一批涵盖各个领域的专业人才，包括基础研究人才、应用研究人才、技术开发人才和科技管理人才等。同时，要注重培养科技人才的跨学科能力和团队协作精神，使他们能够更好地适应科技创新的综合性和复杂性要求。此外，还应加强对青年科技人才的培养和支持，为他们提供更多的发展机会和平台，培养科技事业的后备力量。

总之，加强科技人才队伍建设是一项长期而艰巨的任务，需要政府、企业、高校和科研机构等各方共同努力。只有加大对科技人才的培养和引进力度，完善科技人才评价激励机制，加强科技人才队伍的结构优化，才能培养出一批具有国际视野、创新能力强的高层次科技人才，为我国的科技创新和经济社会发展提供强有力的支撑。

4. 营造良好的科技创新环境

科技创新是推动经济社会发展的重要力量，而营造良好的科技创新环境则是促进科技创新的关键。为了实现这一目标，我们需要从多个方面入手，加强知识产权保护、促进科技成果转化以及加强科学普及。

(1)加强知识产权保护

知识产权是科技创新的重要成果，加强知识产权保护是激励创新的重要手段。我们应完善知识产权法律法规，使其更加适应科技创新的发展需求。同时，要加大对知识产权侵权行为的打击力度，提高侵权成本，让侵权者付出沉重的代价。这不仅能够保护创新者的合法权益，还能够激发更多人的创新热情，推动科技创新的不断发展。

(2)加强科技成果转化

科技成果转化是将科技创新成果转化为实际生产力的重要环节。建立健全科技成果转化机制，是促进科技成果与经济社会发展紧密结合的关键。我们要加强产学研合作，促进科研机构、高校与企业之间的深度融合，形成创新合力。同时,要建立科技成果转化平台,为科技成果的转化提供信息交流、技术评估、资金支持等全方位的服务。此外,还应加强政策引导,制定相关政策鼓励科技成果转化,提高科技成果的转化率和产业化水平。

(3)加强科学普及

科学普及是提高全民科学素质的重要途径,也是营造全社会尊重科学、崇尚创新良好氛围的基础。我们要加大科学普及的力度,通过多种渠道和形式,向公众传播科学知识、科学方法和科学精神。加强科普教育,将科学普及纳入国民教育体系,培养青少年的科学兴趣和创新能力。同时,要利用现代信息技术,如互联网、新媒体等,拓宽科学普及的渠道,提高科学普及的覆盖面和影响力。此外,还应组织开展各类科普活动,如科技展览、科普讲座、科技竞赛等,让公众在参与中感受科学的魅力,提高科学素养。

营造良好的科技创新环境需要政府、企业、科研机构、高校以及社会各界的共同努力。只有形成全社会共同参与、共同支持科技创新的良好氛围,才能推动我国科技创新事业不断取得新的突破,为实现经济社会高质量发展提供强大的科技支撑。

总之,中国科技体制的形成与发展是一个不断探索和创新的过程。在新的历史时期,我们要深入实施创新驱动发展战略,加快建设科技强国,为实现中华民族伟大复兴的中国梦提供强大的科技支撑。

3.3　中国现行科技体制存在的问题与挑战

3.3.1　科技创新体系不完善

1. 科研体制改革滞后

科研体制改革滞后是制约科技创新体系完善的一个重要因素。在一些情况下,科研管理体制仍然存在着行政化色彩浓厚、资源分配不合理等问题。

例如,在科研项目的立项和评审过程中,可能会受到过多的行政干预,导致一些真正有创新潜力的项目无法获得足够的支持。一些科研机构和高校在资源分配上,往往倾向于那些已经有一定知名度和地位的研究团队,而对于年轻的、新兴的研究力量则关注不足。这种资源分配的不均衡,不仅影响了科研人员的积极性和创造性,也不利于科技创新的整体发展。

此外,科研评价体系也存在一些问题。目前的科研评价往往过于注重论文数量、SCI 收录等指标,而忽视了科研成果的实际应用价值和社会影响力。这就导致了一些科研人员为了追求论文发表而忽视了科研的实际需求,使得科研成果与实际应用脱节。

2. 产学研脱节

产学研脱节是科技创新体系中的一个突出问题。在实际情况中,企业、高校和科研机构之间的合作往往不够紧密,导致科技创新成果无法有效地转化为实际生产力。

一方面,高校和科研机构的研究成果往往停留在实验室阶段,缺乏与市场需求的对接。许多科研项目在立项时,没有充分考虑到市场的实际需求和企业的发展需求,导致研究成果在实际应用中存在诸多问题。例如,一些高校和科研机构研发的新技术、新产品,虽然在技术上具有一定的先进性,但由于成本过高、市场适应性差等原因,无法得到企业的青睐,难以实现产业化。

另一方面,企业在科技创新中的主体作用尚未得到充分发挥。一些企业缺乏创新意识和创新能力,对科研成果的需求不强烈,不愿意投入足够的资金和人力进行研发。同时,企业与高校和科研机构之间的沟通渠道不畅,信息不对称,导致双方在合作过程中存在诸多困难。例如,企业可能不了解高校和科研机构的研究成果,而高校和科研机构也不了解企业的实际需求,从而影响了产学研合作的效果。

3. 创新成果转化效率低

创新成果转化效率低是科技创新体系不完善的一个重要表现。尽管我国在科技创新方面取得了不少成果,但这些成果在转化为实际生产力的过程中,往往面临着诸多障碍。

首先,缺乏有效的科技成果转化机制。目前,我国的科技成果转化机制还不够完善,存在着转化渠道不畅、转化服务体系不健全等问题。例如,一些科研机构和高校虽然拥有大量的科技成果,但由于缺乏专业的转化机构和人员,无法将这些成果有效地推向市场。同时,科技成果转化的相关政策法规也不够完善,对科技成果转化的支持力度不够,影响了科技成果转化的积极性。

其次,科技创新与金融资本的结合不够紧密。科技创新需要大量的资金投入,而金融资本是科技创新的重要支撑。然而,在实际情况中,科技创新与金融资本之间的结合还存在着诸多问题。一方面，一些科技创新企业由于缺乏足够的抵押物和信用记录，难以获得银行贷款等传统金融支持。另一方面，风险投资等新兴金融业态在我国的发展还不够成熟，对科技创新的支持力度有限。例如，一些风险投资机构在投资科技创新项目时，往往过于注重短期回报，对一些具有长期发展潜力的项目关注不足，导致科技创新项目在融资方面面临困难。

为了解决科技创新体系不完善的问题，我们可以采取以下措施：

(1)加快科研体制改革

为提升科研效率和创新水平，需从两方面着手：首先，减少行政干预，优化科研资源配置，建立科学合理的科研项目立项和评审机制，充分发挥专家的作用，确保科研资源向真正具有创新潜力的项目和团队倾斜；其次，完善科研评价体系，建立以创新质量和实际贡献为导向的评价标准，注重科研成果的实际应用价值和社会影响力，引导科研人员更加关注科研的实际需求，从而推动科研工作更好地服务于社会发展和科技进步。

(2)加强产学研合作

为推动科技创新和产业发展，需采取一系列措施。首先，政府应加强引导和支持，建立产学研合作的长效机制，促使企业、高校和科研机构建立紧密合作关系，形成利益共享、风险共担的合作机制。其次，要加强信息沟通与交流，建立产学研合作信息平台，实现企业、高校和科研机构之间的信息共享，以提高合作效率。最后，强化企业在科技创新中的主体地位，鼓励企业加大研发投入，提升自主创新能力，积极参与产学研合作，进而推动科技创新成果的产业化。

(3)提高创新成果转化效率

为推动科技创新发展，需采取一系列措施。一方面，要完善科技成果转化机制，建立专业的转化机构和服务体系，强化中介服务，以提升科技成果转化的效率。另一方面，要加强科技创新与金融资本的结合，完善金融支持科技创新的政策体系，激励银行等金融机构增强对科技创新的支持力度，并且积极培育发展风险投资等新兴金融业态，从而为科技创新提供多元化的融资渠道。

总之，科技创新体系的完善是一个长期而复杂的过程，需要政府、企业、高校和科研机构等各方共同努力。通过加快科研体制改革、加强产学研合作、提高创新成果转化效率等措施，我们可以逐步解决科技创新体系中存在的问题，推动我国科技创新事业的发展，为经济社会的高质量发展提供强有力的支撑。

例如，深圳市在推动科技创新方面取得了显著成效。深圳市政府通过出台一系列政策措施,鼓励企业加大研发投入,加强产学研合作,建立了多个科技创新产业园和孵化器,为科技创新企业提供了良好的发展环境。同时,深圳市还积极引进国内外优秀的科研人才和团队,加强与高校和科研机构的合作,提高了科技创新成果的转化效率。这些举措使得深圳市成为我国科技创新的重要高地,为其他地区的科技创新发展提供了有益的借鉴。

再如,美国的硅谷是全球科技创新的典范。硅谷地区拥有众多的高科技企业、一流的高校和科研机构,形成了良好的产学研合作生态系统。在硅谷,企业与高校和科研机构之间的合作非常紧密,科研成果能够迅速转化为实际生产力。同时,硅谷地区还拥有完善的风险投资体系,为科技创新企业提供了充足的资金支持。这些因素共同促进了硅谷地区科技创新的蓬勃发展,使其成为全球科技创新的引领者。

综上所述,科技创新体系不完善是我国科技创新发展中面临的一个重要问题。我们必须深刻认识到这些问题的存在,并采取切实有效的措施加以解决。只有这样,我们才能不断提高我国的科技创新能力,实现经济社会的可持续发展。

3.3.2 高端人才短缺

1. 高层次人才引进和培养方面存在的差距

(1)国际竞争力不足

全球范围内,一些发达国家凭借其强大的经济实力、先进的科研条件和优越的生活环境,吸引了大量的高层次人才。相比之下,我国在国际人才竞争中面临一定的压力。例如,美国的硅谷吸引了来自世界各地的顶尖科技人才,他们在那里能够接触到最前沿的技术和创新理念。而我国的一些地区在吸引国际高端人才方面,还存在着语言环境、文化差异、科研配套设施等方面的不足。

(2)人才评价体系不完善

当前,我国的人才评价体系在一定程度上存在着重学历、职称、论文等量化指标,而对人才的实际创新能力和业绩重视不够的问题。这导致一些具有创新潜力的人才可能因为不符合传统的评价标准而被忽视。比如,在某些高校和科研机构,科研人员为了满足职称评定的要求,不得不花费大量时间和精力去发表论文,而忽视了实际的科研成果转化和应用。这种评价体系不利于高层次人才的脱颖而出和充分发挥其作用。

(3)培养模式相对单一

我国的高层次人才培养模式在一定程度上存在着理论与实践脱节、学科交叉融合不够等问题。例如,在一些高校的研究生培养中,课程设置较为传统,缺乏对前沿领域和实际应用的关注。学生在学习过程中,缺乏与企业和实际科研项目的紧密结合,导致毕业后难以迅速适应市场需求和科技创新的要求。

(4)区域发展不平衡

我国不同地区之间的经济发展水平和科技创新资源存在较大差距,导致高层次人才的分布也不均衡。一些发达地区如北京、上海、深圳等地,吸引了大量的高层次人才,而一些中西部地区和欠发达地区则面临着人才短缺的困境。例如,东北地区曾经是我国的重要工业基地,但近年来由于经济发展相对滞后,人才流失较为严重,高层次人才的引进和培养也面临着较大的困难。

2. 对科技创新的影响

(1)制约创新能力提升

高层次人才是科技创新的核心力量,他们具有丰富的知识储备、创新思维和实践经验。高端人才短缺会导致科技创新团队的实力不足,难以在关键技术领域取得突破。例如,在芯片制造、生物医药等高科技领域,我国需要大量的顶尖科学家和工程师来攻克技术难题。如果缺乏这些高层次人才,我国在这些领域的创新能力将受到严重制约,难以实现从跟跑到并跑、领跑的转变。

(2)影响创新成果转化

高层次人才不仅能够推动科技创新,还能够促进创新成果的转化和应用。他们具有敏锐的市场洞察力和较强的商业运营能力,能够将科研成果迅速转化为实际生产力。然而,由于高端人才短缺,我国的一些科研成果难以得到有效的转化和推广。例如,一些高校和科研机构的科研成果在实验室阶段取得了较好的效果,但由于缺乏具有市场经验的高层次人才来进行产业化运作,这些成果往往难以走向市场,无法实现其应有的经济价值和社会价值。

(3)减缓产业升级步伐

科技创新是推动产业升级的重要动力,而高层次人才是实现科技创新与产业升级有机结合的关键。高端人才短缺会使得我国在产业升级过程中面临技术瓶颈和创新不足的问题,难以提升产业的核心竞争力。例如,在传统制造业向智能制造转型升级的过程中,需要大量的既懂制造技术又懂信息技术的高层次复合型人才。如果这些人才短缺,我国的制造业将难以实现智能化、高端化的发展目标，产业升级的步伐也将受到影响。

(4)削弱国际竞争力

在当今全球化的时代，科技创新能力是国家国际竞争力的重要体现。高端人才短缺会导致我国在国际科技竞争中处于劣势，难以在一些关键领域取得领先地位。例如，在人工智能、量子通信等前沿技术领域，各国都在加大研发投入，争夺人才资源。如果我国不能及时解决高端人才短缺的问题，将在这些领域的国际竞争中逐渐落后，进而影响我国的国际竞争力和国家发展战略的实施。

3. 解决高端人才短缺问题的建议

(1)加强国际人才引进

制定更加开放、灵活的人才引进政策，加大对国际高层次人才的吸引力度。例如，设立专门的人才引进计划，提供优厚的待遇和科研条件，吸引海外优秀人才回国创新创业。同时，加强与国际知名高校、科研机构的合作与交流，建立国际化的人才培养和引进平台。

(2)完善人才评价体系

建立以创新能力、实际业绩和贡献为导向的人才评价体系，打破唯学历、唯职称、唯论文的评价模式。注重人才的综合素质和发展潜力，鼓励人才在实践中创新创造。例如，对于科研人员的评价，可以更加注重其科研成果的质量和应用价值，而不仅仅是论文数量和期刊级别。

(3)创新人才培养模式

加强产学研合作，推动高校、科研机构与企业之间的深度融合，培养适应市场需求和科技创新要求的高层次人才。例如，鼓励高校与企业联合开展科研项目，建立实习基地和创新创业平台，让学生在实践中提高自己的创新能力和解决实际问题的能力。

(4)促进区域协调发展

加大对中西部地区和欠发达地区的支持力度，优化科技创新资源配置，推动区域间的人才交流与合作。例如，通过实施西部大开发、中部崛起等战略，加强这些地区的基础设施建设和产业发展，提高其对高层次人才的吸引力。同时，建立区域间的人才共享机制，促进人才的合理流动和优化配置。

总之，高端人才短缺是我国在科技创新过程中面临的一个重要问题。只有充分认识到这一问题的严重性，并采取有效的措施加以解决，才能不断提升我国的科技创新能力,实现经济社会的高质量发展。

3.3.3　企业自主创新能力不足

在当今竞争激烈的市场环境中,企业的自主创新能力是其核心竞争力的重要组成部分。然而,部分企业过分依赖外部技术,自主研发能力薄弱,这一现状严重制约了企业的可持续发展和市场竞争力的提升。

1. 现状表现

(1)研发投入不足

许多企业在研发方面的投入相对较少。以一些传统制造业企业为例,它们往往更注重短期的生产和销售,而忽视了对研发的长期投资。相比之下,国际上一些先进企业通常会将相当比例的营业收入投入到研发中,以保持技术的领先地位。例如,苹果公司每年都会投入大量资金用于新产品的研发和创新,这使得其在全球科技市场中始终保持着强大的竞争力。而国内的一些中小企业,由于资金有限,往往难以承担高额的研发费用,导致自主创新能力不足。

(2)缺乏创新人才

人才是企业自主创新的关键因素,但部分企业面临着创新人才短缺的问题。一方面,一些企业难以吸引到高素质的创新人才,因为这些人才更倾向于选择具有良好创新氛围和发展前景的企业。另一方面,企业内部的人才培养机制不完善,导致现有员工的创新能力无法得到有效提升。例如,某电子企业虽然拥有一定的生产规模,但由于缺乏专业的研发人员,只能依赖外部技术进行产品升级,无法独立开发具有市场竞争力的新产品。

(3)技术引进依赖度过高

部分企业在发展过程中,过分依赖从国外引进先进技术,而忽视了自主研发和创新。这种依赖使得企业在技术上始终处于被动地位,难以掌握核心技术。例如,一些汽车企业在引进国外技术后,未能进行有效的消化吸收和再创新,导致在关键技术领域仍然受制于人,产品的附加值和利润率较低。

(4)创新意识淡薄

一些企业的管理层对自主创新的重要性认识不足,缺乏创新意识和冒险精神。他们更愿意维持现状,追求短期的经济效益,而不愿意投入资源进行创新活动。这种短视的经营理念严重阻碍了企业的自主创新能力的提升。比如,某服装企业长期以来一直模仿市场上的流行款式,缺乏自主设计和创新能力,随着市场竞争的加剧，该企业的市场份额逐渐被其他具有创新能力的企业所蚕食。

2.原因分析

(1)资金压力

企业在发展过程中需要面临诸多的资金压力，如生产经营成本、市场推广费用等。这使得企业在研发投入方面往往显得力不从心。尤其是对于一些中小企业来说，由于融资渠道有限，资金短缺问题更为突出，难以承担大规模的研发费用。

(2)风险规避心理

自主创新是一项高风险的活动，需要投入大量的时间、资金和人力，而且创新成果的市场前景具有不确定性。因此，一些企业为了规避风险，更愿意选择引进成熟的技术和产品，而不愿意进行自主创新。这种风险规避心理在一定程度上制约了企业的自主创新能力的发展。

(3)知识产权保护不力

知识产权保护是鼓励企业自主创新的重要保障。然而，目前我国的知识产权保护体系还不够完善，侵权行为时有发生。这使得企业的创新成果难以得到有效的保护，从而降低了企业进行自主创新的积极性。例如，一些企业花费大量精力研发的新产品，一旦推向市场，很快就会被其他企业模仿和抄袭，这不仅损害了企业的利益，也打击了企业的创新热情。

(4)创新环境不完善

我国的创新环境在一些方面还存在不足，如科研成果转化机制不健全、产学研合作不够紧密等。这使得企业在自主创新过程中难以获得有效的技术支持和资源共享，增加了创新的难度和成本。此外，一些地方政府对企业自主创新的支持力度不够，政策落实不到位，也影响了企业的创新积极性。

3.影响

(1)削弱企业竞争力

企业过分依赖外部技术，自主研发能力薄弱，必然导致其在市场竞争中处于劣势。无法及时推出具有创新性的产品和服务，难以满足消费者日益多样化的需求，从而逐渐失去市场份额。例如，在智能手机市场上，一些国内品牌在早期主要依赖国外芯片和技术，随着市场竞争的加剧，这些企业的竞争力受到了严重挑战，而那些注重自主研发的企业则逐渐崛起，如华为凭借其自主研发的芯片和技术,在全球智能手机市场中占据了一席之地。

(2)制约产业升级

自主创新能力不足会制约整个产业的升级和发展。如果企业无法在技术上取得突破,产业就难以实现从低端向高端的转型升级,从而影响整个国家的经济发展质量和效益。以我国的制造业为例,虽然我国是制造业大国,但在高端装备制造、核心零部件等领域仍然依赖进口,这严重制约了我国制造业的转型升级。

(3)增加企业经营风险

依赖外部技术会使企业面临技术封锁和供应中断的风险。一旦外部技术供应出现问题,企业的生产经营将受到严重影响。此外,由于企业没有掌握核心技术,在与供应商的谈判中往往处于被动地位,难以降低采购成本,增加了企业的经营风险。例如,在国际贸易摩擦加剧的背景下,一些企业由于依赖国外技术和零部件,受到了较大的冲击,生产经营陷入困境。

4. 解决对策

(1)加大研发投入

企业应认识到自主创新的重要性,加大在研发方面的投入。政府可以通过税收优惠、财政补贴等政策,鼓励企业增加研发经费,提高自主创新能力。同时,企业也可以通过多种渠道筹集资金,如引入风险投资、开展产学研合作等,为研发活动提供充足的资金支持。

(2)加强人才培养和引进

企业要加强创新人才的培养和引进,建立完善的人才培养机制和激励机制,吸引和留住高素质的创新人才。一方面,企业可以与高校和科研机构合作,共同培养适应市场需求的创新人才;另一方面,企业可以通过提高薪酬待遇、提供良好的发展空间等方式,吸引外部优秀人才的加入。

(3)提高技术引进的消化吸收能力

企业在引进外部技术时,要注重对技术的消化吸收和再创新。通过对引进技术的深入研究和分析,结合自身的实际情况,进行二次开发和创新,形成具有自主知识产权的技术和产品。例如,我国的高铁技术在引进国外先进技术的基础上,通过自主创新,实现了技术的国产化和再创新,使我国成为高铁技术的强国。

(4)增强创新意识

企业管理层要树立正确的创新理念,增强创新意识和冒险精神。要认识到自主创新是企业发展的源动力,只有不断进行创新,才能在激烈的市场竞争中立于不败之地。同时,企业要营造良好的创新氛围,鼓励员工积极参与创新活动,激发员工的创新潜力。

(5)完善知识产权保护制度

政府应加强知识产权保护力度,完善相关法律法规,加大对侵权行为的打击力度,为企业自主创新提供良好的法律环境。企业也要增强知识产权保护意识,及时申请专利和商标,保护自己的创新成果。

(6)优化创新环境

政府要进一步完善创新政策体系,加强对企业自主创新的支持和引导。建立健全科研成果转化机制,促进产学研紧密合作,提高创新资源的利用效率。同时,要加强知识产权交易市场建设,为企业的技术创新提供良好的平台和服务。

总之,企业自主创新能力不足是一个亟待解决的问题。只有企业自身和政府共同努力,采取有效的措施,加强自主创新能力建设,才能提高企业的核心竞争力,推动我国经济实现高质量发展。

3.3.4 科技创新生态环境有待优化

在当今全球竞争日益激烈的时代,科技创新已成为推动经济增长和社会发展的关键力量。然而,要实现科技创新的持续发展,一个良好的科技创新生态环境是至关重要的。目前,我国在科技创新方面取得了显著的成就,但仍面临着一些挑战,其中科技创新生态环境有待优化是一个突出问题,特别是知识产权保护不力和创新氛围不浓厚等方面。

1. 知识产权保护不力的问题及影响

(1)侵权行为屡禁不止

在我国,知识产权侵权行为仍然较为普遍。一些企业和个人为了追求短期利益,不惜抄袭、仿冒他人的知识产权成果,如专利、商标、著作权等。这种侵权行为不仅损害了知识产权所有者的合法权益,也严重打击了创新者的积极性。例如,一些小型电子企业可能会未经授权生产和销售知名品牌的电子产品,这些产品往往质量低劣,但价格便宜,严重影响了正规品牌的市场份额和声誉。

(2)知识产权保护意识淡薄

许多企业和个人对知识产权的重要性认识不足,缺乏知识产权保护的意识。他们不知道如何申请和保护自己的知识产权,也不了解知识产权侵权的法律后果。这种意识淡薄的现象在中小企业和个体创业者中尤为突出。比如,一些创业者在开发新产品时,没有及时申请专利,导致产品上市后被他人抄袭,自己却无法维权。

(3)知识产权执法力度不够

虽然我国已经制定了一系列知识产权法律法规,但在实际执法过程中,还存在着一些问题。例如,知识产权执法部门之间的协调配合不够紧密,执法效率不高;对知识产权侵权行为的处罚力度不够,难以起到威慑作用。此外,知识产权诉讼程序复杂,成本高昂,也使得许多知识产权所有者望而却步,不愿意通过法律途径来维护自己的权益。

知识产权保护不力对科技创新产生了严重的负面影响。首先,它削弱了企业的创新动力。如果企业的创新成果得不到有效的保护,那么他们就会缺乏投入研发的积极性,从而影响整个社会的创新水平。其次,它阻碍了技术的传播和扩散。知识产权侵权行为使得创新者无法获得应有的回报,从而不愿意将技术进行公开和分享,这不利于技术的进步和产业的发展。最后,它影响了我国在国际上的形象和竞争力。在全球经济一体化的背景下,知识产权保护已经成为国际贸易中的重要议题。如果我国的知识产权保护状况不佳,将会受到国际社会的质疑和指责,从而影响我国的对外贸易和国际合作。

2. 创新氛围不浓厚的问题及表现

(1)社会对创新的认可度不高

在我国,传统的观念和文化仍然对人们的思维方式产生着一定的影响。许多人认为创新是高风险的,不愿意尝试新的事物和方法。这种保守的观念使得社会对创新的认可度不高,创新者往往得不到足够的尊重和支持。例如,在一些地区,人们更倾向于选择稳定的工作,而不愿意冒险创业或从事创新性的工作。

(2)缺乏鼓励创新的政策和机制

虽然我国政府出台了一系列鼓励科技创新的政策,但在实际执行过程中,还存在着一些不足之处。例如,一些政策的针对性不强,无法真正满足企业和创新者的需求;一些政策的落实不到位,使得企业和创新者无法享受到政策带来的实惠。此外,我国的科技创新评价机制还不够完善,过于注重论文数量和科研项目的级别,而忽视了创新成果的实际应用和市场价值。

(3)创新资源分配不均衡

在我国,创新资源主要集中在一些大城市和发达地区,而广大的中小城市和农村地区则缺乏足够的创新资源。这种创新资源分配不均衡的现象,使得一些地区的创新能力较强,而另一些地区的创新能力则相对较弱。例如,北京、上海、深圳等城市拥有丰富的科研机构、高校和企业资源,科技创新氛围浓厚,而一些中西部地区的科技创新能力则相对较弱,难以吸引和留住优秀的创新人才。

创新氛围不浓厚严重制约了我国科技创新的发展。首先,它不利于激发全社会的创新活力。如果社会对创新的认可度不高,缺乏鼓励创新的政策和机制,那么人们的创新热情就会受到抑制,从而影响整个社会的创新能力。其次,它不利于培养创新人才。创新氛围不浓厚使得年轻人缺乏创新的动力和机会,难以成长为具有创新精神和实践能力的人才。最后,它不利于推动产业升级和经济转型。在当前经济发展的新形势下,只有通过科技创新才能实现产业升级和经济转型。如果创新氛围不浓厚,企业就缺乏创新的动力和能力,难以提高产品的附加值和竞争力,从而影响我国经济的可持续发展。

3. 优化科技创新生态环境的建议

(1)加强知识产权保护

为了全面提升知识产权保护水平,需要从法律法规、执法力度和公众意识三个方面入手。首先,应完善知识产权法律法规,加强立法工作,确保法律法规具有针对性和可操作性,并加大对侵权行为的处罚力度。其次,要加强知识产权执法,建立健全执法协调机制,促进各部门之间的协作配合,提高执法效率和水平,同时加大对侵权行为的打击力度,依法追究侵权者的法律责任。最后,应提高全社会的知识产权保护意识,通过加强宣传教育,引导企业和个人自觉遵守知识产权法律法规,积极维护自身权益。

(2)营造浓厚的创新氛围

为推动社会创新能力的全面提升,需从转变社会观念、完善创新政策和机制、优化创新资源配置三个方面着手。首先,应加强对创新文化的宣传和推广,引导社会树立正确的创新观念,营造鼓励创新、宽容失败的社会氛围。其次,政府需进一步完善鼓励科技创新的政策体系,提高政策的针对性和实效性,切实解决企业和创新者在创新过程中遇到的实际问题，同时建立科学合理的科技创新评价机制，注重创新成果的实际应用和市场价值。最后，应优化创新资源配置，加大对中小城市和农村地区的创新投入，引导创新资源向这些地区流动，促进区域创新协调发展，并加强产学研合作，推动科技成果转化和产业化，提高创新资源的利用效率。

(3)加强国际合作与交流

为提升我国在全球知识产权和创新领域的影响力，需从三个方面采取行动。首先，应积极参与国际知识产权规则制定，加强与国际组织和其他国家的沟通与合作，争取在国际知识产权事务中发挥更大作用。其次，要加强国际科技创新合作，鼓励企业和科研机构与国外开展合作，引进先进技术和管理经验，提升我国科技创新的水平和国际竞争力。最后，需加强知识产权国际保护，建立健全海外维权机制，切实保护我国企业在海外的知识产权，维护其合法权益。

总之，优化科技创新生态环境是实现我国科技创新持续发展的关键。我们必须高度重视知识产权保护不力和创新氛围不浓厚等问题，采取有效措施加以解决。只有这样，才能激发全社会的创新活力，提高我国科技创新的水平和国际竞争力，推动我国经济实现高质量发展。

3.3.5　科技投入不足

科技投入是推动科技创新和发展的重要支撑。然而，在当前的社会经济发展中，科技投入相对偏低的问题日益凸显，难以满足科技创新的需求，这对我国的科技进步和经济可持续发展带来了诸多挑战。

1. 科技投入不足的表现

(1)研发经费投入占比低

研发经费投入是衡量一个国家或地区科技投入的重要指标。与发达国家相比，我国的研发经费投入占国内生产总值(GDP)的比重仍然较低。例如，一些发达国家的研发经费投入占 GDP 的比重达到 3%以上，而我国虽然近年来研发经费投入持续增长，但占 GDP 的比重仍有待提高。以 2020 年为例，我国研发经费投入强度为 2. 4%，与世界主要发达国家相比仍存在一定差距。

(2)企业研发投入不足

企业是科技创新的主体，但我国企业的研发投入普遍不足。许多企业尤其是中小企业，由于面临市场竞争压力、资金短缺等问题，对研发的重视程度不够,投入意愿不强。一些企业更倾向于追求短期的经济效益,而忽视了长期的技术创新和产品升级。例如,在某些传统制造业领域,企业往往更注重扩大生产规模,降低生产成本,而对研发新产品、新技术的投入相对较少。这导致我国企业在核心技术和关键零部件方面依赖进口,缺乏自主创新能力和市场竞争力。

(3)基础研究投入薄弱

基础研究是科技创新的源头,但我国在基础研究方面的投入相对较少。基础研究需要长期的投入和积累,且成果转化周期较长,因此往往难以得到足够的重视和支持。例如,在一些高校和科研机构,由于基础研究项目的经费申请难度较大,研究人员的待遇和职业发展空间有限,导致许多优秀的科研人员不愿意从事基础研究工作。这使得我国在基础科学领域的研究水平相对落后,难以在一些前沿领域取得突破性的成果。

2. 科技投入不足的原因

(1)经济发展水平的限制

我国仍处于发展中国家阶段,经济发展水平相对较低,这在一定程度上限制了科技投入的规模。在经济发展的初期,国家往往需要将更多的资源投入到基础设施建设、民生保障等领域,以满足人民群众的基本需求。随着经济的不断发展,科技投入的比重才会逐渐提高。但目前我国的经济发展仍面临着诸多挑战,如产业结构不合理、区域发展不平衡等,这使得科技投入的增长受到一定的制约。

(2)企业创新意识和能力不足

我国企业的创新意识和能力相对较弱,这也是导致企业研发投入不足的重要原因。一方面,一些企业对科技创新的重要性认识不足,缺乏长远的发展眼光,认为科技创新投入大、风险高,不愿意进行大规模的研发投入。另一方面,我国企业的创新能力普遍较弱,缺乏自主创新的技术和人才,难以开展高水平的研发活动。这使得企业在市场竞争中往往处于被动地位,只能依靠引进技术和模仿创新来维持生存,进一步削弱了企业的研发投入意愿。

(3)科技投入体制机制不完善

我国的科技投入体制机制还存在一些不完善的地方,这也影响了科技投入的效率和效果。例如,在科技经费的分配和使用方面,存在着一些不合理的现象,如经费分配过于集中、项目重复立项等,导致科技资源的浪费和效率低下。此外,科技成果转化机制不健全,科技成果与市场需求脱节,使得许多科研成果难以实现产业化应用,影响了科技投入的回报和可持续性。

3. 科技投入不足的影响

(1)制约科技创新能力的提升

科技投入不足直接影响了我国科技创新能力的提升。缺乏足够的研发经费支持,科研人员难以开展深入的研究工作,科研设备和实验条件也难以得到改善,这使得我国在一些关键领域的技术突破面临困难。例如,在半导体芯片、高端装备制造等领域,我国与发达国家的差距仍然较大,关键核心技术受制于人,这对我国的产业安全和经济发展构成了严重威胁。

(2)影响经济转型升级和可持续发展

科技投入不足也制约了我国经济的转型升级和可持续发展。在当前经济发展阶段,我国需要依靠科技创新来推动产业结构优化升级,提高经济发展的质量和效益。然而,由于科技投入不足,企业的技术创新能力和产品附加值难以提高,产业升级步伐缓慢,这使得我国经济在面对国内外市场竞争时面临较大的压力。同时,科技投入不足也不利于我国实现节能减排、环境保护等可持续发展目标,影响了经济社会的协调发展。

(3)削弱国家的综合竞争力

科技投入是衡量一个国家综合竞争力的重要指标之一。科技投入不足使得我国在科技领域的国际竞争力相对较弱,难以在全球科技竞争中占据有利地位。例如,在一些高科技领域,我国的专利数量和质量与发达国家相比仍存在较大差距,这使得我国在国际科技合作和竞争中往往处于劣势。此外,科技投入不足也影响了我国的教育和人才培养质量,不利于培养具有创新精神和实践能力的高素质人才,进一步削弱了国家的综合竞争力。

4. 解决科技投入不足的对策

(1)加大政府科技投入力度

政府应加大对科技的投入力度,提高研发经费占 GDP 的比重。通过制定和实施科技发展规划,明确科技投入的重点领域和方向,引导社会资源向科技创新领域集聚。同时,政府还应加强对基础研究的支持,设立专项基金,提高基础研究经费占研发经费的比重,为科技创新提供坚实的理论基础。

(2)强化企业创新主体地位

企业是科技创新的主体,应强化企业的创新主体地位,提高企业的研发投入水平。政府可以通过税收优惠、财政补贴等政策手段,鼓励企业加大研发投入,提高自主创新能力。同时,企业也应加强自身的创新意识和能力建设,建立健全研发机构,加强与高校、科研机构的合作,提高创新效率和成果转化能力。

(3)完善科技投入体制机制

完善科技投入体制机制,提高科技投入的效率和效果。加强科技经费的管理和监督,建立科学的经费分配和使用机制,避免经费浪费和重复立项。同时,加强科技成果转化机制建设,促进科技成果与市场需求的有效对接,提高科技成果的转化率和产业化水平。

(4)加强科技人才队伍建设

科技人才是科技创新的核心要素,应加强科技人才队伍建设,提高科技人才的待遇和职业发展空间。政府和企业应加大对科技人才的培养和引进力度,建立健全人才评价和激励机制,激发科技人才的创新活力和创造力。同时,加强国际科技合作与交流,吸引海外优秀科技人才回国创新创业,提高我国科技人才的国际化水平。

总之,科技投入不足是我国科技创新和经济发展面临的一个重要问题。只有加大科技投入力度,提高科技投入的效率和效果,才能推动我国科技创新能力的提升,实现经济的转型升级和可持续发展,增强国家的综合竞争力。

3.4 构建新型科技体制的对策与建议

3.4.1 完善科技创新体系

在当今全球科技竞争日益激烈的背景下,完善科技创新体系成为推动国家经济发展和社会进步的关键因素。其中,深化科研体制改革、加强产学研合作以及提高创新成果转化效率是构建高效科技创新体系的重要环节。本文将详细探讨这些方面的具体措施,以促进科技创新的蓬勃发展。

1.深化科研体制改革

(1)优化科研资源配置

为提升科研水平和资源利用效率,需从三个方面系统推进。首先,应建立科学的科研项目评估机制,依据项目的创新性、可行性和社会价值进行评估,确保科研资源向具有潜力和重要意义的项目倾斜。其次,要加强科研基础设施建设,加大对科研设备、实验室等硬件设施的投入,改善科研条件和实验能力。最后,需促进科研资源的共享与开放,建立科研资源共享平台,推动高校、科研机构和企业之间的资源互通有无,从而提高资源利用效率,形成协同创新的良好局面。

(2)改革科研管理体制

为优化科研管理机制,激发科研活力,需从三个方面统筹推进。首先,应简化科研项目审批流程,减少烦琐的行政手续,提高科研项目的启动效率。其次,需建立灵活的科研经费管理制度,赋予科研人员更大的经费使用自主权,同时加强经费使用的监督和审计,确保经费合理高效使用。最后,应完善科研人员评价机制,摒弃单纯以论文数量和项目经费为指标的评价方式,更加注重科研成果的质量、创新性和实际应用价值,鼓励科研人员开展原创性研究并解决实际问题,从而推动科研工作的高质量发展。

(3)加强知识产权保护

为全面加强知识产权保护,激发科研创新活力,需从三个方面系统推进。首先,应完善知识产权法律法规,加大对知识产权侵权行为的打击力度,提高侵权成本,切实保护科研人员的创新成果。其次,需建立知识产权服务体系,为科研人员提供知识产权咨询、申请、维权等一站式服务,提升知识产权的管理和运用效率。最后,要加强知识产权意识教育,提高科研人员和全社会的知识产权保护意识,营造尊重知识产权的良好氛围,为创新驱动发展提供坚实保障。

2. 加强产学研合作

(1)建立产学研合作机制

为推动产学研深度融合,促进科技创新成果转化,需从三个方面协同发力。首先,政府应发挥引导作用,出台相关政策,鼓励高校、科研机构和企业开展合作,建立产学研合作联盟,共同开展科技创新活动。其次,需搭建产学研合作平台,为各方提供信息交流、技术对接、项目合作等服务,促进产学研合作的顺利开展。最后,应完善产学研合作利益分配机制,明确各方在合作中的权利和义务,合理分配合作成果的收益,激发各方的合作积极性,形成协同创新的长效机制。

(2)推动高校和科研机构与企业的深度融合

为促进产学研深度融合,推动科技创新和人才培养,需从三个方面协同推进。首先,应鼓励高校和科研机构的科研人员深入企业,了解企业的技术需求和市场需求，开展针对性的研究和开发工作，提升科研成果的实用性。其次，企业应积极参与高校和科研机构的科研项目，提供资金、设备和实践场所等支持，共同推动科技创新和成果转化。最后，需建立产学研联合培养人才机制，高校和科研机构与企业共同制定培养方案，培养具有实践能力和创新精神的高素质人才，为产学研合作提供坚实的人才支撑，形成良性互动的创新生态。

(3)加强科技中介服务机构建设

为促进产学研合作的高效开展，需从科技中介服务机构的培育、管理和支持三个方面系统推进。首先，应培育和发展一批专业的科技中介服务机构，如技术转移机构、科技咨询机构、知识产权服务机构等，为产学研合作提供技术评估、技术转移、法律咨询等专业服务。其次，需加强科技中介服务机构的规范化管理，建立行业标准和服务规范，提升服务质量和水平。最后，政府应加大对科技中介服务机构的支持力度，通过政策引导、资金扶持等方式，促进科技中介服务机构的健康发展，为产学研合作提供更加专业化、规范化的服务支撑。

3. 提高创新成果转化效率

(1)促进科研成果的高效转化

为促进科研成果的高效转化，需从创新成果的筛选和评估两方面系统推进。首先，应建立创新成果筛选机制，对科研成果进行全面评估，筛选出具有市场潜力和应用价值的成果进行转化。其次，需加强对创新成果的可行性分析，包括技术可行性、经济可行性和市场可行性等方面的综合评估，确保成果能够顺利转化并实现商业化应用，从而推动科研成果从实验室走向市场，创造更大的经济和社会价值。

(2)完善创新成果转化服务体系

为加速创新成果的转化与应用，需从服务平台、金融支持和示范引领三个方面协同推进。首先，应建立科技成果转化中心，为创新成果的转化提供一站式服务，包括成果展示、技术交易、融资对接等，打通成果转化的关键环节。其次，需加强科技金融服务，创新金融产品和服务模式，为创新成果转化提供多元化的资金支持，解决资金瓶颈问题。最后，应建立科技成果转化示范基地，通过示范效应带动更多的创新成果实现转化，形成可复制、可推广的转化模式，推动科技成果的规模化应用和产业化发展。

(3)加强创新成果的推广和应用

为加速创新成果的推广与应用，需从政府、企业和国际合作三个方面协同发力。首先,政府应加大对创新成果的推广力度,通过举办科技成果展览、技术交流会等活动,提高创新成果的知名度和影响力,促进成果的广泛传播。其次,企业应积极引进和应用创新成果,提升自身的技术水平和市场竞争力,推动成果的产业化落地。最后,需加强国际科技合作与交流,推动创新成果的国际化推广和应用,提升我国在全球科技领域的影响力和竞争力,形成内外联动的创新成果推广格局。

(4)加强人才培养和引进

为构建高质量的科技创新人才队伍,需从人才培养和引进两方面系统推进。首先,应加强科技创新人才培养,优化高等教育学科设置,强化理工科和交叉学科建设,培养适应科技创新需求的复合型人才;同时加强实践教学环节,提升学生的动手能力和创新能力,培养具有实践经验的创新人才;此外,鼓励高校和科研机构开展创新创业教育,培养学生的创业意识和创新精神。其次,需加大科技创新人才引进力度,制定优惠政策吸引国内外优秀科技人才来我国工作和创业,建立人才引进绿色通道,简化手续提高效率,并加强对引进人才的服务和管理,提供良好的工作和生活环境,使他们能够安心工作,为我国的科技创新事业贡献力量。通过培养与引进相结合,打造一支高水平的科技创新人才队伍。

(5)营造良好的科技创新环境

为全面推动科技创新发展,需从文化建设、投入保障和政策支持三个方面统筹推进。首先,应加强科技创新文化建设,弘扬创新精神,倡导勇于探索、敢于创新的文化氛围,鼓励科研人员突破传统思维,开展创新性研究;同时加强科学普及工作,提高全民科学素质,营造尊重科学、热爱科学的社会氛围。其次,需加大科技创新投入,政府应建立稳定的科技投入增长机制,确保科技创新活动的顺利开展;引导企业加大研发投入,提高自主创新能力,使其成为科技创新的主体;并鼓励社会资本参与科技创新,拓宽融资渠道,为科技创新提供充足的资金支持。最后,应加强政策支持和引导,制定和完善科技创新政策,为科技创新提供保障;加强对政策的宣传和解读,提高知晓度和执行力;定期对政策进行评估和调整,确保政策的有效性和适应性,为科技创新营造良好的发展环境。

总之,完善科技创新体系是一项系统工程,需要深化科研体制改革,加强产学研合作,提高创新成果转化效率,加强人才培养和引进,营造良好的科技创新环境等多方面的共同努力。只有这样,才能不断提高我国的科技创新能力,推动我国经济社会的高质量发展。

3.4.2 加大人才引进和培养力度

在当今竞争激烈的时代,人才已成为推动经济社会发展的核心力量。为了实现可持续发展和创新驱动,加大人才引进和培养力度显得尤为重要。本文将围绕建议制定更优惠的人才政策以吸引和留住高端人才,以及加强高等教育和职业培训以提升人才整体素质这两个方面展开讨论,阐述其重要性和具体实施策略。

1. 制定更优惠的人才政策,吸引和留住高端人才

(1)提供优厚的薪酬待遇和福利保障

高端人才往往具有较高的专业技能和丰富的经验,他们对薪酬待遇和福利保障有着较高的期望。为了吸引这些人才,我们应该提供具有竞争力的薪酬水平,确保他们的付出得到合理的回报。此外,还应该提供完善的福利保障体系,包括医疗保险、住房补贴、子女教育等方面,解决他们的后顾之忧,让他们能够安心工作。

(2)创造良好的工作环境和发展空间

高端人才不仅关注薪酬待遇,还注重工作环境和发展空间。我们应该为他们提供良好的工作条件,包括先进的科研设备、舒适的办公环境等。同时,还应该为他们提供广阔的发展空间,鼓励他们勇于创新和探索,为他们提供更多的晋升机会和职业发展通道。通过创造良好的工作环境和发展空间,能够吸引更多的高端人才前来发展,同时也能够留住现有的高端人才。

(3)建立灵活的人才评价机制

传统的人才评价机制往往过于注重学历、职称等硬性指标,而忽视了人才的实际能力和业绩。为了吸引和留住高端人才,我们应该建立灵活的人才评价机制,更加注重人才的实际能力和业绩。通过建立科学的人才评价体系,能够更加准确地评价人才的价值,为他们提供更加合理的待遇和发展机会,从而吸引更多的高端人才前来发展。

2. 加强高等教育和职业培训,提升人才整体素质

(1)优化高等教育课程设置

高等教育是培养高素质人才的重要途径。为了提升人才的整体素质,我们应该优化高等教育课程设置,使其更加符合社会发展的需求。在课程设置上,

应该注重培养学生的实践能力和创新能力，增加实践教学环节的比重，让学生在实践中掌握专业知识和技能。同时，还应该加强跨学科教育，培养学生的综合素质和创新思维能力。

(2)加强职业培训体系建设

职业培训是提升劳动者职业技能和素质的重要手段。为了满足社会对各类人才的需求，我们应该加强职业培训体系建设，提高职业培训的质量和效果。一方面，应该加大对职业培训的投入，改善培训设施和条件，提高培训师资水平；另一方面，应该根据市场需求和劳动者的实际情况，制定个性化的培训方案，提高培训的针对性和实用性。通过加强职业培训体系建设，能够提高劳动者的职业技能和素质，为他们的就业和创业创造更好的条件。

(3)推动产学研合作

产学研合作是培养创新型人才的有效途径。通过产学研合作，能够将高校和科研机构的科研成果转化为实际生产力，同时也能够为学生提供更多的实践机会和创新平台。为了推动产学研合作，我们应该建立健全产学研合作机制，加强高校、科研机构和企业之间的沟通与合作。政府可以出台相关政策，鼓励企业与高校、科研机构开展合作项目，共同培养创新型人才。同时，高校和科研机构也应该积极主动地与企业合作，了解企业的需求和技术难题，为企业提供技术支持和人才培养服务。

3. 加大人才引进和培养力度的重要意义

(1)推动经济发展

人才是创新的核心要素，是推动经济发展的重要力量。加大人才引进和培养力度，能够吸引更多的高端人才和创新团队，为企业带来新的技术、理念和管理经验，促进企业的技术创新和转型升级，提高企业的核心竞争力。同时，高素质的人才队伍也能够推动产业结构的优化升级，促进经济的可持续发展。

(2)提升社会整体素质

人才的引进和培养不仅能够提升企业的竞争力，也能够提升社会的整体素质。通过加强高等教育和职业培训，能够提高劳动者的文化素质和职业技能水平，培养更多的高素质劳动者和创新型人才。这些人才在工作和生活中能够发挥积极的示范作用，带动周围的人不断学习和进步，从而提升整个社会的文明程度和创新能力。

(3)增强国家竞争力

在全球经济一体化的背景下,国家之间的竞争越来越激烈。人才是国家竞争力的核心要素之一,加大人才引进和培养力度,能够吸引和留住更多的优秀人才,为国家的发展提供强大的智力支持。同时,高素质的人才队伍也能够提高国家的科技创新能力和文化软实力,增强国家在国际上的竞争力和影响力。

4. 结论

加大人才引进和培养力度是实现经济社会可持续发展的必然要求。通过制定更优惠的人才政策,吸引和留住高端人才,以及加强高等教育和职业培训,提升人才整体素质,我们能够为经济社会发展提供强大的人才支撑和智力保障。在实施过程中,我们需要政府、企业、高校和社会各方共同努力,形成合力,营造良好的人才发展环境。只有这样,我们才能在激烈的国际竞争中立于不败之地,实现中华民族伟大复兴的中国梦。

3.4.3 提升企业自主创新能力

在当今竞争激烈的全球市场中,企业的自主创新能力已成为决定其生存和发展的关键因素。提升企业自主创新能力,不仅有助于企业提高产品质量和附加值,增强市场竞争力,还对推动整个国家的经济高质量发展具有重要意义。本文将从鼓励企业加大研发投入、加强自主研发以及政府提供政策支持等方面,探讨如何提升企业自主创新能力。

1. 鼓励企业加大研发投入

研发投入是企业自主创新的重要基础。只有不断投入资金和人力进行研发,企业才能不断推出新产品、新技术,满足市场需求,提高自身竞争力。然而,目前我国一些企业在研发投入方面还存在不足,这在一定程度上制约了企业的自主创新能力。因此,鼓励企业加大研发投入是提升企业自主创新能力的首要任务。

企业要树立创新意识,充分认识到研发投入对企业发展的重要性。企业管理者应该将研发投入视为一种战略投资,而不是短期的成本支出。通过加大研发投入,企业可以提高自身的技术水平和创新能力,为企业的长期发展奠定坚实的基础。

同时,企业要加强研发管理,提高研发效率。企业可以建立完善的研发管理制度,优化研发流程,加强研发团队建设,提高研发人员的素质和能力。此外，企业还可以加强与高校、科研机构的合作，充分利用外部资源，提高研发水平和创新能力。

2. 加强企业自主研发

自主研发是企业提升自主创新能力的核心环节。企业只有通过自主研发，才能掌握核心技术，拥有自主知识产权，提高产品的附加值和市场竞争力。在加强企业自主研发方面，企业可以从以下几个方面入手。

(1)明确研发方向

企业要根据市场需求和自身发展战略，明确研发方向。研发方向的选择应该具有前瞻性和战略性，能够满足市场未来的需求。同时，企业还应该结合自身的技术优势和资源优势，选择适合自己的研发领域，避免盲目跟风和重复研发。

(2)加强技术创新

技术创新是企业自主研发的关键。企业要不断加强技术创新，提高技术水平。企业可以通过引进先进技术、消化吸收再创新、集成创新等方式，提高自身的技术创新能力。同时，企业还应该加强基础研究，提高原始创新能力，为技术创新提供坚实的理论基础。

(3)注重产品创新

产品创新是企业自主研发的重要内容。企业要根据市场需求和消费者的反馈，不断推出新产品。新产品的设计应该具有创新性和实用性，能够满足消费者的需求。同时，企业还应该加强产品的质量控制和品牌建设，提高产品的附加值和市场竞争力。

3. 政府提供税收减免、资金扶持等政策支持

政府在提升企业自主创新能力方面发挥着重要的作用。政府可以通过提供税收减免、资金扶持等政策支持，鼓励企业加大研发投入，加强自主研发，提高企业的自主创新能力。

(1)税收减免政策

税收减免是政府鼓励企业加大研发投入的重要手段。政府可以对企业的研发费用给予一定的税收减免，降低企业的研发成本。例如，政府可以对企业的研发费用在计算企业所得税时进行加计扣除，提高企业的研发积极性。

(2)资金扶持政策

资金扶持是政府支持企业自主创新的重要方式。政府可以设立专项资金，

对企业的研发项目进行资助。例如，政府可以设立科技型中小企业创新基金、高新技术企业发展专项资金等，为企业的研发项目提供资金支持。此外，政府还可以通过贷款贴息、担保等方式，为企业的研发项目提供融资支持。

(3)其他政策支持

除了税收减免和资金扶持政策外，政府还可以通过其他政策支持，提升企业的自主创新能力。例如，政府可以加强知识产权保护，为企业的自主创新提供法律保障。政府还可以加强科技服务体系建设，为企业提供技术咨询、技术转让、技术培训等服务，提高企业的创新能力和创新效率。

4. 加强人才培养和引进

人才是企业自主创新的关键因素。企业要加强人才培养和引进，建立一支高素质的创新人才队伍。

(1)加强人才培养

企业要加强内部人才培养，建立完善的人才培养体系。企业可以通过内部培训、岗位轮换、项目实践等方式，提高员工的素质和能力。同时，企业还可以与高校、职业院校合作，开展订单式人才培养，为企业培养急需的专业人才。

(2)加强人才引进

企业要加强人才引进，吸引国内外优秀人才加入企业。企业可以通过提供优厚的薪酬待遇、良好的工作环境、广阔的发展空间等方式，吸引优秀人才。同时，企业还可以加强与高校、科研机构的合作，通过兼职、合作研究等方式，引进高端人才。

5. 营造良好的创新环境

良好的创新环境是提升企业自主创新能力的重要保障。政府和企业要共同努力，营造良好的创新环境。

(1)加强创新文化建设

政府和企业要加强创新文化建设，营造鼓励创新、宽容失败的文化氛围。创新文化的建设可以激发员工的创新热情和创造力，提高企业的创新能力。

(2)加强知识产权保护

政府要加强知识产权保护，完善知识产权法律法规，加大知识产权执法力度，严厉打击侵权行为。知识产权保护可以为企业的自主创新提供法律保障，激发企业的创新积极性。

(3)加强创新服务平台建设

政府要加强创新服务平台建设,为企业提供技术咨询、技术转让、技术培训等服务。创新服务平台的建设可以提高企业的创新效率,降低企业的创新成本。

提升企业自主创新能力是一个长期而系统的工程,需要政府、企业和社会各方的共同努力。政府要提供政策支持,营造良好的创新环境;企业要加大研发投入,加强自主研发,提高自身的创新能力;社会各方要加强创新文化建设,形成全社会共同支持创新的良好氛围。只有这样,才能不断提升我国企业的自主创新能力,推动我国经济高质量发展。

3.4.4　优化科技创新生态环境

在当今全球科技竞争日益激烈的时代,优化科技创新生态环境成为推动科技进步和经济发展的关键因素。其中,加强知识产权保护和营造浓厚的创新氛围是两个至关重要的方面,它们对于鼓励科研人员大胆创新、提升国家创新能力具有重要意义。

1. 加强知识产权保护,打击侵权行为

知识产权是科技创新的重要成果,也是激励创新的重要手段。加强知识产权保护,不仅能够维护创新者的合法权益,还能够促进科技成果的转化和应用,推动科技创新的持续发展。

(1)完善知识产权法律法规体系

我国应进一步完善知识产权法律法规体系,加强对知识产权的保护力度。一方面,要及时修订和完善现有的知识产权法律法规,使其适应科技创新的发展需求;另一方面,要加强对新兴领域知识产权的保护,如人工智能、大数据、生物技术等,为科技创新提供更加全面的法律保障。

(2)加强知识产权执法力度

严格的执法是确保知识产权保护落到实处的关键。政府应加强知识产权执法队伍建设,提高执法人员的专业素质和执法水平。同时,要加大对知识产权侵权行为的打击力度,建立健全知识产权侵权举报机制,加强对知识产权侵权案件的查处和惩罚,提高侵权成本,遏制侵权行为的发生。

(3)提高知识产权意识

加强知识产权宣传教育,提高全社会的知识产权意识是加强知识产权保护的基础。政府、企业和社会组织应共同努力，通过多种渠道和形式，广泛宣传知识产权的重要性和相关法律法规，培养公众的知识产权意识和尊重知识产权的良好习惯。此外，还应加强对科研人员和企业管理人员的知识产权培训，提高他们的知识产权保护能力和管理水平。

2. 营造浓厚的创新氛围，鼓励科研人员大胆创新

创新氛围是科技创新生态环境的重要组成部分，它能够激发科研人员的创新热情和创造力，促进科技创新的蓬勃发展。

(1)倡导创新文化

创新文化是营造创新氛围的核心。我们应倡导勇于探索、敢于创新、宽容失败的创新文化，打破传统思维的束缚，鼓励科研人员敢于提出新的理论和观点，勇于尝试新的方法和技术。同时，要建立健全容错机制，对科研人员在创新过程中出现的失败给予宽容和理解，为他们提供再次尝试的机会，让他们在宽松的环境中充分发挥自己的创新潜力。

(2)加强科研基础设施建设

良好的科研基础设施是开展科技创新的重要保障。政府应加大对科研基础设施建设的投入，建设一批高水平的科研实验室、科研基地和科技服务平台，为科研人员提供先进的科研设备和技术支持。此外，还应加强对科研基础设施的管理和维护，确保其正常运行和高效使用。

(3)促进产学研合作

产学研合作是推动科技创新的有效途径。政府应加强引导和支持，促进企业、高校和科研机构之间的紧密合作，建立产学研协同创新机制。通过产学研合作，实现科技资源的共享和优化配置，提高科技创新的效率和质量。同时，还能够促进科技成果的转化和应用，推动产业升级和经济发展。

(4)完善人才评价和激励机制

人才是科技创新的核心要素，完善人才评价和激励机制是营造创新氛围的重要举措。我们应建立以创新能力、创新成果和实际贡献为导向的人才评价体系，打破唯学历、唯职称、唯论文的评价模式，为科研人员提供更加公平、公正的评价环境。同时，要加大对科研人员的激励力度，通过提高薪酬待遇、给予科研项目资助、授予荣誉称号等方式，激发科研人员的创新积极性和创造性。

3. 优化科技创新生态环境的重要意义

优化科技创新生态环境，加强知识产权保护和营造创新氛围，对于我国实

现科技自立自强、建设创新型国家具有重要意义。

(1)提升国家创新能力

通过加强知识产权保护和营造创新氛围,能够激发科研人员的创新热情和创造力,提高科技创新的效率和质量,从而提升国家的整体创新能力。这将有助于我国在全球科技竞争中占据有利地位,实现科技领域的跨越式发展。

(2)促进经济发展

科技创新是推动经济发展的重要动力。优化科技创新生态环境,能够促进科技成果的转化和应用,推动产业升级和结构调整,提高经济发展的质量和效益。同时,科技创新还能够创造新的经济增长点,为我国经济的可持续发展提供有力支撑。

(3)增强国家竞争力

在当今全球化的时代,国家竞争力的核心在于科技创新能力。优化科技创新生态环境,加强知识产权保护和营造创新氛围,能够提高我国的科技创新能力和核心竞争力,增强我国在国际舞台上的影响力和话语权。

总之,优化科技创新生态环境是一项长期而艰巨的任务,需要政府、企业、高校和科研机构以及全社会的共同努力。我们应加强知识产权保护,打击侵权行为,营造浓厚的创新氛围,鼓励科研人员大胆创新,为我国实现科技自立自强、建设创新型国家奠定坚实的基础。

3.4.5　增加科技投入

在当今全球科技竞争日益激烈的时代,科技投入已成为推动国家和地区经济发展、提升综合竞争力的关键因素。为了实现科技强国的目标,我们呼吁政府继续加大对科技创新的投入,引导社会资本参与科技投资,设立更多科技基金支持科研项目和创新企业。这不仅对于推动我国科技进步具有重要意义,也将为经济社会的可持续发展注入强大动力。

1. 加大政府科技投入的重要性

政府在科技创新中扮演着重要的引导和支持角色。加大政府对科技的投入,有助于推动基础研究、前沿技术研究和关键共性技术研究,为科技创新提供坚实的理论基础和技术支撑。基础研究是科技创新的源头,虽然其成果转化周期较长,但对于推动科技进步和产业升级具有重要的战略意义。政府通过加大对基础研究的投入,可以为科技创新提供源源不断的动力,培养和吸引一批高水平的科研人才,提高我国在国际科技领域的地位。

此外,政府的科技投入还可以引导和带动社会资本的投入。政府通过设立科技专项基金、提供税收优惠等政策措施,鼓励企业和社会资本参与科技创新,形成政府、企业和社会多元化的科技投入体系。这种多元化的投入体系不仅可以缓解政府财政压力,还可以充分发挥市场机制的作用,提高科技资源的配置效率,推动科技创新的快速发展。

2. 引导社会资本参与科技投资的意义

社会资本是科技创新的重要力量,引导社会资本参与科技投资,对于拓宽科技融资渠道、提高科技创新效率具有重要意义。随着我国经济的快速发展,社会资本积累日益雄厚,民间投资潜力巨大。通过引导社会资本参与科技投资,可以将社会资本的优势与科技创新的需求相结合,实现资源的优化配置。

社会资本具有敏锐的市场洞察力和高效的运营管理能力,能够更好地把握市场需求和科技发展趋势,将科技成果迅速转化为现实生产力。同时,社会资本的参与还可以为科技创新企业提供更多的资金支持和管理经验,帮助企业提高创新能力和市场竞争力。此外,引导社会资本参与科技投资,还可以促进科技与金融的深度融合,创新科技金融产品和服务模式,为科技创新提供更加便捷、高效的金融支持。

3. 设立更多科技基金的必要性

科技基金是支持科研项目和创新企业的重要手段,设立更多科技基金,对于推动科技创新具有重要的促进作用。科技基金可以为科研项目和创新企业提供资金支持,帮助他们解决研发资金短缺的问题,加快科技成果的转化和应用。同时,科技基金还可以发挥风险分担的作用,降低科技创新的风险,提高社会资本参与科技创新的积极性。

设立科技基金还可以引导社会资本投向重点领域和关键环节,推动科技创新的协同发展。例如,设立战略性新兴产业科技基金,重点支持新能源、新材料、生物医药、高端装备制造等领域的科技创新;设立科技成果转化基金,促进科技成果与产业的对接,推动科技成果的产业化应用。此外,科技基金还可以通过投资孵化、创业辅导等方式,培育和扶持一批具有创新潜力的科技型中小企业,为科技创新注入新的活力。

4. 加大科技投入的具体措施

为了实现加大科技投入的目标,我们需要采取一系列具体措施。首先,政府应进一步加大对科技的财政投入，提高科技支出在财政预算中的比重。同时，政府还应加强对科技投入的统筹规划和管理，提高科技资金的使用效率。其次，政府应出台相关政策，鼓励和引导社会资本参与科技投资。例如，通过税收优惠、财政补贴等政策措施，降低社会资本参与科技投资的成本和风险，提高社会资本的收益预期。此外，政府还应加强科技金融体系建设，完善科技金融服务平台，为社会资本参与科技投资提供更加便捷、高效的服务。

同时，我们还应积极设立更多的科技基金。政府可以通过财政出资、吸引社会资本等方式，设立各类科技基金，如基础研究基金、应用研究基金、科技成果转化基金等。在设立科技基金的过程中，我们应注重基金的市场化运作和专业化管理，提高基金的运营效率和投资收益。此外，我们还应加强对科技基金的监管和评估，确保基金的资金安全和使用效益。

5. 加大科技投入的成效与展望

通过加大科技投入，引导社会资本参与科技投资，设立更多科技基金支持科研项目和创新企业，我们将取得一系列显著的成效。首先，科技创新能力将得到显著提升，我国在基础研究、前沿技术研究和关键共性技术研究等方面将取得更多的突破，为经济社会的发展提供强大的技术支撑。其次，科技创新将推动产业升级和结构调整，促进经济发展方式的转变，提高经济发展的质量和效益。此外，科技创新还将创造更多的就业机会，提高人民群众的生活水平和幸福感。

展望未来，随着科技投入的不断加大和科技创新的不断推进，我国将在全球科技竞争中占据更加有利的地位，实现从科技大国向科技强国的转变。我们相信，在政府、企业和社会各界的共同努力下，我国的科技创新事业将迎来更加辉煌的明天，为实现中华民族伟大复兴的中国梦提供强大的科技支撑。

总之，加大科技投入是推动科技创新、实现经济社会可持续发展的重要举措。我们呼吁政府继续加大对科技创新的投入，引导社会资本参与科技投资，设立更多科技基金支持科研项目和创新企业。让我们携手共进，共同推动我国科技创新事业的发展，为建设创新型国家和世界科技强国而努力奋斗！

3.4.6　加强国际科技合作与交流

在当今全球化的时代，科技发展日新月异，国际科技合作与交流已成为推动各国科技创新和经济发展的重要力量。中国作为世界上最大的发展中国家，积极加强国际科技合作与交流,对于提升中国科技创新的国际竞争力,实现科技强国的目标具有重要意义。

1. 积极参与全球科技治理

积极参与全球科技治理是加强国际科技合作与交流的重要前提。随着科技的快速发展,全球科技治理面临着诸多挑战,如科技伦理问题、知识产权保护、气候变化等。中国应积极参与国际科技组织和多边科技合作机制,发挥建设性作用,推动全球科技治理体系的完善和发展。

在科技伦理方面,中国应加强与国际社会的沟通与合作,共同制定和遵循科技伦理准则,确保科技发展符合人类的共同利益。在知识产权保护方面,中国应加强知识产权法律法规的建设和执行,积极参与国际知识产权保护体系的构建,维护公平竞争的国际市场环境。在气候变化等全球性问题上,中国应加强与各国的科技合作,共同研发和推广清洁能源、节能减排等技术,为应对全球气候变化做出积极贡献。

2. 引进先进技术和管理经验

引进先进技术和管理经验是提升中国科技创新能力的重要途径。中国在一些领域与发达国家相比仍存在一定差距,通过引进先进技术和管理经验,可以快速提升中国的科技水平和创新能力。

在引进先进技术方面,中国应加强与发达国家的科技合作,通过技术引进、技术合作等方式,引进先进的技术和设备,提高中国的产业技术水平。同时,中国应加强对引进技术的消化吸收和再创新,提高自主创新能力,实现从技术引进向技术创新的转变。

在引进管理经验方面,中国应加强与国际知名企业的交流与合作,学习借鉴其先进的管理理念、管理模式和管理方法,提高中国企业的管理水平和运营效率。同时,中国应加强对国际市场规则和标准的研究和掌握,提高中国企业的国际竞争力。

3. 提升中国科技创新的国际竞争力

加强国际科技合作与交流的最终目的是提升中国科技创新的国际竞争力。中国应通过加强国际科技合作与交流,整合全球创新资源,提高科技创新能力,推动中国科技走向世界。

在基础研究方面,中国应加强与国际顶尖科研机构和高校的合作与交流,共同开展前沿科学研究,提高中国在基础研究领域的国际影响力。在应用研究方面，中国应加强与国际企业和研发机构的合作，共同开展技术研发和创新，推动科技成果的转化和应用。在人才培养方面，中国应加强与国际知名高校和科研机构的合作，通过联合培养、学术交流等方式，培养具有国际视野和创新能力的科技人才。

此外，中国还应加强科技外交，通过科技合作与交流，增进与各国的相互了解和信任，为中国的科技创新创造良好的国际环境。同时，中国应加强科技文化交流，推动中国科技文化走向世界，提升中国科技的国际影响力和软实力。

4. 加强国际科技合作与交流的保障措施

为了加强国际科技合作与交流，提升中国科技创新的国际竞争力，中国应采取一系列保障措施。首先，加强政策支持，政府应出台相关政策，鼓励和支持企业、高校和科研机构开展国际科技合作与交流，同时加大对国际科技合作项目的资金投入和政策扶持力度，为合作提供坚实的政策保障。其次，加强平台建设，推动国际科技合作基地、联合实验室等平台的建设，为国际科技合作与交流提供良好的载体和支撑。再次，加强人才队伍建设，通过培养和引进具有国际视野和创新能力的科技人才，为国际科技合作与交流提供强有力的人才保障。最后，加强知识产权保护，完善知识产权法律法规并强化执行力度，为国际科技合作与交流营造良好的知识产权环境。

总之，加强国际科技合作与交流是提升中国科技创新国际竞争力的重要途径。中国应积极参与全球科技治理，引进先进技术和管理经验，整合全球创新资源，提高科技创新能力，推动中国科技走向世界。通过提供良好的政策环境、平台支撑、人才保障和知识产权保护，相信在各方的共同努力下，中国的科技创新能力将不断提升，国际竞争力将不断增强，为实现中华民族伟大复兴的中国梦提供强大的科技支撑。

第4章 科技计划与项目管理

科技是推动社会发展的强大动力,而科技计划与项目管理则是实现科技进步的关键。本章将带您深入探讨这一重要领域。从优先发展领域与关键技术的选择,到国家科技计划体系与项目管理流程,再到项目管理的关键要素与实践经验,以及绩效评估与监督,为您全面呈现科技计划与项目管理的核心内容。

4.1 优先发展领域与关键技术选择

在当今科技飞速发展的时代,确定优先发展领域和关键技术具有至关重要的意义。这不仅关系到一个国家或地区的经济发展、社会进步和国家安全,也影响着人类的未来福祉。本文将详细探讨确定优先发展领域的重要性和依据,分析影响优先发展领域确定的因素,探讨如何进行关键技术的筛选和评估,并通过举例说明一些优先发展领域和关键技术的选择案例。

4.1.1 确定优先发展领域的重要性和依据

1. 确定优先发展领域的重要性

(1)推动经济增长

优先发展领域往往具有较高的技术含量和创新潜力,能够带动相关产业的发展,创造新的经济增长点。例如,信息技术的发展推动了电子商务、数字金融等新兴产业的崛起,为经济增长注入了强大动力。

(2)提高国家竞争力

在全球竞争日益激烈的背景下,拥有先进的技术和产业优势是提高国家竞争力的关键。通过确定优先发展领域,集中资源进行研发和创新,能够使国家在某些领域取得领先地位,增强在国际市场上的竞争力。

(3)解决社会问题

一些优先发展领域如医疗卫生、环境保护、能源等,直接关系到人民的生活质量和社会的可持续发展。通过在这些领域取得突破,可以有效解决社会面临的各种问题,提高人民的幸福感。

(4)促进科技进步

优先发展领域通常是科技前沿的热点领域,对这些领域的研究和发展能够推动整个科技领域的进步,为人类社会的发展带来新的机遇和挑战。

2. 确定优先发展领域的依据

(1)国家战略需求

国家的发展战略和目标是确定优先发展领域的重要依据。例如,我国提出了创新驱动发展战略、乡村振兴战略、可持续发展战略等,这些战略的实施需要在相关领域进行重点突破。例如,为了实现可持续发展战略,能源领域的可再生能源开发、节能减排技术等就成为优先发展领域。

(2)市场需求

市场需求是推动产业发展的重要动力,也是确定优先发展领域的重要依据。通过对市场需求的分析和预测,可以确定哪些领域具有较大的市场潜力和发展前景。例如,随着人们生活水平的提高,对健康和医疗的需求不断增加,生物医药、医疗器械等领域就成为优先发展领域。

(3)技术发展趋势

科技的发展具有一定的规律性和趋势性,了解和把握技术发展的趋势,能够为确定优先发展领域提供重要参考。例如,人工智能、大数据、生物技术等领域是当前科技发展的热点方向,这些领域具有广阔的发展前景和应用价值。

(4)产业基础和优势

一个国家或地区的产业基础和优势也是确定优先发展领域的重要因素。在具有一定产业基础和优势的领域进行重点发展,能够充分发挥现有资源和优势,提高发展的效率和质量。例如,德国在制造业领域具有强大的技术实力和产业基础,因此智能制造就成为德国的优先发展领域之一。

4.1.2　影响优先发展领域确定的因素

1. 影响优先发展领域确定的科技因素

(1)技术可行性

技术的可行性是确定优先发展领域的重要前提。如果一项技术在当前的科学技术水平下还无法实现,那么将其作为优先发展领域就不具有现实意义。

因此,在确定优先发展领域时,需要对相关技术的可行性进行充分的评估和论证。

(2)技术创新性

优先发展领域通常需要具有较高的技术创新性,能够推动科技的进步和发展。具有创新性的技术往往能够带来新的市场需求和竞争优势,因此在确定优先发展领域时,需要注重技术的创新性。

(3)技术关联性

技术之间往往存在着相互关联和相互影响的关系。在确定优先发展领域时,需要考虑该领域与其他相关领域的技术关联性,以实现技术的协同发展和综合应用。例如,新能源汽车的发展不仅涉及到电池技术、电机技术等核心技术,还与智能驾驶、车联网等技术密切相关。

2. 影响优先发展领域确定的经济因素

(1)市场潜力

市场潜力是影响优先发展领域确定的重要经济因素。一个具有广阔市场潜力的领域,能够吸引更多的投资和资源,实现产业的快速发展。在评估市场潜力时,需要考虑市场需求的规模、增长速度、市场竞争状况等因素。

(2)产业竞争力

产业竞争力是一个国家或地区在国际市场上的竞争能力。优先发展具有较强产业竞争力的领域,能够提高国家或地区的经济实力和国际地位。在评估产业竞争力时,需要考虑产业的技术水平、成本优势、市场份额等因素。

(3)经济效益

优先发展领域的选择还需要考虑经济效益。一个领域的发展如果能够带来较高的经济效益,如增加就业、提高税收、促进经济增长等,那么将其作为优先发展领域就具有重要的意义。

3. 影响优先发展领域确定的社会因素

(1)社会需求

社会需求是确定优先发展领域的重要依据之一。一个领域的发展如果能够满足人民群众的物质文化需求,解决社会发展中的突出问题,那么将其作为优先发展领域就能够得到社会的广泛支持和认可。例如,医疗卫生、教育、环境保护等领域都是与人民群众生活密切相关的领域,这些领域的发展能够提高人民群众的生活质量和幸福感。

(2)社会效益

社会效益是指一个领域的发展对社会产生的积极影响。除了满足社会需求外,优先发展领域还应该具有较高的社会效益,如促进社会公平、推动社会进步、维护社会稳定等。例如,扶贫开发、社会保障等领域的发展能够减少贫困和社会不平等,促进社会的和谐发展。

(3)社会风险

在确定优先发展领域时,还需要考虑社会风险因素。一些领域的发展可能会带来一定的社会风险,如环境污染、资源短缺、安全生产等问题。因此,在选择优先发展领域时,需要对可能产生的社会风险进行评估和防范,确保社会的可持续发展。

4. 影响优先发展领域确定的环境因素

(1)资源可持续性

资源是人类社会发展的物质基础,优先发展领域的选择应该考虑资源的可持续性。一些领域的发展如果过度依赖不可再生资源,那么将其作为优先发展领域就可能会导致资源的枯竭和环境的破坏。因此,在确定优先发展领域时,需要注重发展资源节约型和环境友好型产业,推动资源的合理利用和循环利用。

(2)环境友好性

环境问题是当今人类社会面临的重要挑战之一,优先发展领域的选择应该考虑对环境的影响。一些领域的发展如果会对环境造成严重的污染和破坏,那么将其作为优先发展领域就不符合可持续发展的要求。因此,在确定优先发展领域时,需要选择那些对环境友好的技术和产业,推动经济发展与环境保护的协调发展。

4.1.3　如何进行关键技术的筛选和评估

1. 关键技术的筛选原则

在当今科技快速发展的时代,关键技术的筛选对于国家或地区的科技创新和产业升级具有重要意义。关键技术的选择不仅关系到科技发展的方向,还直接影响经济社会的可持续发展。因此,制定科学合理的关键技术筛选原则至关重要。以下是关键技术的筛选原则及其具体内涵:

(1)战略性

关键技术的筛选首先需要与国家或地区的发展战略相契合。战略性原则要求所选技术能够为实现国家或地区的长远发展目标提供有力支撑。例如,在国家推动绿色低碳发展的背景下,新能源技术、节能减排技术等应被列为关键技术。战略性原则确保技术发展服务于国家整体利益,避免资源分散和重复建设。

(2)前瞻性

前瞻性原则强调关键技术应具有一定的引领性,能够代表未来科技和产业的发展方向。这类技术通常具有较高的成长潜力,能够在未来5到10年内对产业格局产生深远影响。例如,人工智能、量子计算、生物技术等领域的技术具有显著的前瞻性,能够为未来社会带来革命性变化。前瞻性原则有助于抢占科技制高点,提升国际竞争力。

(3)创新性

创新性原则要求关键技术应具有较高的技术含量和突破性,能够解决现有技术的瓶颈问题,实现技术的跨越式发展。创新性技术往往能够打破传统技术的局限,开辟新的应用领域。例如,石墨烯材料技术因其独特的物理化学性质,在电子、能源等领域展现出巨大的创新潜力。创新性原则有助于推动技术进步,避免低水平重复研究。

(4)实用性

实用性是关键技术筛选的重要考量因素。所选技术不仅要在理论上具有先进性,还需在实际应用中能够产生显著的经济效益和社会效益。实用性原则要求技术能够快速实现产业化,满足市场需求。例如,5G通信技术不仅具有理论上的高速传输优势,还能够广泛应用于智能制造、智慧城市等领域,带来巨大的经济价值。实用性原则确保技术发展与社会需求紧密结合。

(5)风险性

在筛选关键技术时,必须对技术的风险性进行全面评估。风险性原则要求选择那些风险可控、具备较高成功概率的技术进行重点发展。技术风险包括技术成熟度、研发成本、市场接受度等多方面因素。例如,核聚变能源技术虽然具有巨大的潜力,但其技术复杂性和高成本使得其风险较高。风险性原则有助于合理配置资源,避免因技术失败造成重大损失。

关键技术的筛选是一个复杂而系统的过程,需要综合考虑战略性、前瞻性、创新性、实用性和风险性等多方面因素。通过科学筛选,可以确保技术发展既符合国家战略需求,又具备实际应用价值,同时降低技术风险。这不仅有助于提升科技创新的效率和质量,还能为经济社会的可持续发展提供强有力的技术支撑。在未来,随着科技的不断进步,关键技术的筛选原则也需要动态调整,以适应新的发展需求和挑战。

2. 关键技术的评估指标

在科技快速发展的背景下,关键技术的评估是确保技术发展方向正确、资源高效配置的重要环节。科学合理的评估指标能够全面衡量技术的综合价值,为决策提供依据。以下是关键技术的六大评估指标及其具体内涵:

(1)技术性能

技术性能是评估关键技术的核心指标之一,主要包括技术的先进性、可靠性和稳定性。先进性是指技术是否处于国际或行业前沿,是否具有突破性;可靠性是指技术在实际应用中是否能够稳定运行,减少故障率;稳定性则关注技术在不同环境和条件下的表现是否一致。例如,半导体芯片技术的性能评估需要关注其制程精度、功耗控制以及在不同温度下的稳定性。技术性能的评估直接关系到技术的竞争力和应用前景。

(2)市场需求

市场需求是评估技术商业化潜力的重要指标。它包括市场规模、增长速度以及市场竞争状况等方面。市场规模反映了技术的潜在用户群体和商业价值;增长速度体现了技术的市场接受度和发展潜力;市场竞争状况则揭示了技术的竞争优势和市场份额。例如,电动汽车技术的市场需求评估需要分析消费者对环保出行的接受度、充电基础设施的普及程度以及与传统燃油车的竞争关系。市场需求评估有助于判断技术是否具备产业化条件。

(3)产业带动性

产业带动性是指关键技术对相关产业的辐射和拉动作用。它涉及对上下游产业的影响以及产业关联度。例如,人工智能技术的发展不仅推动了算法和算力的进步,还带动了智能制造、智慧医疗等多个领域的创新。产业带动性强的技术能够形成产业链协同效应,促进区域经济或国家经济的整体发展。评估产业带动性有助于识别技术的战略价值。

(4)经济效益

经济效益是评估技术经济可行性的关键指标,主要包括投资回报率、成本效益比以及新增就业等方面。投资回报率反映了技术投资的收益水平；成本效益比衡量了技术研发和应用的成本与收益之间的关系；新增就业则体现了技术对劳动力市场的贡献。例如，太阳能发电技术的经济效益评估需要计算其发电成本、投资回收周期以及对能源行业的就业拉动作用。经济效益评估为技术投资决策提供了量化依据。

（5）社会效益

社会效益是评估技术对社会整体影响的指标，包括对环境、社会公平、公共安全等方面的影响。例如，清洁能源技术的社会效益体现在减少碳排放、改善空气质量以及促进能源公平分配等方面。社会效益评估有助于识别技术的社会价值，尤其是在可持续发展目标下的重要性。通过社会效益评估，可以确保技术发展不仅追求经济利益，还能为社会带来正面影响。

（6）风险性

风险性是评估技术实施过程中可能面临的不确定性和挑战的指标，包括技术风险、市场风险和政策风险等。技术风险涉及技术研发的难度和失败概率；市场风险包括市场需求变化和竞争压力；政策风险则关注政策环境的变化对技术发展的影响。例如，基因编辑技术的风险性评估需要考虑其伦理争议、法规限制以及潜在的技术滥用问题。风险性评估有助于制定风险应对策略，降低技术发展的不确定性。

关键技术的评估是一个多维度的综合过程，需要从技术性能、市场需求、产业带动性、经济效益、社会效益和风险性等多个角度进行全面分析。通过科学评估，可以筛选出具有高潜力、低风险且符合国家战略需求的关键技术，为科技创新和产业升级提供有力支撑。在未来，随着技术发展环境的不断变化，评估指标也需要动态调整，以适应新的发展需求和挑战。

3. 关键技术的评估方法

在关键技术筛选和评估过程中，选择科学合理的评估方法是确保决策准确性和有效性的关键。以下是四种常用的关键技术评估方法及其特点、优势和局限性。

（1）专家评估法

专家评估法是通过邀请相关领域的专家学者对关键技术进行评估和论证的方法。这种方法依赖于专家的专业知识和经验，具有专业性强、权威性高的特点。专家评估法通常适用于技术复杂性高、需要深度专业判断的领域，例如前沿科技或新兴产业的评估。然而,专家评估法也存在一定的主观性,因为专家的个人经验和偏好可能影响评估结果。此外,专家资源的有限性也可能导致评估结果的局限性。尽管如此,专家评估法仍然是关键技术评估中不可或缺的重要方法。

(2)层次分析法

层次分析法(AHP)是一种系统化的决策方法,通过将复杂问题分解为多个层次,建立层次结构模型,并对各层次的因素进行两两比较,确定其相对重要性,从而为决策提供依据。层次分析法的优势在于其系统性强,能够将定量分析与定性分析相结合,适用于多目标、多准则的复杂决策问题。例如,在评估新能源技术时,可以将技术性能、经济效益、环境效益等因素分层分析。然而,层次分析法的计算过程较为复杂,对数据的准确性和完整性要求较高,且容易受到主观判断的影响。尽管如此,层次分析法在关键技术评估中仍具有广泛的应用价值。

(3)德尔菲法

德尔菲法是一种通过匿名方式向专家发送调查问卷,经过多轮反馈和修正,最终达成专家一致意见的评估方法。德尔菲法的优势在于其匿名性强,能够避免专家之间的相互影响,同时通过多轮反馈提高评估结果的准确性。这种方法适用于技术发展趋势不确定或需要长期预测的领域,例如未来科技的前瞻性评估。然而,德尔菲法的实施周期较长,成本较高,且对专家的选择依赖性较强。此外,多轮反馈可能导致专家疲劳,影响评估结果的可靠性。尽管如此,德尔菲法在关键技术评估中仍是一种重要的定性分析方法。

(4)技术路线图法

技术路线图法是通过绘制技术路线图,展示技术的发展路径和关键节点,从而为技术的筛选和评估提供依据的方法。技术路线图法的优势在于其直观性强,能够清晰地展示技术的发展趋势和关键突破点,适用于技术规划和战略制定的场景。例如,在评估人工智能技术时,可以通过技术路线图展示其从基础研究到商业化应用的路径。然而,技术路线图法对技术发展趋势的把握要求较高,如果预测不准确,可能导致决策失误。此外,技术路线图的绘制需要大量的数据支持和专业知识,实施难度较大。尽管如此,技术路线图法在关键技术评估中仍具有重要的参考价值。

专家评估法、层次分析法、德尔菲法和技术路线图法是关键技术评估中常用的四种方法,每种方法都有其独特的优势和局限性。在实际应用中,可以根据评估目标、技术特点和资源条件选择合适的方法,或结合多种方法进行综合评估。例如,可以先通过德尔菲法收集专家意见,再利用层次分析法进行定量分析,最后通过技术路线图法展示技术发展路径。通过科学选择和灵活运用评估方法,可以提高关键技术评估的准确性和可靠性,为科技创新和产业升级提供有力支持。

4.1.4 优先发展领域和关键技术的选择案例

1. 新能源领域

在全球能源转型的大背景下,新能源的开发和利用成为各国关注的焦点。新能源具有清洁、可再生、低碳等优点,对于缓解能源危机、应对气候变化具有重要意义。在新能源领域中,太阳能、风能、水能、生物能等可再生能源的发展备受瞩目,而相关的关键技术则是推动这些能源广泛应用的核心动力。

(1)太阳能光伏技术

太阳能作为一种取之不尽、用之不竭的能源,具有巨大的发展潜力。在太阳能的开发和利用中,太阳能光伏技术是最为关键的领域之一。

提高太阳能电池的转换效率和降低成本是太阳能光伏技术发展的两大关键目标。目前,高效晶硅太阳能电池的转换效率已经取得了显著的突破,达到了26%以上。这一成果的取得,得益于材料科学、半导体工艺等领域的不断进步。与此同时,钙钛矿太阳能电池等新型太阳能电池技术也如雨后春笋般涌现。钙钛矿材料具有优异的光电性能,其成本相对较低,且制备工艺简单,有望成为未来太阳能电池的重要发展方向。

为了进一步提高太阳能的利用效率,科研人员还在不断探索新的技术和方法。例如,通过研发新型的光伏材料、优化电池结构、提高电池的稳定性等途径,来实现太阳能电池性能的提升。此外,太阳能储能技术的发展也至关重要。通过将太阳能转化为电能并储存起来,可以有效地解决太阳能的间歇性和不稳定性问题,提高太阳能的利用效率和可靠性。

(2)风力发电技术

风能是另一种具有广阔发展前景的新能源。随着技术的不断进步,风力发电技术正朝着高效、可靠、低成本的方向发展。

提高风力发电机的效率和可靠性是风力发电技术的核心任务。目前,大型风力发电机的单机容量已经达到了 10 兆瓦以上，这使得风力发电的成本不断降低，竞争力逐渐增强。海上风力发电技术的不断成熟，也为风能的大规模开发利用提供了新的机遇。海上风力资源丰富，风速稳定，且不受地形和建筑物的影响，具有巨大的开发潜力。然而，海上风力发电也面临着一些挑战，如海上施工难度大、维护成本高、海洋环境复杂等。为了克服这些困难，科研人员正在开展一系列的研究工作，包括研发新型的海上风力发电机、优化海上风电场的布局、提高海上施工和维护技术等。

此外，风力发电的智能化控制技术也是未来的发展方向之一。通过采用先进的传感器、数据分析和控制算法，可以实现风力发电机的智能化运行和管理，提高发电效率和可靠性，降低运维成本。

(3) 水能发电技术

水能是人类最早利用的能源之一，我国的水能发电技术在世界上处于领先地位。提高水能发电的效率和水资源利用率是水能发电技术发展的关键。

我国的三峡水电站等大型水电站的建成和运行，是我国水能发电技术的杰出代表。这些大型水电站采用了先进的水轮机技术、发电设备和自动化控制系统，实现了水能的高效转化和利用。同时，我国还在积极开展小水电的开发和建设，通过因地制宜地开发小水电资源，为偏远地区的能源供应提供了有力保障。

在水能发电技术的发展中，水资源的综合利用也是一个重要的方面。除了发电外，水资源还可以用于灌溉、航运、防洪等领域。通过实现水资源的多目标综合利用，可以提高水资源的利用效率和效益，实现经济、社会和环境的协调发展。

(4) 生物能技术

生物能是一种来源广泛、形式多样的可再生能源，包括生物乙醇、生物柴油、生物质发电、生物制氢等多种形式。开发高效的生物能转化技术，提高生物能的利用效率，是生物能技术发展的关键。

目前，生物乙醇和生物柴油等生物燃料的生产技术已经逐渐成熟。这些生物燃料可以替代传统的石油燃料，减少对化石能源的依赖，降低温室气体排放。生物质发电技术也在不断发展，通过将生物质燃烧产生的热能转化为电能，可以实现生物质资源的高效利用。此外，生物制氢技术作为一种新型的生物能转化技术，具有广阔的发展前景。通过微生物发酵或光解水等方法制取氢气，可以为氢能的广泛应用提供新的途径。

然而,生物能的发展也面临一些挑战,如生物质资源的收集和运输成本较高、生物燃料的生产成本相对较高等。为了推动生物能的可持续发展,需要加强生物质资源的开发和管理,提高生物能转化技术的效率和经济性,同时加强政策支持和市场引导,促进生物能产业的健康发展。

综上所述,太阳能、风能、水能、生物能等可再生能源的开发和利用是解决能源危机、实现可持续发展的重要途径。在这些领域中,关键技术的突破和创新将为新能源的广泛应用提供有力支撑。通过不断提高太阳能电池的转换效率、风力发电机的效率和可靠性、水能发电的效率和水资源利用率、生物能的利用效率,我们将能够实现新能源的大规模开发和利用,为人类创造一个更加清洁、美好的未来。

2. 生物医药领域

在生物医药领域,基因治疗、细胞治疗、抗体药物和疫苗等领域因其巨大的应用潜力和市场需求,被列为优先发展方向。这些领域不仅为治疗和预防疾病提供了新的手段,还推动了生物技术的快速发展。以下是这些领域的关键技术及其应用前景的详细分析。

(1)基因编辑技术

基因编辑技术,尤其是 CRISPR-Cas9 技术,是基因治疗领域的核心技术之一。CRISPR-Cas9 能够对生物体的基因进行精确编辑,为治疗遗传疾病和癌症等疾病提供了革命性的手段。例如,通过修复或替换致病基因,基因编辑技术可以根治某些遗传性疾病。此外,基因编辑技术还被广泛应用于基础研究,帮助科学家更好地理解基因功能。尽管该技术仍面临伦理和安全性的挑战,但其在医学领域的潜力不可忽视。

(2)细胞治疗技术

细胞治疗技术是近年来生物医药领域的另一大突破,主要包括 CAR-T 细胞治疗和 TCR-T 细胞治疗等。这些技术通过对患者自身的免疫细胞进行改造和扩增,使其能够特异性地识别和攻击肿瘤细胞。CAR-T 细胞治疗已经在某些类型的白血病和淋巴瘤中取得了显著疗效,展示了其广阔的应用前景。然而,细胞治疗技术仍面临生产成本高、副作用大等问题,需要进一步优化和突破。

(3)抗体药物研发技术

抗体药物已成为治疗癌症、自身免疫性疾病等疾病的重要药物。抗体药物研发技术包括靶点筛选、抗体设计、生产工艺优化等方面。例如,通过筛选特异性靶点,科学家可以设计出能够精准结合病变细胞的抗体药物,从而提高疗效并减少副作用。近年来,随着生物技术的不断进步,抗体药物的研发周期显著缩短,生产成本也逐渐降低,使其在临床应用中更加普及。

(4)疫苗研发技术

疫苗是预防传染病最有效的手段之一。近年来,随着生物技术的不断发展,新型疫苗如 mRNA 疫苗、重组蛋白疫苗等不断涌现。例如,mRNA 疫苗在 COVID-19 疫情中展现了其快速研发和高效免疫的优势。与传统疫苗相比,新型疫苗具有研发周期短、适应性强等特点,为传染病的防控提供了新的选择。然而,新型疫苗的长期安全性和稳定性仍需进一步验证。

基因治疗、细胞治疗、抗体药物和疫苗等领域是生物医药领域的优先发展方向,其关键技术如基因编辑、细胞治疗、抗体药物研发和疫苗研发技术正在快速进步。这些技术不仅为疾病治疗和预防提供了新的手段,还推动了生物医药产业的整体发展。未来,随着技术的不断突破和优化,这些领域有望在医学和健康领域发挥更大的作用,为人类健康和社会发展作出重要贡献。

3. 人工智能领域

在当今科技飞速发展的时代,人工智能(AI)正成为引领社会变革的重要力量。其中,机器学习、计算机视觉、自然语言处理、智能机器人等领域被视为优先发展的方向,而深度学习技术、计算机视觉技术、自然语言处理技术和智能机器人技术则是推动这些领域发展的关键技术。

深度学习技术作为机器学习的重要分支,通过构建多层神经网络模型,实现了对数据的自动特征提取和分类预测。它在图像识别、语音识别、文本分类等领域的应用取得了举世瞩目的成果,无疑是推动人工智能发展的核心技术之一。例如,在图像识别方面,深度学习技术能够让计算机准确地识别出各种物体和场景;在语音识别领域,它可以将人类的语音转化为文字,大大提高了人机交互的效率。

计算机视觉技术的目标是使计算机能够从图像或视频中获取信息并进行理解和分析。这一技术包括图像识别、目标检测、图像分割、视频分析等多个方面,具有广泛的应用前景。在自动驾驶领域,计算机视觉技术可以帮助车辆识别道路、交通信号和其他车辆，提高行驶的安全性；在安防监控方面，它能够实时监测异常情况，保障公共安全；在医疗诊断中，计算机视觉技术可以辅助医生进行疾病的诊断和分析，提高诊断的准确性。

自然语言处理技术旨在让计算机理解和处理人类语言。该技术涵盖了文本分类、情感分析、机器翻译、问答系统等多个方面，是实现人机交互和智能客服的关键。通过自然语言处理技术，人们可以更加便捷地与计算机进行交流，获取所需的信息和服务。例如，智能客服能够根据用户的问题进行快速准确的回答，提高客户满意度；机器翻译技术则可以打破语言障碍，促进不同国家和地区之间的交流与合作。

智能机器人技术融合了机器人的感知、决策、控制和执行等多个方面。通过整合多种传感器信息，并利用人工智能算法进行路径规划、动作控制和任务执行，智能机器人能够在工业生产、医疗服务、家庭护理等领域发挥重要作用。在工业生产中，智能机器人可以替代人类完成重复性、危险性的工作，提高生产效率和质量；在医疗服务领域，它们可以协助医生进行手术、康复治疗等工作，为患者提供更好的医疗服务；在家庭护理方面，智能机器人可以为老年人和残疾人提供生活照料和陪伴，提高他们的生活质量。

综上所述，机器学习、计算机视觉、自然语言处理、智能机器人等领域的发展，以及深度学习技术、计算机视觉技术、自然语言处理技术和智能机器人技术的不断创新，将为人类社会带来前所未有的机遇和挑战。我们相信，在科技的引领下，人工智能将在各个领域发挥更加重要的作用，推动人类社会向更加智能化、便捷化的方向发展。

4. 量子信息领域

在当今科技飞速发展的时代，量子技术作为一项具有革命性的前沿领域，正展现出巨大的潜力和广阔的应用前景。量子计算、量子通信、量子精密测量等领域成为优先发展的方向，而一系列关键技术的突破则为这些领域的发展提供了坚实的支撑。

量子比特制备与操控技术是量子计算发展的关键。量子比特作为量子计算的基本单元，其质量和精确操控直接影响着量子计算的性能。目前，超导量子比特、离子阱量子比特、拓扑量子比特等多种量子比特技术如雨后春笋般不断涌现，并在持续的研究中不断发展和完善。这些技术的进步为实现更强大的量子计算能力奠定了基础。

量子纠缠与量子隐形传态技术是量子通信和量子计算的重要基石。量子纠缠作为一种独特的量子现象,是实现量子通信和量子计算的关键资源。通过实现量子纠缠的制备、分发和操控,我们能够构建起高效、安全的量子通信网络,同时也为量子计算提供了强大的算力支持。而量子隐形传态技术则为量子信息的远距离传输提供了可能,这一技术的突破使得量子通信能够跨越更远的距离,为信息传输带来了革命性的变化。目前,量子纠缠与量子隐形传态技术在实验上已经取得了重要进展,为未来的实际应用铺平了道路。

量子精密测量技术则利用量子力学原理,实现了对物理量的高精度测量。无论是时间、频率、磁场还是重力等物理量,量子精密测量技术都能够以极高的精度进行测量。这一技术在导航定位、地质勘探、医学诊断等领域具有广泛的应用前景。例如,在导航定位中,量子精密测量技术可以提供更加精确的位置信息,提高导航的准确性;在地质勘探中,它可以帮助我们更准确地探测地下资源的分布情况;在医学诊断中,能够为疾病的早期诊断和治疗提供更加可靠的依据。

总之,量子计算、量子通信、量子精密测量等领域的发展以及相关关键技术的突破,将为人类社会带来前所未有的变革。这些技术的应用不仅将推动科学研究的深入发展,还将在各个领域产生深远的影响,改变我们的生活方式和社会发展的进程。我们有理由相信,随着量子技术的不断发展和完善,未来的世界将更加美好。

确定优先发展领域和关键技术是一个国家或地区实现科技进步、经济发展和社会可持续发展的重要举措。在确定优先发展领域时,需要综合考虑国家战略需求、市场需求、技术发展趋势、产业基础和优势等因素,确保选择的领域具有重要的战略意义和发展前景。在筛选和评估关键技术时,需要遵循战略性、前瞻性、创新性、实用性和风险性等原则,采用专家评估法、层次分析法、德尔菲法、技术路线图法等多种评估方法,确保选择的关键技术具有较高的技术性能、市场需求、产业带动性、经济效益和社会效益,同时风险可控。

通过以上对新能源、生物医药、人工智能、量子信息等领域的分析可以看出,优先发展领域和关键技术的选择是一个动态的过程,需要根据科技发展的趋势和社会需求的变化不断进行调整和优化。只有不断加强科技创新,推动优先发展领域和关键技术的突破,才能实现国家的繁荣富强和人民的幸福安康,为人类社会的发展做出更大的贡献。

4.2 国家科技计划体系与项目管理流程

4.2.1 国家科技计划体系的构成和特点

国家科技计划体系是国家推动科技创新的重要手段,旨在通过有组织、有计划地开展科技研发活动,提高国家的科技实力和创新能力,促进经济社会的可持续发展。我国的国家科技计划体系经过多年的发展和完善,已经形成了一个较为完整的体系,涵盖了多个领域和层面。

1. 构成我国的国家科技计划体系

我国的国家科技计划体系由以下几个部分构成。

(1)国家自然科学基金

国家自然科学基金主要致力于支持基础研究以及科学前沿的探索。其重要作用在于培养科学技术人才,进而增强我国的源头创新能力。

(2)国家科技重大专项

该专项聚焦于国家的战略目标,旨在解决重大战略性科技问题,力求突破关键核心技术。在我国科技发展中,国家科技重大专项占据着至关重要的地位。

(3)国家重点研发计划

国家重点研发计划针对的是关乎国计民生的重大社会公益性研究,以及对产业核心竞争力、整体自主创新能力和国家安全具有重要意义的战略性、基础性、前瞻性重大科学问题、重大共性关键技术和产品。其目标是为国民经济和社会发展的主要领域提供持续的支撑与引领。

(4)技术创新引导专项(基金)

技术创新引导专项(基金)通过多种方式,如风险补偿、后补助、创投引导等,充分发挥财政资金的杠杆作用,引导社会资本投入到创新领域。这有助于促进科技成果的转移转化,推动其实现资本化和产业化。

(5)基地和人才专项

此专项着重加强科研基地的建设以及人才队伍的培养,从而为科技创新提供有力的支撑和保障。

我国的国家科技计划体系涵盖了多个方面，各有侧重，共同推动我国科技事业的发展，提升我国的科技实力和创新能力。

2. 国家科技计划体系的特点

国家科技计划体系是推动科技创新和支撑国家发展的重要机制，具有以下四个显著特点。

（1）目标导向明确

国家科技计划体系以国家发展战略和重大需求为核心，明确各计划的目标和任务，确保科技资源的有效配置和科技成果的应用转化。例如，围绕"双碳"目标，国家科技计划体系设立了新能源、节能减排等专项计划，推动绿色低碳技术的研发和应用。目标导向明确的特点使得科技计划能够聚焦国家重大需求，避免资源分散，提高科技创新的针对性和实效性。

（2）多层次、多领域覆盖

国家科技计划体系涵盖了基础研究、应用研究、技术开发、成果转化等多个环节，涉及自然科学、工程技术、农业科学、医学等多个领域，形成了一个全方位、多层次的科技计划体系。例如，基础研究计划支持前沿科学探索，技术开发计划推动关键核心技术突破，成果转化计划促进科技成果的产业化应用。这种多层次、多领域的覆盖特点确保了科技计划体系的全面性和系统性，能够满足不同领域和阶段的科技需求。

（3）动态调整

国家科技计划体系根据国家发展的需要和科技发展的趋势，适时进行调整和优化，以适应不断变化的科技需求和社会经济发展形势。例如，随着人工智能、量子信息等新兴技术的快速发展，国家科技计划体系及时增设了相关专项计划，支持这些领域的研发和应用。动态调整的特点使得科技计划体系能够紧跟科技前沿，保持灵活性和适应性，更好地服务于国家战略需求。

（4）协同创新

国家科技计划体系强调不同计划之间的协同配合，以及科技与经济、社会的紧密结合，促进产学研用深度融合，提高科技创新的整体效能。例如，通过设立产学研合作专项计划，推动高校、科研机构和企业之间的协同创新，加速科技成果的转化和应用。协同创新的特点有助于打破部门壁垒，整合创新资源，形成科技创新的合力，提升国家科技创新的整体水平。

国家科技计划体系以其目标导向明确、多层次多领域覆盖、动态调整和协同创新的特点,为我国的科技创新提供了强有力的支撑。通过明确目标、全面覆盖、灵活调整和协同合作,国家科技计划体系不仅能够有效配置科技资源,还能推动科技成果的转化和应用,为实现国家发展战略目标提供坚实的科技保障。在未来,随着科技和社会的不断发展,国家科技计划体系将继续优化和完善,为我国的科技创新注入新的活力。

4.2.2 科技项目管理的流程

科技项目管理是确保科技计划顺利实施的重要环节,包括项目申报、评审、立项、实施、验收等多个环节,每个环节都有其特定的要求和流程。

1. 科技项目申报

(1)发布指南

相关部门根据国家科技计划的总体目标和任务,制定项目申报指南,明确项目的支持方向、重点领域、申报条件、申报要求等内容,并向社会公开发布。

(2)项目选题

申报单位根据项目申报指南的要求,结合自身的研究基础和优势,确定项目选题,并进行充分的调研和论证。

(3)填写申报书

申报单位按照项目申报指南的要求,填写项目申报书,包括项目的研究内容、研究目标、技术路线、预期成果、研究团队、经费预算等内容。

(4)提交申报材料

申报单位将填写好的项目申报书及相关证明材料提交给项目管理部门,一般通过网上申报系统进行提交。

2. 科技项目评审

(1)形式审查

项目管理部门对申报材料进行形式审查,主要审查申报材料的完整性、规范性和符合性。对于不符合要求的申报材料,要求申报单位进行补充或修改。

(2)专家评审

项目管理部门组织专家对通过形式审查的项目进行评审。专家评审一般采用会议评审或网络评审的方式,评审专家根据项目申报书的内容,对项目的科学性、创新性、可行性、风险性等方面进行评价,并提出评审意见。

(3)综合评估

项目管理部门根据专家评审意见,对项目进行综合评估,确定拟立项项目名单。

3. 科技项目立项

(1)项目审批

项目管理部门将拟立项项目名单报上级主管部门审批,审批通过后,正式确定立项项目。

(2)签订合同

项目管理部门与立项项目承担单位签订项目合同,明确项目的研究内容、研究目标、技术路线、经费预算、考核指标、违约责任等内容。

4. 科技项目实施

(1)项目启动

立项项目承担单位按照项目合同的要求,组织项目团队,制定项目实施方案,明确项目的进度安排、任务分工、经费使用计划等内容,并召开项目启动会,正式启动项目研究工作。

(2)项目执行

项目承担单位按照项目实施方案的要求,认真组织开展项目研究工作,确保项目按计划顺利推进。在项目实施过程中,要加强项目的质量管理、进度管理、经费管理和风险管理,及时解决项目实施过程中出现的问题。

(3)中期检查

项目管理部门在项目实施过程中,对项目进行中期检查,主要检查项目的进展情况、经费使用情况、存在的问题等,并根据检查情况提出整改意见,督促项目承担单位及时整改。

5. 科技项目验收

(1)提交验收申请

项目承担单位在项目完成后,按照项目合同的要求,向项目管理部门提交验收申请,并提交项目验收报告、研究成果、经费决算等相关材料。

(2)验收准备

项目管理部门对项目验收申请进行审查,符合验收条件的,组织成立验收专家组,并通知项目承担单位做好验收准备工作。

(3)现场验收

验收专家组对项目进行现场验收,主要检查项目的完成情况、研究成果的质量和水平、经费使用的合理性等,并形成验收意见。

(4)验收结论

项目管理部门根据验收专家组的验收意见,确定项目的验收结论。验收结论分为通过验收、不通过验收和需要复议三种情况。对于通过验收的项目,项目管理部门颁发验收证书;对于不通过验收的项目,项目承担单位要按照验收专家组的意见进行整改,重新申请验收;对于需要复议的项目,项目管理部门要组织专家进行复议,根据复议结果确定验收结论。

4.2.3 每个环节的关键要点和注意事项

1.项目申报

(1)关键要点

在科技项目申报过程中,申报单位需首先认真研究项目申报指南,深入理解项目的支持方向、重点领域、申报条件和要求,以确保项目选题与指南要求相契合。项目申报书应着重展现项目的创新性和可行性,清晰界定研究内容、目标、技术路线及预期成果,从而增强项目的竞争力。同时,申报单位需组建一支优秀的研究团队,成员应具备相应的专业知识和丰富的研究经验,以确保项目研究工作的顺利进行。此外,合理编制经费预算也是申报的关键环节,需根据项目的研究任务和实际需求,科学、合理地安排经费支出,确保预算的合理性和准确性,为项目的顺利实施提供坚实的财务保障。

(2)注意事项

在科技项目申报的征程中,申报单位必须严格遵守申报时间节点,确保申报材料能够按时递交,以免因时间延误而错失申报良机。申报过程中,单位需秉持诚信原则,如实填写每一项申报内容,严禁任何形式的虚假陈述或对研究内容及预期成果的夸大其词,以免触犯法律红线,承担不必要的法律责任。同时,申报单位应细致遵循项目申报指南的格式与规范要求,精心准备每一份申报材料,确保其结构完整、内容准确,以展现申报项目的专业性和严谨性,为项目的成功申报奠定坚实的基础。

2. 项目评审

(1)项目评审关键要点

在科技项目评审的关键环节中,项目管理部门肩负着精心挑选评审专家的重任,必须选拔那些学术造诣深厚、实践经验丰富的专家,构筑起评审专家组,以确保每一位专家都能以客观公正的视角对项目进行精准评价。同时,管理部门需确立清晰的评审标准与要求,为评审专家提供统一的评价尺度,确保每一项评审工作都能在明确指引下进行。此外,维护评审过程的公正性与透明度是管理部门不可推卸的责任,必须恪守评审纪律,确保评审结果的客观性与公正性,从而保障科技项目评审的权威性和公信力。

(2)项目评审注意事项

项目管理部门在评审工作中需做到以下几点:一是避免评审专家的利益冲突,防止评审专家与申报单位之间存在利益关联,以保证评审专家能独立、客观地开展评审工作;二是对评审专家的意见予以综合分析,充分考量专家的意见和建议,以此确保评审结果的科学性与合理性;三是及时反馈评审结果给申报单位,让申报单位知晓项目评审情况,若有异议,可依据相关规定进行申诉。

3. 项目立项

(1)关键要点

在科技项目的立项与执行过程中,项目管理部门必须恪守上级主管部门的审批流程,确保立项过程既合法又规范,为项目的顺利启动奠定坚实基础。同时,管理部门需对项目合同进行细致审核,确保合同条款的完整性与准确性,使之严格符合法律法规及政策导向。此外,强化项目经费管理是确保项目顺利实施的关键,管理部门应依据项目合同的规定,及时且精准地拨付经费,并监督经费的合理运用,以保障资金的有效利用和项目的健康发展。

(2)注意事项

在科技项目的立项阶段,项目管理部门需严格遵守规定的时间框架,高效完成立项工作,以免延误影响项目的整体实施进度。同时,管理部门应与项目承担单位保持充分的沟通与协调,确保双方对项目的研究内容、目标、技术路线、经费预算及考核指标等关键要素有清晰一致的理解,从而预防项目实施过程中可能出现的任何争议。此外,及时与立项项目承担单位签订项目合同是确保项目顺利推进的重要步骤,合同中应明确界定双方的权利与义务,为项目的顺利实施提供坚实的法律和制度保障。

4. 项目实施

(1)项目实施的关键要点

项目承担单位需做好多方面工作以确保项目顺利推进。一是建立健全项目管理制度,强化项目的质量管理、进度管理、经费管理和风险管理,促使项目按计划开展。二是加强项目团队建设,提升项目团队的整体素质与创新能力,保证项目团队有能力胜任项目研究工作。三是定期进行项目检查,及时察觉项目实施过程中的问题,并通过有效措施予以解决。

(2)项目实施的注意事项

在科技项目的实施过程中,项目承担单位必须恪守项目合同的各项规定,确保研究内容、目标、技术路线和经费预算等关键要素得到严格执行,任何必要的变更都需遵循既定程序进行审批。同时,承担单位应强化项目经费的管理,确保每一笔支出都严格遵循预算框架,保障经费使用的合理性与合法性。此外,及时向项目管理部门报告项目进展是承担单位的责任,包括研究进展、经费使用状况及存在的问题等,以便管理部门能够实时监控项目状态,确保项目按计划顺利推进。

5. 项目验收

(1)项目验收的关键要点

项目承担单位需认真准备验收材料,涵盖项目验收报告、研究成果、经费决算等相关材料,以保证验收材料的完整性与准确性。同时,项目管理部门要组织好现场验收,验收专家组应认真听取项目承担单位的汇报,实地查看项目研究成果,对项目完成情况展开全面、客观的评价。此外,项目管理部门还应严格按照验收标准进行验收,以此确保验收结果的客观、公正。

(2)项目验收的注意事项

在科技项目的验收阶段,项目承担单位必须严格遵守验收时间节点,确保按时提交验收申请,以免因延误而影响项目的顺利验收。同时,承担单位应对验收专家组提出的意见给予高度重视,认真进行整改,确保项目成果符合验收标准和要求。此外,一旦项目通过验收,承担单位需迅速办理相关验收手续,领取验收证书,为项目成果的推广应用奠定基础,确保研究成果能够及时转化为实际应用,发挥其应有的社会和经济价值。

4.2.4 国家科技计划体系的发展趋势和改革方向

1. 国家科技计划体系的发展趋势

国家科技计划体系将更加注重战略导向，紧密围绕国家发展战略和重大需求，加强关键核心技术攻关，提升自主创新能力与核心竞争力。同时，强化协同创新，增进不同科技计划间的协同配合，推动科技与经济、社会紧密结合，促使产学研用深度融合，提高科技创新整体效能。突出企业主体地位，鼓励企业加大研发投入，增强其创新能力和市场竞争力，让企业成为技术创新主体。此外，加强国际合作，积极参与国际科技合作与竞争，加强与国际先进科技水平的对接交流，提升我国在全球科技领域的影响力。最后，大力推动科技成果转化，加强科技成果的转化和应用，提高成果转化率和产业化水平，促进科技与经济深度融合。

2. 国家科技计划体系的改革方向

为推动科技发展，需从多方面进行努力。首先，优化科技计划体系布局，依据国家发展战略与科技发展需求，对现有体系进行优化调整，增强科技计划的针对性与有效性。其次，完善项目管理机制，使项目申报、评审、立项、实施、验收等环节的管理更加科学化、规范化。再者，加强经费管理，优化经费投入结构，提升经费使用效益，并强化监督管理，保证经费合理使用。同时，强化人才培养和团队建设，加大对科技人才的培养与支持力度，健全人才评价和激励机制，吸引并培养高层次创新人才和团队。最后，推进科技评价制度改革，建立以创新质量、绩效、贡献为导向的评价体系，破除“唯论文、唯职称、唯学历、唯奖项”的倾向，营造良好的创新生态环境。

总之，国家科技计划体系与项目管理流程是推动我国科技创新的重要保障。通过不断完善国家科技计划体系，优化项目管理流程，加强各环节的关键要点和注意事项的把握，以及顺应发展趋势和改革方向，我国将能够更好地发挥科技对经济社会发展的支撑引领作用，实现科技强国的目标。

4.3 科技项目管理的关键要素与实践经验

科技项目管理是一项复杂而具有挑战性的任务,它涉及到多个方面的关键要素和实践经验。有效的科技项目管理不仅能够提高项目的成功率,还能够推动科技创新和发展。在本文中,我们将探讨科技项目管理中的关键要素,分享实践经验,强调项目管理者的重要作用和能力要求,并介绍如何提高科技项目管理的效率和质量。

4.3.1 科技项目管理中的关键要素

1. 项目团队

项目团队在科技项目中起着至关重要的作用,是项目成功的关键因素之一。一个优秀的项目团队应具备多样化的技能、知识和经验,且能够协同合作,共同达成项目目标。

(1)团队组建

组建项目团队时,需依据项目的需求与目标,挑选具备相关专业知识和技能的人员。此外,还应考虑团队成员的性格、沟通能力及团队合作精神,以此确保团队的和谐与高效。

(2)团队培训

为提升团队成员的能力与素质,应定期开展培训。培训内容涵盖项目管理知识、专业技术知识、沟通技巧等。经由培训,团队成员能更好地适应项目需求,提高工作效率。

(3)团队沟通

良好的沟通是团队协作的基石。项目团队成员间应保持及时、有效的沟通,实现信息与经验的共享,以及问题的解决。可通过定期会议、邮件、即时通讯等方式进行沟通。

(4)团队激励

为提高团队成员的工作积极性与创造力,需构建有效的激励机制。激励方式包括物质奖励、精神奖励、职业发展机会等。通过激励,团队成员能够更全身心地投入工作,为项目的成功贡献力量。

综上所述,一个优秀的项目团队需要在组建、培训、沟通和激励等方面下功夫,以实现团队的高效协作和项目的成功。

2. 经费管理

经费管理在科技项目管理中至关重要,关乎项目的顺利开展与成败。

(1)预算编制

项目启动时,需精心编制详尽的预算方案。此方案应依据项目的需求与目标,对各项费用进行合理估算,涵盖人员费用、设备费用、材料费用、试验费用等。预算编制务必科学、合理且精准,以防预算短缺或浪费的现象出现。

(2)经费使用

项目实施进程中,必须严格依照预算计划运用经费。经费使用需遵循相关财务制度与规定,以保证经费使用的合理、合法。与此同时,要强化对经费使用的监督与管理,及时察觉并纠正问题,杜绝经费挪用、浪费等情况的发生。

(3)经费调整

项目实施期间,因多种原因或许需对预算予以调整。预算调整需历经严格的审批流程,以确保调整的合理性与必要性。并且,要适时更新预算计划,保证经费使用的可控性。

3. 风险管理

风险管理是科技项目管理中的关键环节,它涉及识别、评估和应对项目中的潜在风险,以降低项目失败的风险。

(1)风险识别

风险识别是风险管理的首要步骤。项目管理者应运用头脑风暴、检查表、流程图等多种方法,全面细致地识别项目中可能存在的风险,确保不遗漏任何重要风险。

(2)风险评估

在风险识别之后,需对风险进行评估。这一过程包括评估风险发生的可能性及其可能产生的影响。通过评估,可以确定风险的等级,为制定风险应对措施提供依据。

(3)风险应对

根据风险评估的结果,制定相应的风险应对措施。这些措施可能包括风险规避、风险减轻、风险转移和风险接受等。风险应对措施应具有针对性和可操作性,以有效降低风险的影响。

(4)风险监控

在项目实施过程中,需对风险进行持续监控。风险监控包括跟踪风险状态和评估风险应对措施的效果。通过风险监控,可以及时发现新风险,调整风险应对策略,确保项目顺利进行。

4.3.2 科技项目管理中的实践经验

1. 成功案例

(1)项目背景

某科技公司承担了一项研发新型智能手机的项目。该项目具有较高的技术难度和市场竞争压力,需要在短时间内完成研发并推向市场。

(2)项目管理措施

公司在新型智能手机项目中采取了一系列有效的项目管理措施,从而取得了显著成果。首先,组建了优秀的项目团队,选拔具有丰富经验的研发人员、市场营销人员和项目管理人员,团队成员分工明确、协作良好,为项目成功奠定基础。其次,制定了详细的项目计划,项目管理者根据需求和目标,涵盖进度安排、预算计划、风险管理计划等内容,且计划经过严格评审和审批,保证其科学性与可行性。再者,加强经费管理,严格按预算计划使用经费,强化监督和管理,同时根据实际情况及时调整预算计划,确保经费合理使用。此外,重视风险管理,通过风险识别、评估和应对等措施有效降低风险,如研发中遇到技术难题,及时组织专家攻关解决,避免项目延误。经过项目团队的努力,新型智能手机成功研发并推向市场,深受消费者广泛好评。该项目的成功,为公司带来可观经济效益,提高了公司的市场竞争力和技术创新能力。

2. 教训

(1)项目背景

某科研机构承担了一项研发新型环保材料的项目。该项目具有较高的社会价值和应用前景,但由于项目管理不善,导致项目最终失败。

(2)项目管理问题

项目管理中存在诸多问题。其一,团队协作不畅,项目团队成员间缺乏有效沟通与协作,致使工作效率低下,进而造成项目进度延误。其二,经费管理混乱,项目管理者对经费使用未能进行有效监督和管理,引发经费超支,使项目难以继续开展。其三,风险管理不到位,项目管理者对项目中的风险认识欠缺,未制定有效的风险应对措施，以至于项目中出现问题时无法及时解决，最终导致项目失败。

3. 教训总结

在教训总结中，我们认识到以下几个方面的重要性。首先，要加强团队建设，着力提高团队成员的沟通能力与协作精神，以此确保团队能够高效运作。其次，需建立健全经费管理制度，强化对经费使用的监督和管理，以保证经费得到合理使用。最后，要重视风险管理，加强对项目中风险的识别、评估及应对，从而降低项目失败的风险。

4.3.3　项目管理者在科技项目管理中的重要作用和能力要求

1. 项目管理者在科技项目管理中的重要作用

(1) 项目规划与启动

项目管理者负责制定项目的目标、范围、时间计划和预算等，为项目的顺利启动奠定基础。他们需要与项目相关方进行沟通，了解项目需求和期望，确保项目规划符合各方利益。

(2) 团队管理与协调

项目管理者要组建和管理项目团队，明确团队成员的职责和分工，协调团队成员之间的工作，解决团队内部的问题和冲突，营造良好的团队氛围，提高团队的工作效率和凝聚力。

(3) 进度控制与监督

项目管理者需要监控项目的进度，及时发现和解决项目中的问题和风险，确保项目按照计划顺利进行。他们要定期对项目进行评估和调整，保证项目能够按时完成。

(4) 资源管理与分配

项目管理者要合理分配和管理项目所需的资源，包括人力、物力、财力等。他们需要根据项目的需求和进度，合理调配资源，确保资源的充分利用和优化配置。

(5) 沟通与协调

项目管理者需要与项目相关方进行有效的沟通和协调，包括项目团队成员、上级领导、客户、合作伙伴等。他们要及时向相关方汇报项目进展情况，听取各方意见和建议，协调各方利益，确保项目的顺利进行。

2. 项目管理者在科技项目管理中的能力要求

(1)专业知识和技能

项目管理者需要具备扎实的专业知识和技能,包括项目管理知识、相关领域的技术知识、财务管理知识、法律法规知识等。他们要能够熟练运用各种项目管理工具和方法,如项目计划软件、风险管理工具等。

(2)领导能力

项目管理者需要具备较强的领导能力,能够激励和引导团队成员,提高团队的工作积极性和创造力。他们要能够制定明确的目标和方向,带领团队成员共同实现项目目标。

(3)沟通能力

项目管理者需要具备良好的沟通能力,能够与不同层次的人员进行有效的沟通和交流。他们要能够倾听他人的意见和建议,表达自己的想法和观点,协调各方利益,解决问题和冲突。

(4)决策能力

项目管理者需要具备较强的决策能力,能够在复杂的情况下做出正确的决策。他们要能够收集和分析信息,评估各种方案的优缺点,选择最优的解决方案。

(5)应变能力

项目管理者需要具备较强的应变能力,能够快速应对项目中出现的各种问题和变化。他们要能够及时调整项目计划和策略,保证项目的顺利进行。

4.3.4 如何提高科技项目管理的效率和质量

1. 采用先进的项目管理方法和工具

随着科技的不断发展,越来越多的先进项目管理方法和工具被应用到科技项目管理中。例如,项目管理软件可以帮助项目管理者制定项目计划、跟踪项目进度、管理项目资源等;敏捷项目管理方法可以提高项目的灵活性和适应性,更好地应对项目中的变化。项目管理者应该根据项目的特点和需求,选择合适的项目管理方法和工具,提高项目管理的效率和质量。

2. 加强项目团队建设

项目团队是科技项目成功的关键,因此加强项目团队建设是提高科技项目管理效率和质量的重要途径。项目管理者应该注重团队成员的选拔和培训,提高团队成员的专业素质和能力水平。同时,项目管理者应该营造良好的团队氛围,加强团队成员之间的沟通和协作,提高团队的凝聚力和战斗力。

3. 完善项目管理制度和流程

完善的项目管理制度和流程是提高科技项目管理效率和质量的重要保障。项目管理者应该根据项目的特点和需求,制定科学合理的项目管理制度和流程,明确项目各个环节的职责和工作流程,规范项目管理行为。同时,项目管理者应该加强对项目管理制度和流程的执行和监督,确保项目管理制度和流程的有效实施。

4. 加强风险管理

风险管理是科技项目管理中的重要内容,加强风险管理可以提高科技项目管理的效率和质量。项目管理者应该建立完善的风险管理体系,对项目中的风险进行全面的识别、评估和应对。同时,项目管理者应该加强对风险的监控和预警,及时发现和解决项目中的风险问题,确保项目的顺利进行。

5. 加强项目评估和总结

项目评估和总结是提高科技项目管理效率和质量的重要环节。项目管理者应该在项目结束后,对项目的目标、过程、成果等进行全面的评估和总结,找出项目中存在的问题和不足,总结项目管理的经验和教训。同时,项目管理者应该将项目评估和总结的结果应用到后续的项目管理中,不断提高项目管理的水平和能力。

总之,科技项目管理是一项复杂而具有挑战性的任务,需要项目管理者具备扎实的专业知识和技能,丰富的实践经验,以及较强的综合素质和能力。通过探讨科技项目管理中的关键要素,分享实践经验,强调项目管理者的重要作用和能力要求,以及介绍如何提高科技项目管理的效率和质量,我们希望能够为科技项目管理者提供一些有益的参考和借鉴,推动科技项目管理水平的不断提高,为科技创新和发展做出更大的贡献。

4.4 科技项目绩效评估与监督

4.4.1 科技项目绩效评估的指标体系和方法

1.科技项目绩效评估的指标体系

科技项目绩效评估的指标体系是用于衡量科技项目实施效果和成果的一套标准和指标。一个科学合理的指标体系应该能够全面、客观地反映项目的目标实现程度、技术创新水平、经济效益、社会效益和环境效益等方面的情况。以下是一些常见的科技项目绩效评估指标:

(1)项目目标完成情况

在科技项目的绩效评估中,技术指标完成率是衡量项目是否达成预期技术目标的关键指标,包括产品性能和技术参数等的实现程度;任务完成率则用于评估项目各项任务的执行情况,涵盖研究开发、试验验证及产业化推广等环节的完成度;而时间进度符合率则关注项目是否遵循既定的时间表,是否存在进度上的延误或提前,这三个指标共同构成了项目绩效评估的核心要素,确保项目目标的全面实现。

(2)技术创新水平

项目的技术相关情况可通过多个方面来体现。新技术应用率能够反映出项目中采用新技术的程度与效果;专利申请和授权数量则体现了项目的技术创新成果以及知识产权保护情况;而技术先进性是通过与国内外同类技术进行比较,以此评估项目技术的领先程度。

(3)经济效益

在评估项目时,有多个方面需要考虑。其中,成本效益比通过计算项目的投入与产出之比,来衡量项目的经济效益;投资回报率则反映项目投资的收益情况,是评估项目经济效益的重要指标。此外,市场占有率用于考察项目产品或服务在市场中的竞争地位和市场份额。这三个方面对于全面了解项目的状况和潜在价值具有重要意义。

(4)社会效益

在评估科技项目的社会经济效益时,就业带动效应是衡量项目对就业市场影响的重要指标,它不仅包括项目直接创造的就业机会,还涉及间接引发的就业增长;同时,项目对行业发展的推动作用也不容忽视,它通过促进技术进步、产业升级和竞争力提升,对整个行业产生深远影响;此外,项目在社会公共服务领域的改善效果,如对医疗卫生、教育和环保等方面的积极贡献,也是评估其社会价值的关键维度。这些指标共同描绘了科技项目对经济社会的全面贡献。

(5)环境效益

项目的评估涉及多个方面,其中能源消耗降低率可评估项目在能源利用方面的效率,以此反映项目对节能减排的贡献;污染物排放减少率能够衡量项目对环境污染的控制效果,体现出项目的环境友好程度;而资源利用率则用于考察项目对各类资源的利用效率,有利于促进资源的节约和循环利用。这三个方面分别从能源、环境和资源的角度,对项目进行全面的考量和评价。

2. 科技项目绩效评估的方法

科技项目绩效评估的方法多种多样,根据评估的目的、对象和数据来源的不同,可以选择合适的评估方法。以下是一些常用的科技项目绩效评估方法。

(1)定量评估方法

在科技项目的评估方法中,成本效益分析法是一种通过对比项目的投入成本与产出效益,计算成本效益比和投资回报率等关键指标,以衡量项目经济效益的经典方法;层次分析法则是一种系统性的评估技术,它将复杂问题分解为多个层次,通过构建层次结构模型并进行因素间的两两比较,确定各因素的相对权重,进而实现问题的综合评估;数据包络分析法(DEA)则是一种基于相对效率概念的评估工具,它通过分析决策单元的输入与输出数据,来评估各单元的相对效率。这三种方法各有侧重,共同构成了科技项目评估的多元化方法体系。

(2)定性评估方法

在科技项目评估中,有多种方法可供选择。其一为专家评估法,即邀请相关领域专家,凭借他们的专业知识与经验对项目绩效予以评估,该方法可采用德尔菲法、头脑风暴法等具体形式。其二是案例分析法,选取具有代表性的科技项目案例深入剖析,总结经验教训,从而为其他项目的评估提供参考。此外,还有用户满意度调查法,通过对项目产品或服务的用户展开调查,知晓用户的满意度与需求,以此评估项目的社会效益。

(3)综合评估方法

模糊综合评价法是将模糊数学的理论和方法运用到绩效评估中,借助建立模糊评价模型来对项目绩效进行综合评价。而灰色关联分析法是依据因素之间发展态势的相似或相异程度,去衡量因素间关联程度的一种方法,它能够用于剖析科技项目绩效评估里多个指标之间的关系。

在实际应用中,往往需要根据具体情况选择多种评估方法相结合,以提高评估结果的准确性和可靠性。同时,还需要注意评估数据的收集和整理,确保数据的真实性和有效性。

4.4.2 科技项目监督的重要性和实施方式

1. 科技项目监督的重要性

科技项目监督是确保科技项目顺利实施、提高项目绩效的重要手段。其重要性主要体现在以下几个方面。

(1)保证项目目标的实现

通过对科技项目的监督,可以及时发现项目实施过程中存在的问题和偏差,采取相应的措施进行纠正,确保项目按照预定的目标和计划进行,从而提高项目的成功率。

(2)提高项目管理水平

科技项目监督可以对项目的管理过程进行监控和评估,发现项目管理中存在的不足之处,提出改进建议,促进项目管理水平的不断提高。

(3)保障项目资金的合理使用

监督项目资金的使用情况,防止资金滥用、挪用和浪费,确保项目资金的安全和有效使用,提高资金的使用效益。

(4)增强项目的透明度和公正性

科技项目监督可以使项目的实施过程和结果更加公开、透明,接受社会的监督和评价,增强项目的公正性和公信力。

(5)促进科技成果的转化和应用

通过对科技项目的监督,可以及时了解项目成果的研发进展和应用情况,推动科技成果的转化和应用,提高科技对经济社会发展的支撑作用。

2. 科技项目监督的实施方式

科技项目监督可以采用多种方式进行,以下是一些常见的实施方式。

(1)建立监督管理制度

制定完善的科技项目监督管理制度,明确监督的职责、内容、程序和方法,为科技项目监督提供制度保障。

(2)加强项目过程监督

对科技项目的立项、实施、验收等全过程进行监督,重点关注项目的进展情况、资金使用情况、技术创新情况等。可以通过定期检查、不定期抽查、专项审计等方式进行。

(3)强化项目资金监督

建立健全项目资金管理制度,加强对项目资金的预算编制、执行和决算的监督,确保项目资金的合理使用和安全运行。可以通过财务审计、资金绩效评价等方式进行。

(4)发挥专家的监督作用

组建科技项目专家监督委员会,邀请相关领域的专家参与项目的监督和评估,为项目的实施提供专业的意见和建议。

(5)引入社会监督机制

通过公开项目信息、接受社会投诉和举报等方式,引入社会监督机制,增强项目的透明度和公正性。

(6)建立项目绩效评估机制

定期对科技项目的绩效进行评估,根据评估结果及时调整项目的实施策略和管理措施,提高项目的绩效水平。

4.4.3　如何利用绩效评估和监督结果进行项目管理的改进

1. 分析绩效评估和监督结果

对科技项目的绩效评估和监督结果进行深入分析,找出项目实施过程中存在的问题和不足之处。可以采用数据分析、对比分析、案例分析等方法,对评估和监督结果进行全面、系统的分析,找出问题的根源和影响因素。

2. 制定改进措施

根据绩效评估和监督结果的分析,制定针对性的改进措施。改进措施应该具体、可操作,能够有效解决项目实施过程中存在的问题。改进措施可以包括调整项目目标、优化项目方案、加强项目管理、提高技术创新能力、合理配置资源等方面。

3. 实施改进措施

将制定的改进措施落实到项目实施过程中,确保改进措施的有效实施。在实施改进措施的过程中,要加强对实施情况的跟踪和监控,及时发现问题并进行调整,确保改进措施能够达到预期的效果。

4. 持续改进

科技项目管理是一个不断改进的过程,要根据项目的实施情况和绩效评估结果,持续进行改进。通过不断地总结经验教训,完善项目管理制度和流程,提高项目管理水平和绩效水平,推动科技项目的顺利实施和科技成果的转化应用。

4.4.4 国内外科技项目绩效评估与监督的实践案例和经验借鉴

1. 国外科技项目绩效评估与监督的实践案例

(1)美国

在科技项目的绩效评估领域,美国国家科学基金会(NSF)采用了包括项目评审、中期评估和结题评估在内的多种评估方法,其评估指标侧重于项目的科学价值、创新性及社会影响力,并建立了严格的项目监督机制,对项目进展和资金使用进行实时监控,以确保项目的顺利实施。另一方面,美国国防部高级研究计划局(DARPA)以其高风险、高回报的科技项目著称,其绩效评估重点在于技术突破和潜在的军事应用价值。DARPA 采用灵活的项目管理模式,鼓励创新和冒险精神,同时通过严格的项目筛选和监督机制,确保项目的质量和成功率。这两个机构的评估实践体现了科技项目管理中对创新、效率和成果转化的高度重视。

(2)日本

在日本,科技项目的绩效评估和监督机制体现了对创新和实用性的双重追求。日本科学技术振兴机构(JST)构建了一个全面的科技项目绩效评估体系,涵盖了事前、事中和事后评估,其评估指标聚焦于项目的创新性、可行性、实用性以及社会影响力。JST 还特别强调对项目成果转化和应用的评估,以促进科技成果的产业化进程。与此同时,日本新能源产业技术综合开发机构(NEDO)在项目监督方面采取了多项措施,包括建立项目管理制度、强化项目过程监控和定期进行项目评估。NEDO 还重视与企业和研究机构的合作,共同推动科技项目的实施和成果转化,确保科技创新能够有效地服务于产业发展和社会需求。

2. 国内科技项目绩效评估与监督的实践案例

(1)国家自然科学基金项目

国家自然科学基金委员会建立了较为完善的绩效评估体系,包括项目申请评审、项目中期检查和项目结题验收等环节。在评估指标方面,注重项目的学术价值、创新性和研究成果的质量。同时,通过建立科学基金网络信息系统,实现了对项目的全过程管理和监督。

(2)国家科技重大专项

国家科技重大专项实施过程中,加强了对项目的绩效评估和监督。通过制定明确的项目目标和考核指标,对项目的进展情况、技术创新成果、产业化应用等方面进行全面评估。同时,建立了项目监理制度,对项目的实施过程进行监督和管理,确保项目按时、高质量完成。

3. 经验借鉴

通过对国内外科技项目绩效评估与监督的实践案例进行分析,可以得到以下经验借鉴。

(1)建立科学合理的绩效评估指标体系

根据项目的特点和目标,制定全面、客观、可量化的绩效评估指标体系,注重项目的技术创新、经济效益、社会效益和环境效益等方面的评估。

(2)采用多样化的绩效评估方法

结合定量评估和定性评估方法,综合运用成本效益分析、层次分析、专家评估等多种评估方法,提高评估结果的准确性和可靠性。

(3)加强项目过程监督

建立健全项目监督管理制度,加强对项目的全过程监督,及时发现和解决项目实施过程中存在的问题,确保项目按照预定的目标和计划进行。

(4)重视项目成果的转化和应用

将项目成果的转化和应用作为绩效评估的重要内容,加强对项目成果的推广和应用,提高科技成果的转化率和经济效益。

(5)发挥专家和社会的监督作用

组建专家监督委员会,邀请相关领域的专家参与项目的监督和评估,同时引入社会监督机制,增强项目的透明度和公正性。

(6)持续改进项目管理

根据绩效评估和监督结果,及时总结经验教训,完善项目管理制度和流程,持续改进项目管理水平,提高项目的绩效和成功率。

综上所述,科技项目绩效评估与监督是科技项目管理的重要组成部分。通过建立科学合理的指标体系和方法,加强项目监督,利用评估和监督结果进行项目管理的改进,可以提高科技项目的绩效水平,推动科技成果的转化和应用,为经济社会发展提供有力的支撑。同时,通过借鉴国内外的实践经验,不断完善我国的科技项目绩效评估与监督体系,提高我国科技项目管理的整体水平。

第 5 章　科技资源配置与利用

在科技日新月异的当今时代,科技资源的配置与利用成为关键议题,其重要性不言而喻。本章将对此展开深入探讨。科技资源的合理配置与有效利用,是推动科技进步、实现科技创新的重要基石。在这一章中,我们首先会阐明其重要意义,让您充分认识到科技资源配置与利用的关键性。随后,我们将为您呈现本章的主要内容,带您深入了解这一主题。这里将涵盖科技资源配置与利用的各个方面,包括如何实现资源的优化配置,怎样提高资源的利用效率等。同时,我们还会聚焦当前科技发展的趋势,探讨科技资源的配置与利用在其中所扮演的角色以及受到的关注。

5.1　科技资源配置的原则与机制

5.1.1　科技资源配置的原则

科技资源配置是指将科技资源(包括人力、物力、财力等)在不同的领域、地区、机构和项目之间进行分配和使用的过程。合理的科技资源配置对于提高科技创新能力、推动经济社会发展具有重要意义。在进行科技资源配置时,需要遵循以下几个原则。

1. 合理性原则

(1)根据实际需求和发展目标,合理分配科技资源

合理性原则是科技资源配置的首要原则,它要求根据实际需求和发展目标,对科技资源进行合理的分配。这意味着在配置科技资源时,需要充分考虑国家、地区或行业的科技发展需求,以及经济社会发展的总体目标。

首先,要对科技发展的需求进行深入分析。这包括对当前科技发展的现状和趋势进行研究,了解各个领域的技术瓶颈和发展机遇,以及社会经济发展对

科技的需求。例如,在当前全球气候变化的背景下,能源领域的科技发展需求尤为迫切,需要加大对可再生能源技术、能源存储技术等方面的研发投入。

其次,要根据发展目标确定科技资源的分配方向。发展目标可以是国家层面的战略目标,如提高国家的自主创新能力、实现经济转型升级等,也可以是地区或行业层面的具体目标,如提升某一地区的产业竞争力、解决某一行业的共性技术问题等。根据这些目标,将科技资源分配到相应的领域和项目中,以确保科技资源的投入能够产生最大的效益。

例如,我国在制定科技发展规划时,根据国家的发展战略和需求,将科技资源重点投向了新一代信息技术、生物技术、新能源、新材料等战略性新兴产业,以及农业、环保、医疗卫生等民生领域,以推动我国经济社会的可持续发展。

(2)在不同领域和项目中的合理性体现

合理性原则在不同领域和项目中的体现各不相同,需要根据具体情况进行分析和判断。以下以几个领域为例,说明合理性原则的具体应用。

①基础研究领域

基础研究是科技创新的源头,对科学技术长远发展意义重大。在该领域,科技资源配置应注重学科均衡发展,支持前沿性、探索性研究项目,且要依据国家科技发展战略,重点扶持对国家未来发展具重要影响的领域,像量子科学、脑科学、生命科学等。美国在基础研究上投入巨大,通过 NSF、NIH 等机构支持众多项目,奠定其科技领先地位的基础。

②应用研究领域

应用研究是基础研究成果转化为实际应用的关键,对提高产业竞争力、促进经济发展作用重要。此领域中,科技资源配置需紧密结合市场需求与产业发展实际,支持具产业化前景的研究项目,同时加强产学研合作,推动科技成果转化应用。德国在应用研究方面实力强劲,通过建立弗劳恩霍夫协会等机构,强化企业与科研机构合作,推动科技成果产业化应用,使其在制造业等领域保持世界领先。

③社会发展领域

科技资源配置也应关注社会发展领域,如环境保护、医疗卫生、教育等。在这些领域,科技资源投入应以解决社会实际问题为导向,提升社会公共服务水平和质量。我国在医疗卫生领域加大科技资源投入,支持重大疾病防治、新药研发等项目,提高了医疗卫生水平,保障人民群众健康。

2. 效益性原则

(1)追求经济效益和社会效益的最大化

效益性原则是科技资源配置的核心原则,它要求科技资源的配置要追求经济效益和社会效益的最大化。经济效益是指科技资源的投入能够带来的经济回报,如提高企业的生产效率、降低生产成本、增加产品附加值等;社会效益是指科技资源的投入能够带来的社会福利,如改善环境质量、提高人民生活水平、促进社会公平等。

在追求经济效益方面,科技资源的配置应该注重提高科技成果的转化率和产业化水平。这需要加强科技与经济的结合,建立健全科技成果转化机制,促进科技成果的快速转化和应用。同时,要鼓励企业加大科技投入,提高自主创新能力,增强企业的核心竞争力。

例如,日本在科技资源配置方面注重经济效益,通过实施"技术立国"战略,加强了企业的技术创新能力,使日本在汽车、电子、机械等领域取得了巨大的经济成就。

在追求社会效益方面,科技资源的配置应该注重解决社会发展中的热点和难点问题,如环境污染、能源短缺、疾病防治等。这需要加强对社会发展领域的科技支持,推动科技成果在社会发展中的广泛应用,提高社会公共服务的水平和质量。

例如,我国在应对新冠肺炎疫情中,充分发挥科技的支撑作用,加大了对疫情防控技术的研发投入,推动了疫苗、药物、检测试剂等科技成果的快速研发和应用,为疫情防控取得重大战略成果提供了有力的科技支撑,同时也产生了巨大的社会效益。

(2)评估科技资源配置的效益

为了确保科技资源配置的效益性,需要建立科学的评估机制,对科技资源配置的效益进行评估和分析。科技资源配置的效益评估可以从经济效益和社会效益两个方面进行。

在经济效益评估方面,可以采用成本效益分析、投资回报率分析等方法,对科技资源的投入和产出进行量化分析,评估科技资源配置的经济效益。例如,可以通过计算科技项目的研发成本、市场收益等指标,评估科技项目的经济效益;通过分析企业的科技投入与产出情况,评估企业的科技创新能力和经济效益。

在社会效益评估方面,可以采用社会影响评估、公众满意度调查等方法,对科技资源配置的社会效益进行评估和分析。例如,可以通过评估科技项目对环境质量、社会就业、公共安全等方面的影响,评估科技项目的社会效益;通过调查公众对科技成果的满意度,评估科技成果的社会认可度和社会效益。

同时,科技资源配置的效益评估还应该考虑到科技资源的长期效益和潜在效益。有些科技项目可能在短期内无法产生明显的经济效益和社会效益,但从长期来看,可能会对经济社会发展产生深远的影响。因此,在进行效益评估时,应该充分考虑到科技资源的长期效益和潜在效益,避免只注重短期效益而忽视了长期发展。

3. 公平性原则

(1)确保科技资源在不同地区、机构和群体之间的公平分配

公平性原则是科技资源配置的重要原则,它要求确保科技资源在不同地区、机构和群体之间的公平分配,以促进科技的均衡发展和社会的公平正义。

在地区之间,由于经济发展水平、科技基础等方面的差异,科技资源的分布往往存在不均衡的现象。为了实现科技资源的公平分配,需要加大对欠发达地区的科技支持力度,提高这些地区的科技发展水平。这可以通过实施科技扶贫、建立区域科技创新中心等措施来实现。

例如,我国实施了西部大开发、东北振兴等区域发展战略,加大了对这些地区的科技投入和支持力度,推动了这些地区的科技进步和经济发展。

在机构之间,不同类型的机构(如高校、科研机构、企业等)在科技资源的获取和利用方面也存在差异。为了实现科技资源的公平分配,需要建立公平竞争的机制,鼓励各类机构积极参与科技创新活动。这可以通过完善科技项目评审制度、加强知识产权保护等措施来实现。

例如,我国在科技项目评审中,采用了同行评议、公开招标等方式,确保了评审过程的公平公正,为各类机构提供了公平竞争的机会。

在群体之间,由于教育水平、职业背景等方面的差异,不同群体在科技资源的获取和利用方面也存在不公平的现象。为了实现科技资源的公平分配,需要加强对弱势群体的科技培训和支持,提高他们的科技素质和创新能力。这可以通过开展科普活动、实施科技特派员制度等措施来实现。

例如,我国开展了科普下乡、农民工技能培训等活动,提高了广大农民和农民工的科技素质和就业能力,促进了科技资源在不同群体之间的公平分配。

(2)公平性原则对科技发展的促进作用

公平性原则对于科技发展具有重要的促进作用,主要体现在以下几个方面。

①激发创新活力。公平性原则能够为不同地区、机构和群体提供平等的机会和条件,使他们能够充分发挥自己的创新潜力。当每个人都有机会参与科技创新活动时,将会激发更多的创新思维和创新成果,推动科技的不断进步。

②促进科技成果的广泛应用。公平性原则能够确保科技成果在不同地区、机构和群体之间的公平分配,使科技成果能够得到更广泛的应用。这不仅能够提高科技成果的转化率和经济效益,还能够促进社会的共同发展和进步。

③增强社会凝聚力。公平性原则能够促进社会的公平正义,减少社会矛盾和冲突,增强社会的凝聚力和稳定性。当科技资源的分配更加公平合理时,人们将会更加认同和支持科技创新活动,形成良好的社会氛围和创新环境。

④推动区域协调发展。公平性原则能够加大对欠发达地区的科技支持力度,促进区域之间的科技协调发展。这有助于缩小地区之间的科技差距,实现区域经济的均衡发展,提高国家的整体科技实力和竞争力。

总之,公平性原则是科技资源配置中不可或缺的原则,它对于促进科技发展、推动社会进步具有重要的意义。在科技资源配置过程中,我们应该始终坚持公平性原则,努力实现科技资源的公平分配和合理利用,为建设创新型国家和实现中华民族伟大复兴的中国梦提供坚实的科技支撑。

5.1.2　科技资源配置的机制

科技资源配置是指科技资源在不同领域、地区、部门和创新主体之间的分配和组合,以实现科技资源的优化利用和科技创新的高效产出。科技资源配置的机制主要包括市场机制、政府调控机制和协同创新机制,它们相互作用、相互补充,共同推动科技资源的合理配置和科技创新的发展。

1. 市场机制

市场机制是科技资源配置的重要手段,它通过价格信号、竞争机制和供求关系来引导科技资源的流动和配置,实现科技资源的优化配置和经济效益的最大化。

(1)市场在科技资源配置中的作用和优势

市场机制在科技创新体系中扮演着至关重要的角色,它通过多种方式促进科技资源的有效配置和创新活力的激发。首先,市场机制能够根据市场需求和科技发展趋势,将科技资源优化配置到最具价值的领域和项目,提升资源利用效率。例如,在需求旺盛的领域,企业会增加研发投入,吸引科技人才和资金,从而推动该领域的科技创新。其次,市场竞争机制迫使企业不断创新,提高产品和服务的质量与竞争力,以满足市场和消费者的需求,这种竞争压力激发了企业的创新活力,推动了科技创新的持续进步。此外,市场机制为科技成果的转化提供了有效的渠道和平台,企业作为市场主体,有动力和能力将科技成果转化为实际产品和服务,通过市场机制,科技成果能够迅速进入市场,实现其经济和社会价值。最后,市场机制通过价格信号和供求关系自动调节科技资源的供求平衡,实现资源的合理配置。当资源供不应求时,价格上涨吸引更多资源投入;当资源供过于求时,价格下降促使资源转移,这种自动调节机制提高了资源配置效率,减少了资源浪费。

(2)市场机制可能存在的问题

市场机制在科技资源配置中可能会出现市场失灵的情况,如信息不对称、外部性、公共物品等问题。信息不对称会造成科技资源错配和浪费;外部性问题使科技创新的社会效益难以充分体现;公共物品问题会导致科技基础设施等公共资源供给不足。此外,市场机制往往注重短期利益实现,致使企业在科技创新方面缺乏长期战略规划和投入,可能忽视基础研究和前瞻性技术研发,影响科技创新的可持续发展。为解决这些问题,政府和相关机构可以采取一系列措施。一方面,建立科技信息平台,加强科技信息收集、整理和发布,提高信息透明度和对称性,减少信息不对称带来的问题;另一方面,通过制定相关政策和法规,对科技创新的外部性问题进行矫正,如对环境污染等负外部性征税,对科技创新的正外部性进行补贴,以促进科技创新社会效益的实现。同时,政府还可以加大对科技基础设施等公共物品的投入,提高公共资源供给水平,为科技创新提供良好基础条件。

(3)市场机制可能存在的解决办法

为推动科技创新,需从多方面着手。企业应加强战略管理,树立长远发展眼光,制定科学战略规划,加大基础研究和前瞻性技术研发投入,提升核心竞争力与可持续发展能力。政府和企业可建立长期激励机制,如对科技创新成果长期奖励、对科技人才股权激励等,激励企业和科技人员进行长期科技创新投入。政府还应完善风险投资机制,通过建立风险投资基金、完善风险投资市场,为科技创新提供资金支持与风险分担机制，降低创新风险与成本。此外，政府和保险公司可合作推出科技创新保险产品，为科技创新企业提供风险保障，进一步降低企业创新风险。

2. 政府调控机制

政府调控机制是科技资源配置的重要保障，它通过制定政策、规划和法规，引导和调节科技资源的配置，弥补市场机制的不足，实现科技资源的公平分配和社会效益的最大化。

(1)政府在科技资源配置中的角色和职责

政府在推动科技创新方面扮演着多重角色。作为战略规划者，应依据国家发展战略与科技发展趋势，制定科技发展规划与政策，明确目标及重点领域，引导科技资源合理配置，如我国的《国家中长期科学和技术发展规划纲要(2006—2020 年)》，为科技资源配置提供重要指导。作为政策制定者，要制定相关政策法规，为科技创新营造良好政策环境与制度保障，可出台税收优惠、财政补贴、知识产权保护等政策，鼓励企业加大研发投入，提升科技创新能力。作为公共服务提供者，需加大对科技基础设施、信息服务、人才培养等公共服务的投入，为科技创新提供良好基础条件与服务保障，例如投资建设科技园区、科研机构、科技图书馆等科技基础设施，为创新提供平台支撑。作为市场监管者，应强化对科技市场的监管，维护市场秩序，确保公平竞争，加强知识产权保护，打击侵权行为，维护科技创新者合法权益，同时加强对科技产品和服务的质量监管，保障消费利者益。

(2)政府调控的手段和效果

①财政政策。政府可以通过财政支出和税收政策来调节科技资源的配置。财政支出方面，政府可以加大对科技研发、科技基础设施建设、科技人才培养等方面的投入，提高科技资源的供给水平。税收政策方面，政府可以对企业的研发投入给予税收优惠，鼓励企业加大研发投入，提高科技创新能力。例如，我国对企业研发费用实行加计扣除政策，对高新技术企业实行所得税优惠政策等，这些政策有效地激发了企业的创新活力。

②金融政策。政府可以通过货币政策和金融监管政策来引导金融资源向科技创新领域倾斜。货币政策方面，政府可以通过调整利率、汇率等手段，降低科技创新的融资成本，提高科技创新的融资便利性。金融监管政策方面，政府可以加强对金融机构的监管，引导金融机构加大对科技创新的支持力度。例

如,我国建立了科技金融服务体系,鼓励银行、证券、保险等金融机构为科技创新企业提供融资服务。

③产业政策。政府可以通过制定产业政策来引导科技资源向重点产业和领域配置。产业政策方面,政府可以确定重点发展的产业和领域,制定相关的扶持政策,引导科技资源向这些产业和领域集聚。例如,我国制定了战略性新兴产业发展规划,对新能源、新材料、生物医药等战略性新兴产业给予政策支持,推动了这些产业的快速发展。

④知识产权政策。政府可以通过加强知识产权保护来激励科技创新。知识产权政策方面,政府可以完善知识产权法律法规,加强知识产权执法力度,提高知识产权保护水平,为科技创新提供良好的法律环境和制度保障。例如,我国不断加强知识产权保护,加大对侵权行为的打击力度,有效地激发了企业的创新积极性。

(3)政府调控的效果

政府调控的效果主要体现在以下几个方面。

首先,政府能够弥补市场失灵。通过制定相关政策和法规,对诸如科技创新的外部性问题进行补贴,对公共物品问题进行投入,以此矫正市场失灵问题,弥补市场机制的不足,实现科技资源的公平分配及社会效益的最大化。

其次,政府可以引导科技创新方向。借助制定科技发展规划和政策,明确科技创新的目标与重点领域,引导科技资源向这些领域配置,进而推动科技创新发展以及产业结构升级。

再者,政府能促进科技成果转化。通过加大对科技成果转化的支持力度,建立转化平台,完善转化机制,推动科技成果的转化和应用,提升其经济效益与社会效益。

最后,政府有助于提高国家创新能力。通过加强科技基础设施建设、科技人才培养以及科技创新环境营造等工作,增强国家的创新能力和核心竞争力,促进经济社会的可持续发展。

3. 协同创新机制

协同创新机制是指企业、高校、科研机构等创新主体之间通过合作,实现科技资源的共享和优化配置,提高科技创新的效率和质量。协同创新机制是科技资源配置的重要模式,它能够充分发挥各创新主体的优势,实现产学研的深度融合,推动科技创新的发展。

(1)产学研合作在科技资源配置中的重要性

产学研合作具有多方面的重要意义。首先,它能整合资源优势,企业有市场需求信息和资金优势,高校和科研机构有人才和科研成果优势,通过合作可实现资源优化配置,提高科技创新效率和质量。如企业为高校和科研机构提供科研经费与实践基地,后者为前者提供技术支持和人才培养,实现互利共赢。其次,产学研合作可加速科技成果转化,缩短从研发到应用的周期,提高转化率。高校和科研机构的成果与企业合作后,能更快进入市场,实现经济与社会价值。像一些高校和科研机构与企业合作建立产学研基地,将科研成果直接用于生产实践,取得良好效益。再者,产学研合作能为学生提供实践机会和创新平台,培养其创新与实践能力,使学生将理论知识与实践结合,提升综合素质和就业竞争力。例如一些高校与企业合作开展实习实训、毕业设计等活动,培养了众多高素质创新人才。最后,产学研合作能促进各创新主体交流合作,激发创新思维,增强创新能力。通过合作,各主体可共同攻克技术难题,推动科技创新发展,一些重大科技项目以产学研合作方式,集合各方力量,取得了突破性成果。

(2)协同创新机制的运行模式和影响因素

①运行模式。产学研合作包括多种形式,其中产学研战略联盟是企业、高校和科研机构为实现共同战略目标,通过签订合作协议建立长期稳定合作关系,可围绕产业共性、关键及前沿技术联合攻关,实现科技资源共享与协同创新,我国电动汽车产业产学研战略联盟便是实例;产学研合作项目是企业、高校和科研机构为完成特定科研任务或解决实际问题,签订项目合同开展短期合作研究,能针对企业技术需求进行针对性研发,提高企业技术水平和创新能力,一些企业与高校和科研机构合作的新产品研发项目取得了良好市场效果;产学研共建研发机构则是企业、高校和科研机构共同出资建立的研发机构,如联合实验室、工程技术研究中心等,可整合各方科研资源和人才优势,开展前沿技术研究和应用技术开发,为企业技术创新提供支撑,一些高校和科研机构与企业共建的研发中心在新材料、新能源等领域取得了一系列科研成果。

②影响因素。产学研合作的顺利开展受多种因素影响。利益分配机制是重要因素之一,各创新主体都期望获得利益回报,若分配不合理会致使合作失败,所以要建立科学合理的利益分配机制,依各主体贡献大小合理分配合作收益。沟通协调机制是顺利进行的重要保障,各创新主体间需有效沟通协调,及

时解决合作中问题，因此要建立良好的该机制，加强信息交流与合作协商。知识产权保护是关键问题，产学研合作中涉及大量知识产权，保护不力会引发纠纷影响合作，所以要加强保护，明确归属和使用方式，避免纠纷。政策支持环境对产学研合作发展影响重大，政府应出台相关政策法规，予以鼓励支持，提供良好政策环境和制度保障，如给予财政补贴、税收优惠等，提升产学研合作的积极性与主动性。

综上所述，科技资源配置的机制包括市场机制、政府调控机制和协同创新机制。市场机制在科技资源配置中发挥着重要的作用，能够优化资源配置、激发创新活力、促进科技成果转化和提高资源配置效率，但也存在市场失灵、短期利益导向和创新风险等问题，需要通过加强信息披露和透明度、制定相关政策和法规、完善风险投资机制等方式来解决。政府调控机制是科技资源配置的重要保障，政府在科技资源配置中扮演着战略规划者、政策制定者、公共服务提供者和市场监管者的角色，通过财政政策、金融政策、产业政策和知识产权政策等手段来调节科技资源的配置，弥补市场机制的不足，引导科技创新方向，促进科技成果转化，提高国家创新能力。协同创新机制是科技资源配置的重要模式，产学研合作在科技资源配置中具有重要的意义，能够整合资源优势、加速科技成果转化、培养创新人才和增强创新能力。协同创新机制的运行模式包括产学研战略联盟、产学研合作项目和产学研共建研发机构等，影响协同创新机制的因素包括利益分配机制、沟通协调机制、知识产权保护和政策支持环境等。只有充分发挥市场机制、政府调控机制和协同创新机制的作用，才能实现科技资源的优化配置和科技创新的高效产出，推动经济社会的可持续发展。

5.2 科技经费的投入与管理

5.2.1 科技经费的投入

科技经费的投入是推动科技创新和经济发展的重要因素。充足的科技经费投入能够支持科研项目的开展、促进科技成果的转化，进而提升国家的科技实力和竞争力。以下将从投入规模与趋势、投入结构以及多元化投入渠道三个方面对科技经费的投入进行详细探讨。

1. 投入规模与趋势

(1)分析国内外科技经费投入的总体规模和增长趋势

随着全球科技竞争的日益激烈,各国纷纷加大对科技领域的投入。从国际范围来看,发达国家在科技经费投入方面一直处于领先地位。例如,美国作为全球科技强国,其科技经费投入规模庞大。近年来,美国政府不断增加对科研的支持,尤其在国防、能源、健康等领域的投入持续增长。同时,美国的企业也高度重视科技创新,投入大量资金进行研发活动,使得美国在科技领域保持着强大的竞争力。

欧洲国家也高度重视科技经费的投入。德国、法国、英国等国家在科技研发方面投入较多,尤其在高端制造业、新能源、生物技术等领域取得了一系列重要成果。这些国家通过加大科技经费投入,提高了自身的科技水平和创新能力,推动了经济的可持续发展。

在亚洲,日本、韩国等国家的科技经费投入也呈现出快速增长的趋势。日本在汽车、电子、机械等领域具有较强的技术实力,其科技经费投入主要集中在这些优势产业的研发上。韩国则在半导体、通信技术等领域取得了显著成就,政府和企业对科技研发的投入不断加大,推动了韩国科技产业的快速发展。

我国作为世界上最大的发展中国家,近年来在科技经费投入方面取得了显著成效。随着国家对科技创新的重视程度不断提高,我国的科技经费投入持续增长。据统计,我国的研发经费支出从 2010 年的 7 062. 6 亿元增长到 2020 年的 2. 44 万亿元,年均增长率超过 10%。这一增长速度在全球范围内处于领先地位,表明我国在科技领域的投入力度不断加大。

(2)比较不同国家或地区的科技经费投入水平

为了更直观地比较不同国家或地区的科技经费投入水平,我们可以采用研发经费投入强度(研发经费支出与国内生产总值之比)这一指标。根据世界银行的数据,2020 年全球研发经费投入强度最高的国家是以色列,达到了 4. 95%。其次是韩国,为 4. 81%。日本和德国的研发经费投入强度也分别达到了 3. 26%和 3. 14%。相比之下,我国的研发经费投入强度在 2020 年为 2. 4%,虽然与发达国家相比仍有一定差距,但已经超过了许多发展中国家。

从地区来看,北美、欧洲和亚洲是全球科技经费投入的主要地区。北美地区以美国为代表,其科技经费投入规模和强度都处于全球领先地位。欧洲地区的国家整体科技实力较强,研发经费投入水平也相对较高。亚洲地区的中国、日本、韩国等国家在科技经费投入方面增长迅速，成为全球科技发展的重要力量。

通过对不同国家或地区的科技经费投入水平进行比较，我们可以发现，科技经费投入水平与国家的经济发展水平、科技实力和创新能力密切相关。发达国家通常具有较高的科技经费投入水平，这为其在科技领域的领先地位提供了有力支撑。发展中国家在科技经费投入方面虽然相对较低，但随着经济的发展和对科技创新的重视，其投入水平也在不断提高。

2. 投入结构

（1）探讨科技经费在基础研究、应用研究和试验发展等方面的分配情况

科技经费的投入结构对科技创新的质量和效益具有重要影响。一般来说，科技经费可以分为基础研究、应用研究和试验发展三个部分。基础研究是科技创新的源头，旨在探索自然界的基本规律和现象，为应用研究和技术开发提供理论基础。应用研究则是将基础研究的成果应用于实际问题的解决，开发新的技术和方法。试验发展则是将应用研究的成果进行进一步的开发和试验，实现科技成果的产业化和商业化。

在发达国家，基础研究在科技经费中的占比较高。例如，美国的基础研究经费占研发经费的比重约为15%至20%，欧洲国家的这一比例也在15%左右。这些国家重视基础研究，为科技创新提供了坚实的理论基础，使得他们在科技领域能够保持长期的领先地位。

相比之下，我国的基础研究经费占研发经费的比重相对较低，近年来一直在5%至6%之间徘徊。这在一定程度上制约了我国原始创新能力的提升。应用研究和试验发展在我国科技经费中的占比较高，这反映了我国在科技成果转化和产业化方面的重视，但也表明我国在基础研究方面还需要进一步加强。

（2）分析投入结构对科技创新的影响

合理的科技经费投入结构对于促进科技创新具有重要意义。基础研究是科技创新的源泉，能够为应用研究和试验发展提供新的理论和方法，推动科技的跨越式发展。如果基础研究投入不足，将会导致科技创新缺乏源头活水，难以实现真正的原始创新。

应用研究是连接基础研究和试验发展的桥梁，能够将基础研究的成果转化为实际应用的技术和方法。加强应用研究的投入，能够提高科技成果的转化率，促进科技与经济的紧密结合。

试验发展是将科技成果转化为现实生产力的关键环节，通过试验发展，可以对新技术、新产品进行验证和改进，推动科技成果的产业化和商业化。加大试验发展的投入，能够提高科技成果的市场竞争力，促进产业升级和经济发展。

综上所述，合理的科技经费投入结构应该是基础研究、应用研究和试验发展协调发展。在加大科技经费投入总量的同时，要逐步提高基础研究的投入比重，加强应用研究和试验发展的衔接，提高科技经费的使用效益，推动科技创新的可持续发展。

3. 多元化投入渠道

(1)介绍政府、企业、社会资本等在科技经费投入中的作用

在科技经费投入的多元格局中，政府、企业和社会资本各自扮演着不可或缺的角色。政府作为科技创新的引导者和支持者，通过制定科技政策、设立科研项目、提供财政资金等手段，主要投资于基础研究、公共科技领域和战略性新兴产业，这些领域因风险性和外部性较高而需要政府的扶持。例如，我国政府通过国家自然科学基金、国家重点研发计划等项目，为高校和科研机构的基础研究和前沿技术研究提供了坚实的资金支持。企业作为科技创新的主体，为了提升市场竞争力和经济效益，大量投资于应用研究和试验发展，将科技成果转化为实际产品和服务。在发达国家，企业的研发经费投入占比超过70%，成为科技创新的主要驱动力。社会资本，包括个人、社会组织、风险投资机构等，通过提供多元化的资金来源，缓解了政府和企业的资金压力。社会资本倾向于投资具有高成长性和创新性的科技项目，不仅追求经济效益，也推动科技创新。例如，风险投资机构通过投资初创期的科技企业，不仅提供资金支持，还带来管理经验，助力科技企业的成长与发展。这三者的协同作用，共同构建了一个多元化、多层次的科技经费投入体系，为科技创新提供了强有力的资金保障。

(2)研究如何拓宽科技经费的多元化投入渠道

为了进一步提高科技经费的投入水平，满足科技创新的资金需求，需要拓宽科技经费的多元化投入渠道。以下是一些建议。

①加强政府引导作用。政府应进一步加大对科技领域的投入，提高科技经费在财政支出中的比重。同时，政府可以通过税收优惠、财政补贴等政策手段，引导企业和社会资本加大对科技的投入。例如，对企业的研发费用给予加计扣除，对科技型中小企业给予财政补贴等，激励企业开展科技创新活动。

②促进企业加大投入。企业应增强创新意识，加大对研发活动的投入。政

府可以通过建立企业研发投入激励机制,如设立企业研发奖、对研发投入较大的企业给予表彰和奖励等,提高企业开展研发活动的积极性。此外,企业还可以加强与高校、科研机构的合作,共同开展研发活动,实现资源共享和优势互补。

③吸引社会资本参与。政府可以通过设立科技产业投资基金、创业投资引导基金等方式,吸引社会资本参与科技项目的投资。同时,要完善科技金融服务体系,加强科技与金融的结合,为科技企业提供多元化的融资渠道。例如,鼓励银行开展科技信贷业务,支持科技企业发行债券和股票,拓宽科技企业的融资渠道。

④加强国际合作。积极开展国际科技合作,吸引国外的资金、技术和人才。政府可以通过建立国际科技合作项目、举办国际科技合作论坛等方式,加强与国际科技组织和其他国家的科技交流与合作,吸引国外的科技资源为我国的科技创新服务。

⑤推动科技成果转化。加强科技成果转化机制建设,提高科技成果的转化率和产业化水平。通过建立科技成果转化平台、完善技术转移服务体系等方式,促进科技成果与市场需求的对接,提高科技成果的经济效益和社会效益。这样可以吸引更多的资金投入到科技成果转化领域,形成科技投入的良性循环。

总之,科技经费的投入是科技创新的重要保障。通过分析国内外科技经费投入的总体规模和增长趋势,比较不同国家或地区的科技经费投入水平,探讨科技经费在基础研究、应用研究和试验发展等方面的分配情况,以及研究如何拓宽科技经费的多元化投入渠道,我们可以更好地了解科技经费投入的现状和问题,为提高我国的科技实力和创新能力提供有益的参考。在未来的发展中,我们应不断加大科技经费投入力度,优化投入结构,拓宽投入渠道,推动我国科技创新事业不断取得新的突破。

5.2.2 科技经费的管理

科技经费的管理是确保科技项目顺利实施、提高资金使用效益的重要环节。有效的科技经费管理可以促进科技资源的合理配置,提高科技创新的效率和质量。下面将从预算管理、经费使用监督和绩效评估三个方面进行详细阐述。

1. 预算管理

(1)科技经费预算的编制

科技经费预算的编制是科技经费管理的基础,它直接关系到科技项目的顺利实施和资金的合理使用。在编制科技经费预算时,需要遵循以下原则。

①目标相关性原则。预算的编制应与科技项目的目标和任务紧密相关,确保资金的投入能够支持项目的顺利开展。

②政策相符性原则。预算的编制应符合国家和地方的科技政策、财务制度以及相关法律法规的要求。

③经济合理性原则。预算的编制应充分考虑项目的实际需求和市场价格,合理安排各项经费支出,避免浪费和不必要的开支。

在具体编制预算时,需要对科技项目的各项费用进行详细的分析和估算。科技项目的费用通常包括直接费用和间接费用两部分。直接费用主要包括设备费、材料费、测试化验加工费、燃料动力费、差旅费、会议费、国际合作与交流费、出版/文献/信息传播/知识产权事务费、劳务费、专家咨询费等;间接费用主要包括管理费和绩效支出等。在编制预算时,需要根据项目的实际情况,合理确定各项费用的预算额度,并注明预算的依据和计算方法。

(2)科技经费预算的执行

科技经费预算的执行是科技经费管理的关键环节,它直接关系到科技项目的进度和质量。在科技经费预算执行过程中,需要严格按照预算的安排使用资金,确保各项经费支出的合理性和合法性。具体来说,需要做好以下几个方面的工作。

建立健全经费管理制度,制定完善的制度,明确经费使用范围、审批流程、报销标准等,使经费使用有章可循。加强经费的支出管理,严格依预算安排及项目进度支付费用,防止提前或超额支付,重大支出项目需集体决策和审批,以保障资金安全与合理使用。此外,在项目实施中若有预算调整情况,应按规定程序及时进行,且预算调整需遵循必要性、合理性和可行性原则,确保调整后的预算可满足项目实际需求。

(3)科技经费预算的监督

科技经费预算的监督是科技经费管理的重要保障,它可以有效地防止经费的滥用和浪费,确保资金的安全和合理使用。在科技经费预算监督过程中,需要建立健全监督机制,加强对经费预算执行情况的监督和检查。具体来说,需要做好以下几个方面的工作。

科技经费预算执行情况的监督包括内部监督、外部监督和社会监督。内部监督方面,项目承担单位需建立监督机制,强化对本单位科技经费预算执行的监督与检查,涵盖财务部门的日常监督及审计部门的专项审计等。外部监督上,科技主管部门和财政部门应加强对科技经费预算执行情况的监督和检查,采取定期检查与不定期抽查的方式,对发现的问题及时处理和整改。社会监督则是要加强科技经费预算执行情况的社会监督,提升经费使用透明度,可通过公开项目信息、接受社会举报等途径,充分发挥社会公众的监督作用。

(4)预算管理的重要性和方法

预算管理在科技经费管理中具有重要的意义。首先,预算管理可以帮助项目承担单位合理规划资金使用,确保科技项目的顺利实施。通过编制科学合理的预算,项目承担单位可以明确项目的资金需求和使用方向,合理安排各项经费支出,避免资金的浪费和闲置。其次,预算管理可以提高资金使用效益,增强项目承担单位的财务管理水平。通过严格执行预算和加强监督检查,项目承担单位可以有效地控制经费支出,提高资金的使用效率,降低项目成本。最后,预算管理可以加强对科技经费的监管,防止经费的滥用和浪费。通过建立健全预算管理制度和监督机制,科技主管部门和财政部门可以对科技经费的使用情况进行有效的监管,确保资金的安全和合理使用。

为了做好科技经费的预算管理,可采取以下方法:首先,加强对项目承担单位和科研人员的培训与宣传,提升他们对预算管理的认识、重视程度以及预算管理意识和能力。其次,运用科学的预算编制方法,如零基预算法、滚动预算法等,增进预算编制的准确性与合理性。再者,建立健全预算执行的监控和分析机制,以便及时了解预算执行情况,一旦发现问题能迅速解决,保障预算顺利执行。最后,构建完善的预算管理制度和监督机制,强化对预算编制、执行和监督的全过程管理,促使预算管理规范化、制度化。

2. 经费使用监督

(1)加强对科技经费使用的监督和审计

加强对科技经费使用的监督和审计是确保科技经费合理使用的重要手段。科技主管部门和财政部门应加强对科技经费使用的监督和检查,建立健全监督机制,加强对科技项目的全过程管理。具体来说,需要做好以下几个方面的工作。

①建立监督检查制度。制定完善的监督检查制度，明确监督检查的内容、方式、程序和要求等，确保监督检查工作的规范化和制度化。

②加强对项目承担单位的监管。加强对项目承担单位的日常监管，督促项目承担单位建立健全内部管理制度，加强对科技经费的使用管理，确保经费的合理使用。

③开展专项审计。定期对科技经费的使用情况进行专项审计，重点审计经费的支出是否符合预算安排、是否存在挪用、截留、挤占等问题，确保经费的安全和合理使用。

④加强对科研人员的教育和管理。加强对科研人员的教育和管理，提高他们的法律意识和道德素质，防止科研人员在经费使用过程中出现违规行为。

(2)分析防止经费滥用和浪费的措施

为了防止科技经费的滥用和浪费，需要采取一系列措施。具体来说，需要做好以下几个方面的工作。

①加强经费预算管理。严格按照预算的安排使用资金，避免超预算支出。对于预算调整，应严格按照规定的程序进行审批，确保预算的严肃性和权威性。

②规范经费支出行为

建立健全经费支出管理制度，明确经费支出的范围、标准和审批流程，规范经费支出行为。严禁将科技经费用于与项目无关的支出，如个人消费、旅游等。

③加强资产管理。加强对科技项目购置的资产的管理，建立健全资产管理制度，明确资产的购置、使用、处置等环节的管理要求，防止国有资产流失。

④建立诚信档案。建立科研人员诚信档案，对在科技经费使用过程中出现违规行为的科研人员进行记录，并视情节轻重给予相应的处罚。同时，对诚信记录良好的科研人员给予适当的奖励和支持。

⑤加强信息公开。加强科技经费使用信息的公开，提高经费使用的透明度。项目承担单位应定期公开科技经费的使用情况，接受社会公众的监督。

3. 绩效评估

(1)科技经费绩效评估的指标和方法

科技经费绩效评估是对科技经费使用效益的评价和考核，它可以为科技经费的合理分配和使用提供依据。科技经费绩效评估的指标应包括经济效益、社会效益、技术效益等方面。具体来说，经济效益指标可以包括项目的销售收入、利润、税收等；社会效益指标可以包括项目对社会就业、环境保护、公共服务等方面的贡献;技术效益指标可以包括项目的技术创新水平、技术成果转化情况等。

在进行科技经费绩效评估时,应采用科学的评估方法。常用的评估方法包括定量评估法和定性评估法。定量评估法是通过对数据的分析和计算,对科技经费的绩效进行评估。常用的定量评估方法包括成本效益分析法、数据包络分析法、层次分析法等。定性评估法是通过对项目的主观评价,对科技经费的绩效进行评估。常用的定性评估方法包括专家评估法、问卷调查法、案例分析法等。在实际评估过程中,应根据项目的特点和评估的目的,选择合适的评估方法和指标,确保评估结果的科学性和准确性。

(2)研究如何通过绩效评估提高科技经费的使用效益

通过绩效评估提高科技经费的使用效益是科技经费管理的重要目标。为了实现这一目标,需要做好以下几个方面的工作。

①建立绩效评估机制。建立健全科技经费绩效评估机制,明确评估的主体、对象、内容、方法和程序等,确保绩效评估工作的规范化和制度化。

②加强评估结果的应用。将绩效评估结果作为科技经费分配和使用的重要依据,对绩效评估结果优秀的项目给予适当的奖励和支持,对绩效评估结果不理想的项目进行整改或调整。

③促进科技成果转化。加强科技成果转化工作,提高科技经费的产出效益。通过建立科技成果转化平台、加强产学研合作等方式,促进科技成果的转化和应用,实现科技经费的价值最大化。

④加强绩效管理培训。加强对项目承担单位和科研人员的绩效管理培训,提高他们的绩效管理意识和能力,确保绩效管理工作的顺利开展。

⑤完善绩效管理信息系统。建立完善的绩效管理信息系统,实现对科技经费绩效评估数据的收集、整理、分析和共享,为绩效管理工作提供有力的支持。

综上所述,科技经费的管理是一个系统工程,需要从预算管理、经费使用监督和绩效评估等方面进行全面的管理和控制。通过加强预算管理,可以合理规划资金使用,提高资金使用效益;通过加强经费使用监督,可以防止经费的滥用和浪费,确保资金的安全和合理使用;通过开展绩效评估,可以评价科技经费的使用效益,为科技经费的合理分配和使用提供依据。只有加强科技经费的管理,才能提高科技经费的使用效益,促进科技创新和发展。

5.3　科技人才队伍建设与激励机制

5.3.1　科技人才队伍建设

1. 人才需求分析

(1)研究不同领域和行业对科技人才的需求特点

在当今科技飞速发展的时代,不同领域和行业对科技人才的需求呈现出多样化和专业化的特点。

①信息技术领域。随着数字化、信息化的加速推进,信息技术领域对科技人才的需求持续增长。该领域需要具备计算机科学、软件工程、数据分析等专业知识的人才,他们能够熟练掌握编程语言、数据库管理、网络技术等技能,以满足软件开发、系统维护、数据分析等方面的需求。

②生物技术领域。生物技术是当今世界最具发展潜力的领域之一,对科技人才的需求也日益迫切。生物技术领域需要具备生物学、遗传学、微生物学等专业知识的人才,他们能够从事基因工程、细胞工程、发酵工程等方面的研究和开发工作,为推动生物医药、农业生物技术等产业的发展提供技术支持。

③新能源领域。随着全球对清洁能源的需求不断增加,新能源领域成为科技人才的热门需求领域。该领域需要具备能源工程、物理学、化学等专业知识的人才,他们能够从事太阳能、风能、水能等新能源的开发和利用工作,为解决能源危机和环境问题做出贡献。

④制造业领域。制造业是国民经济的重要支柱产业,对科技人才的需求也在不断升级。制造业领域需要具备机械工程、电子工程、材料科学等专业知识的人才,他们能够从事产品设计、工艺改进、自动化生产等方面的工作,提高制造业的智能化水平和核心竞争力。

⑤金融科技领域。随着金融行业与科技的深度融合,金融科技领域对科技人才的需求日益旺盛。该领域需要具备计算机科学、金融学、数学等专业知识的人才,他们能够运用大数据、人工智能、区块链等技术,推动金融创新和风险管理,提升金融服务的效率和质量。

(2)预测未来科技人才的需求趋势

随着科技的不断进步和社会经济的发展,未来科技人才的需求趋势将呈现出以下几个方面的特点。

①跨学科融合。未来的科技发展将更加注重跨学科的融合,需要科技人才具备多学科的知识和技能,能够在不同领域之间进行交叉创新。例如,生物信息学、材料基因组学等新兴学科的出现,就需要生物学、计算机科学、材料科学等多学科背景的人才。

②创新能力和实践能力。在激烈的市场竞争中,创新能力和实践能力将成为科技人才的核心竞争力。未来的科技人才需要具备敏锐的创新意识和创新思维,能够不断提出新的想法和解决方案,并将其付诸实践。

③国际化视野。随着全球化的加速推进,科技人才需要具备国际化的视野和跨文化交流的能力,能够在国际舞台上开展合作与竞争。他们需要了解国际科技发展的前沿动态,掌握国际通用的技术标准和规范,具备良好的外语水平和沟通能力。

④适应快速变化的能力。科技的发展日新月异,未来的科技人才需要具备较强的适应能力,能够快速学习和掌握新知识、新技能,以适应科技发展和市场需求的变化。

2. 人才培养

(1)探讨高校、科研机构和企业在科技人才培养中的作用和合作模式

①高校在科技人才培养中的作用。高校作为知识传播的重要场所,承担着多项重要任务。其一,在理论知识传授方面,通过开设各类基础课程和专业课程,为学生传授系统的专业理论知识,打下坚实的学科基础,培养其专业素养和思维能力。其二,注重创新能力培养,开展科研项目、学术竞赛等活动,激发学生的创新思维和实践能力,同时提供良好的创新环境和资源,鼓励学生积极参与科研创新活动。其三,高校是科技人才的重要培养基地,每年向社会输送大量优秀毕业生,这些毕业生拥有扎实的专业知识和一定的实践能力,为企业和科研机构的发展提供了有力的人才支持。

②科研机构在科技人才培养中的作用。科研机构对科技人才的培养具有重要意义。一方面,科研机构从事前沿性科学研究工作,引领前沿研究,能让科研人员接触到最新科研成果和研究方法。在参与科研项目时,他们可不断拓宽学术视野,提升科研与创新能力。另一方面,科研机构的科研项目实践性和应

用性较强，科研人员参与其中能将理论知识与实践结合，增强实践能力和解决实际问题的能力。此外，科研机构还积极开展学术交流与合作活动，为科技人才搭建了与国内外同行交流的平台。科技人才通过参加学术会议、合作研究等活动，可了解学科前沿动态，拓宽学术视野，提高学术水平和国际竞争力。

③企业在科技人才培养中的作用。企业在科技人才培养中扮演着多重角色，为科技人才提供了宝贵的实践平台，使他们能够在实际的生产和研发工作中锻炼自己，洞察市场需求和行业动态，从而提升解决实际问题的能力。同时，企业注重培养员工的职业素养，如团队合作精神、沟通能力和责任心，科技人才通过参与项目团队工作，能够增强团队协作和沟通技巧，塑造良好的职业素养。此外，企业通过积极参与产学研合作，与高校和科研机构携手共育科技人才，将企业的实际需求与学术界的科研优势相结合，实现资源共享和优势互补，这不仅提高了科技人才培养的质量，也增强了培养的针对性和实效性。

④高校、科研机构和企业的合作模式。高校、科研机构和企业之间的合作具有重要意义。产学研合作作为一种重要模式，通过建立产学研合作基地、联合开展科研项目等，实现三方资源共享、优势互补，共同培养适应市场需求的科技人才，如高校和科研机构为企业提供技术支持与人才培养服务，企业为高校和科研机构提供实践平台和科研经费，以达互利共赢。此外，三方还可以共同建设实验室，开展前沿科学研究和技术开发工作，整合科研资源与人才优势，提高科研创新能力和成果转化效率，像高校和科研机构的科研人员与企业技术人员共同开展实验研究，攻克技术难题。再者，三方能够联合开展人才培养工作，共同制定培养方案、设置课程体系、安排实践教学环节，使学生在学习期间接触实际生产和研发工作，提高实践能力和就业竞争力，比如高校与企业签订实习协议，安排学生到企业实习，让学生在实践中学习成长。

(2)分析如何提高科技人才培养的质量和针对性

①优化课程体系。课程体系的设置需紧密结合市场需求和行业发展趋势，及时更新教学内容，让学生掌握最新科技知识与技能。如随着人工智能的迅速发展，高校可在相关专业增设人工智能课程，以培养学生的人工智能应用能力。同时，实践教学是提升科技人才培养质量的关键环节，应强化实践教学环节的设计与实施，增强学生的实践及动手操作能力。比如，高校可提高实验课程比重，建立实习基地，组织学生参与社会实践和科技创新活动。此外，为培育具有跨学科素养的科技人才，还应设置跨学科课程，推动不同学科的交叉融合。像

开设生物信息学、材料基因组学等跨学科课程,便能培养学生的跨学科思维和创新能力。

②加强师资队伍建设。高校和科研机构为提高师资队伍整体水平,可从多方面着手。其一,加大高层次人才的引进力度,吸引国内外优秀的科学家和学者,如提供优厚待遇和良好科研环境,吸引知名专家来校任教与开展科研工作。其二,加强对中青年教师这一师资队伍中坚力量的培养和支持,提高他们的教学水平与科研能力,可通过提供培训机会、设立科研项目等方式,鼓励其不断提升业务能力。其三,建立科学合理的教师评价机制,注重教学质量、科研成果、社会服务等方面的综合评价,激励教师积极投入教学和科研工作,引导其不断提高自身教学与科研能力。

③强化创新能力培养。树立创新教育理念,培养学生的创新意识和创新思维,在教学中鼓励学生提问、独立思考与勇于创新,营造宽松创新氛围。同时,采用多样化的教学方法,如项目式教学、探究式教学、案例教学等,以激发学生的学习兴趣和创新能力,像通过项目式教学能让学生在实际项目中锻炼创新及解决问题的能力。此外,还应加强创新实践平台建设,为学生提供良好的创新实践环境与条件,比如建立创新创业基地、科技实验室等,为学生开展创新实践活动给予场地和设备支持。

④加强国际交流与合作。学校积极推进国际化教育,通过多种方式提升学生和教师的国际化水平。一是国际化课程引进,引进国外先进的课程体系和教学资源,开展国际化课程教学,如引进国外知名高校的优质课程,以双语教学或全英文教学的方式,拓宽学生的国际视野,提高其英语水平和专业素养,增强跨文化交流能力。二是开展学生交流项目,积极鼓励学生到国外高校进行短期或长期的学习交流,与国外高校签订合作协议,开展学生交换项目、联合培养项目等,使学生了解国际科技发展的前沿动态,提高国际竞争力。三是加强国际合作科研,与国外科研机构和高校合作开展科研项目,共同攻克科研难题,发表高水平科研论文,从而提高教师和学生的科研水平和国际影响力。

(3)人才引进

①介绍吸引国内外优秀科技人才的政策和措施。为吸引优秀科技人才,各地政府和企业采取了一系列措施。首先,提供优厚的待遇,包括具有竞争力的薪酬福利和科研经费,一些地方政府为高层次科技人才提供高额安家费、购房补贴、生活补贴及充足的科研启动经费和项目支持。其次,搭建创新创业平台,

如科技园区、孵化器、众创空间等,为科技人才提供良好创业环境和资源支持,降低创业成本与风险,提高创业成功率。再者,积极解决科技人才的子女教育和配偶就业问题,为其子女提供优质教育资源,安排进入重点学校就读,为配偶提供就业机会并帮助找到合适工作。最后,不断优化人才服务环境,建立人才服务中心,为科技人才提供一站式服务,涵盖政策咨询、项目申报、手续办理等,并提供良好的生活环境,包括完善的基础设施和丰富的文化娱乐活动等,为科技人才提供便捷、高效的服务。

②研究如何优化人才引进的环境和机制。各地政府和企业应从多方面加强人才引进和发展工作。首先,要加强政策宣传和推广,通过新闻媒体、网络平台、招聘会等多种渠道,广泛宣传人才引进政策和优惠措施,提高政策知晓度和影响力,吸引更多优秀科技人才来当地发展。其次,完善人才评价机制,建立科学合理的评价体系,避免唯学历、唯职称、唯论文等倾向,注重实际能力和业绩贡献,充分考虑不同领域、不同行业特点和需求,采用多元化评价指标和方法,确保评价结果客观、公正、准确。再者,加强人才市场建设,完善服务功能,提高人才资源配置效率,建立健全人才信息库,实现信息共享和互联互通,加强市场监管,规范秩序,维护人才和用人单位合法权益。最后,营造良好的社会氛围,尊重知识、尊重人才,提高科技人才社会地位和荣誉感,宣传先进事迹和突出贡献,激发创新热情和创造力,加强人文关怀,关心生活和工作,创造良好发展环境。

综上所述,科技人才队伍建设是推动科技创新和经济社会发展的重要支撑。通过深入分析不同领域和行业对科技人才的需求特点和未来需求趋势,我们能够更好地把握科技人才培养的方向和重点。同时,通过探讨高校、科研机构和企业在科技人才培养中的作用和合作模式,以及如何提高科技人才培养的质量和针对性,我们能够不断完善科技人才培养体系,培养出更多适应市场需求的高素质科技人才。此外,通过介绍吸引国内外优秀科技人才的政策和措施,以及研究如何优化人才引进的环境和机制,我们能够吸引更多的优秀科技人才来我国创新创业,为我国的科技进步和经济发展做出贡献。

5.3.2　科技人才激励机制

科技人才是推动科技进步和创新的核心力量,建立有效的激励机制对于吸引、留住和激发科技人才的创造力至关重要。以下将从薪酬激励、荣誉激励和职业发展激励三个方面进行探讨。

1.薪酬激励

(1)分析科技人才薪酬水平的合理性和竞争力

在当今知识经济时代,科技人才的价值日益凸显。合理的薪酬水平是吸引和留住科技人才的重要因素之一。科技人才的薪酬水平应该与其所具备的专业知识、技能和经验相匹配,同时也要考虑到市场供求关系和行业薪酬水平。

首先,从科技人才的专业知识和技能来看,他们通常经过多年的学习和实践积累,具备了较高的学历和专业素养。这些知识和技能在市场上具有一定的稀缺性,因此他们的薪酬水平应该相应地较高,以体现其知识和技能的价值。

其次,市场供求关系也会对科技人才的薪酬水平产生影响。随着科技的快速发展,对科技人才的需求不断增加,而科技人才的供给相对有限,这就导致了科技人才市场的供不应求。在这种情况下,科技人才的薪酬水平往往会上涨,以吸引更多的人才进入该领域。

此外,行业薪酬水平也是衡量科技人才薪酬合理性的一个重要参考因素。不同行业的科技人才薪酬水平存在一定的差异,这与行业的发展前景、市场竞争程度等因素有关。科技企业应该关注同行业的薪酬水平,确保自己的薪酬政策具有竞争力,能够吸引到优秀的科技人才。

然而,仅仅保证薪酬水平的合理性还不够,还需要考虑薪酬的竞争力。在全球化的背景下,科技人才的流动更加频繁,他们往往会选择薪酬待遇更好的企业和地区。因此,科技企业要想吸引和留住优秀的科技人才,就必须提供具有竞争力的薪酬待遇。这不仅包括基本工资,还包括绩效奖金、股票期权、福利待遇等方面。通过提供多元化的薪酬组合,科技企业可以更好地满足科技人才的不同需求,提高薪酬的吸引力和竞争力。

(2)探讨如何建立科学的薪酬体系

建立科学的薪酬体系是实现薪酬激励的关键。一个科学的薪酬体系应该能够充分体现科技人才的价值,激发他们的工作积极性和创造力。以下是建立科学薪酬体系的几个关键步骤:

①职位评估职位评估是确定职位价值的重要手段。通过对科技人才所从事的职位进行分析和评估,确定每个职位的职责、工作难度、工作环境等因素,并根据这些因素对职位进行排序和分级。职位评估的结果可以为薪酬体系的设计提供重要的依据,确保薪酬的内部公平性。

②市场调研市场调研是了解市场薪酬水平的重要途径。科技企业应该定期对同行业的薪酬水平进行调研,了解市场上科技人才的薪酬行情。通过市场调研,企业可以掌握市场薪酬的变化趋势,为薪酬体系的调整提供参考依据,确保薪酬的外部竞争力。

③薪酬结构设计薪酬结构设计是薪酬体系的核心内容。一个合理的薪酬结构应该包括基本工资、绩效奖金、津贴补贴和福利等部分。基本工资是科技人才的固定收入,应该根据职位评估的结果和市场调研的情况进行确定,以保证薪酬的内部公平性和外部竞争力。绩效奖金是根据科技人才的工作绩效进行发放的,应该与企业的绩效考核体系相结合,以激励科技人才提高工作绩效。津贴补贴是对科技人才特殊工作条件和生活需求的补偿,如住房补贴、交通补贴、通讯补贴等。福利是企业为科技人才提供的各种非货币性待遇,如医疗保险、养老保险、带薪休假等。通过合理设计薪酬结构,科技企业可以更好地满足科技人才的不同需求,提高薪酬的激励效果。

④绩效考核体系绩效考核体系是薪酬体系的重要支撑。科技企业应该建立科学的绩效考核体系,对科技人才的工作绩效进行客观、公正的评价。绩效考核的结果应该与薪酬挂钩,绩效优秀的科技人才应该得到相应的奖励,绩效不达标的科技人才应该受到相应的惩罚。通过建立有效的绩效考核体系,科技企业可以激励科技人才提高工作绩效,实现企业的发展目标。

2. 荣誉激励

(1)强调荣誉对科技人才的激励作用

荣誉是对科技人才工作成果和贡献的认可和表彰,具有重要的激励作用。对于科技人才来说,荣誉不仅是一种精神上的满足,更是对他们专业能力和创新成果的肯定。荣誉激励可以激发科技人才的内在动力,提高他们的工作积极性和创造力。

首先,荣誉激励可以增强科技人才的自信心和成就感。当科技人才获得荣誉时,他们会感到自己的工作得到了认可和尊重,从而增强自信心和成就感。这种自信心和成就感会促使科技人才更加努力地工作,追求更高的目标和成就。

其次,荣誉激励可以提高科技人才的社会地位和声誉。荣誉是社会对科技人才的认可和赞扬,获得荣誉可以使科技人才在社会上获得更高的地位和声誉。这种社会地位和声誉的提高会使科技人才感到自己的价值得到了充分的体现,从而更加愿意为社会做出更大的贡献。

此外,荣誉激励还可以激发科技人才的创新精神和竞争意识。荣誉是对科技人才创新成果的认可和表彰,获得荣誉可以使科技人才更加坚信自己的创新能力和潜力。同时,荣誉的竞争也会促使科技人才不断提高自己的创新能力和水平,以在激烈的竞争中脱颖而出。

(2)介绍相关的荣誉奖项和评选机制

为了激励科技人才,国家和社会设立了一系列的荣誉奖项。这些荣誉奖项涵盖了各个领域和学科,为科技人才提供了展示自己才华和成果的平台。以下是一些常见的科技荣誉奖项和评选机制。

①国家最高科学技术奖国家最高科学技术奖是我国科技领域的最高荣誉,旨在奖励在当代科学技术前沿取得重大突破或者在科学技术发展中有卓越建树的科技工作者。该奖项每年评选一次,获奖者由国家主席签署并颁发证书和奖金。

②国家自然科学奖、国家技术发明奖、国家科学技术进步奖这三个奖项是我国科技领域的重要奖项,分别奖励在基础研究、技术发明和科技进步方面做出突出贡献的科技工作者和组织。这三个奖项每年评审一次,由国务院颁发证书和奖金。

③中国青年科技奖中国青年科技奖是由中央组织部、人力资源社会保障部、中国科协共同设立的奖项,旨在表彰在自然科学研究领域、工程技术方面、科学技术普及、科技成果转化方面取得突出成绩的青年科技工作者。该奖项每两年评选一次,获奖者年龄不超过40周岁。

④何梁何利基金奖何梁何利基金奖是由香港爱国金融家何善衡、梁銶琚、何添、利国伟先生共同捐资设立的奖项,旨在奖励取得杰出成就的科技工作者。该奖项每年评选一次,设有“科学与技术成就奖”、“科学与技术进步奖”、“科学与技术创新奖”三个奖项。

除了以上国家级的荣誉奖项外,各省市、各行业也设立了相应的科技荣誉奖项,如省级科学技术奖、行业科技进步奖等。这些荣誉奖项的设立,为科技人才提供了更多的展示和发展机会,激发了他们的创新热情和创造力。

荣誉奖项的评选机制通常包括提名、评审、公示和颁奖等环节。提名阶段,由相关单位或个人根据评选条件推荐候选人;评审阶段,由专家组成的评审委员会对候选人进行评审,根据评审结果确定获奖者;公示阶段,对获奖者进行公示,接受社会监督;颁奖阶段,对获奖者进行表彰和奖励。评选机制的公正性和科学性是保证荣誉奖项权威性和公信力的关键,因此,在评选过程中,应该严格按照评选标准和程序进行,确保评选结果的客观、公正、公平。

3. 职业发展激励

(1)研究如何为科技人才提供良好的职业发展空间和机会

科技人才通常具有较强的自我实现需求,他们渴望在职业生涯中不断取得进步和发展。因此,为科技人才提供良好的职业发展空间和机会是激励他们的重要手段之一。

首先,科技企业应该为科技人才制定个性化的职业发展规划。根据科技人才的专业背景、兴趣爱好和职业目标,为他们制定符合其自身发展需求的职业规划。职业发展规划应该包括短期、中期和长期的目标,并为科技人才提供实现这些目标的具体路径和方法。

其次,科技企业应该为科技人才提供丰富的培训和学习机会。科技领域的知识和技术更新换代非常快,科技人才需要不断学习和更新自己的知识和技能,以适应市场的需求和企业的发展。科技企业应该定期组织内部培训和外部培训,邀请专家学者和行业精英为科技人才授课,帮助他们提升专业素养和综合能力。

此外,科技企业还应该为科技人才提供晋升和发展的机会。科技人才在工作中取得了一定的成绩和贡献后,应该得到相应的晋升和奖励。科技企业应该建立完善的晋升机制和激励机制,为科技人才提供广阔的发展空间和平台,让他们能够充分发挥自己的才能和潜力。

(2)分析职业发展激励对人才留存和创新的影响

职业发展激励对科技人才的留存和创新具有重要的影响。

首先,职业发展激励可以提高科技人才的留存率。当科技人才看到自己在企业中有良好的职业发展前景和机会时,他们会更愿意留在企业中继续发展。相反,如果科技人才感到自己在企业中没有发展空间和机会,他们很可能会选择离开企业,寻找更好的发展机会。因此,为科技人才提供良好的职业发展激励可以增强他们对企业的归属感和忠诚度,提高人才的留存率。

其次,职业发展激励可以激发科技人才的创新能力。科技人才在追求职业发展的过程中,会不断挑战自己,尝试新的想法和方法,从而激发自己的创新能力。同时,良好的职业发展环境也会为科技人才提供更多的资源和支持,使他们能够更加专注地进行创新研究和实践。因此,职业发展激励可以促进科技人才的创新能力的提升,为企业的发展提供源源不断的动力。

综上所述,薪酬激励、荣誉激励和职业发展激励是科技人才激励机制的重要组成部分。通过建立合理的薪酬体系、设立丰富的荣誉奖项和提供良好的职业发展机会,可以有效地激发科技人才的工作积极性和创造力,为企业的发展和科技进步做出更大的贡献。

5.4 科技基础设施与平台建设

5.4.1 科技基础设施建设

科技基础设施是国家创新体系的重要组成部分,是推动科学技术发展和创新的重要支撑。加强科技基础设施建设,对于提高我国自主创新能力、促进经济社会发展具有重要意义。

1. 基础设施类型

(1)科研实验室

科研实验室是进行科学研究和实验的重要场所,是科技创新的源头。科研实验室通常配备先进的实验设备和仪器,能够为科研人员提供良好的实验条件和环境。科研实验室的类型多种多样,包括物理实验室、化学实验室、生物实验室、材料实验室等。不同类型的科研实验室具有不同的功能和特点,能够满足不同学科领域的研究需求。

科研实验室的主要功能是开展基础研究和应用基础研究,探索自然界的规律和现象,为科学技术的发展提供理论基础和实验依据。科研实验室还可以承担一些应用研究和开发研究项目,为企业和社会提供技术支持和服务。此外,科研实验室还可以培养高层次的科研人才,提高科研人员的创新能力和实践能力。

(2)测试中心

测试中心是对产品、材料、零部件等进行检测和测试的机构,是保证产品质量和安全性的重要手段。测试中心通常配备先进的测试设备和仪器,能够对各种产品和材料进行物理性能、化学性能、机械性能、电学性能等方面的测试和分析。测试中心的类型也很多，包括质量检测中心、环境检测中心、食品检测中心、药品检测中心等。不同类型的测试中心具有不同的测试范围和标准，能够满足不同行业和领域的测试需求。

测试中心的主要功能是为企业和社会提供产品质量检测和认证服务，帮助企业提高产品质量和市场竞争力。测试中心还可以为政府部门提供技术支持和服务，协助政府部门加强对产品质量和市场的监管。此外，测试中心还可以开展一些测试技术和方法的研究和开发工作，提高测试技术水平和服务质量。

(3) 中试基地

中试基地是进行中间试验和工业化试验的场所，是科技成果转化的重要环节。中试基地通常配备一定规模的生产设备和设施，能够对科技成果进行放大试验和验证，为科技成果的产业化提供技术支持和服务。中试基地的类型也比较多，包括化工中试基地、生物医药中试基地、新材料中试基地等。不同类型的中试基地具有不同的中试条件和能力，能够满足不同领域科技成果转化的需求。

中试基地的主要功能是对科技成果进行中间试验和工业化试验，验证科技成果的可行性和可靠性，解决科技成果在产业化过程中遇到的技术问题和工艺问题。中试基地还可以为企业提供技术咨询和服务，帮助企业制定产业化方案和生产工艺，降低企业的技术风险和投资风险。此外，中试基地还可以培养一批具有实践经验和创新能力的技术人才，为科技成果的产业化提供人才支持。

2. 建设规划与布局

(1) 规划原则

①前瞻性原则科技基础设施建设应具有前瞻性，能够适应科学技术发展的趋势和需求。在规划建设科技基础设施时，应充分考虑未来科学技术的发展方向和重点领域，提前布局相关的基础设施，为科学技术的发展提供有力的支撑。

②系统性原则科技基础设施建设是一个系统工程，需要从整体上进行规划和布局。在规划建设科技基础设施时，应充分考虑不同类型基础设施之间的相互关系和协同作用，形成一个有机的整体，提高科技基础设施的整体效益。

③开放性原则科技基础设施建设应具有开放性，能够与国内外的科技资源进行有效对接和共享。在规划建设科技基础设施时，应积极引进国内外先进的技术和设备，加强与国内外科研机构和企业的合作与交流，提高科技基础设施的国际化水平。

④效益性原则科技基础设施建设应注重效益性，能够实现经济效益和社会效益的最大化。在规划建设科技基础设施时，应充分考虑基础设施的投资成本和运营成本，合理确定基础设施的规模和功能，提高基础设施的利用效率和经济效益。同时，科技基础设施建设还应注重社会效益，能够为社会发展和人民生活提供有益的服务和支持。

(2)布局策略

①考虑地区发展需求科技基础设施的布局应充分考虑地区发展需求，与地区经济社会发展战略相衔接。在经济发达地区，应重点建设一批高水平的科研实验室和测试中心，提高地区的科技创新能力和产业竞争力。在欠发达地区，应重点建设一批中试基地和科技成果转化平台，促进科技成果的转化和应用，推动地区经济社会发展。

②结合产业特点科技基础设施的布局应结合产业特点，与产业发展需求相匹配。在高新技术产业密集区，应重点建设一批与高新技术产业相关的科技基础设施，如集成电路测试中心、生物医药研发平台等，为高新技术产业的发展提供技术支持和服务。在传统产业转型升级区，应重点建设一批与传统产业改造升级相关的科技基础设施，如智能制造示范基地、绿色化工中试基地等，推动传统产业的转型升级。

③优化资源配置科技基础设施的布局应优化资源配置，避免重复建设和资源浪费。在规划建设科技基础设施时，应充分考虑地区之间的资源差异和优势互补，合理配置科技资源，提高科技资源的利用效率。同时，应加强科技基础设施之间的协作与共享，实现科技资源的最大化利用。

3. 运行管理与维护

(1)提高运行效率和管理水平

①建立科学的管理制度建立健全科技基础设施的管理制度，明确管理职责和工作流程，加强对科技基础设施的规范化管理。制定完善的设备管理、人员管理、安全管理等规章制度，确保科技基础设施的正常运行和安全使用。

②加强人才队伍建设加强科技基础设施的人才队伍建设，提高管理人员和技术人员的素质和能力。通过引进和培养相结合的方式，吸引和汇聚一批高水平的管理和技术人才，为科技基础设施的运行和管理提供人才保障。

③推进信息化建设推进科技基础设施的信息化建设，提高管理效率和服务水平。建立科技基础设施的信息管理系统，实现对设备、人员、项目等信息的实

时监控和管理。通过信息化手段,提高科技基础设施的资源共享和利用效率,为科研人员和企业提供更加便捷的服务。

④加强绩效考核加强对科技基础设施的绩效考核,建立科学的评价指标体系,对科技基础设施的运行效率、管理水平、服务质量等进行全面评价。根据考核结果,对科技基础设施进行相应的奖励和惩罚,激励科技基础设施不断提高运行效率和管理水平。

(2)维护保障机制的重要性

①确保设备正常运行科技基础设施中的设备是进行科学研究和实验的重要工具,设备的正常运行是保证科技基础设施发挥作用的关键。建立完善的维护保障机制,定期对设备进行维护和保养,及时发现和解决设备故障,能够确保设备的正常运行,提高设备的使用寿命和可靠性。

②保障科研工作的顺利进行科技基础设施是科研工作的重要支撑,维护保障机制的建立能够为科研工作的顺利进行提供保障。通过及时维护和保养设备,保证实验条件的稳定性和可靠性,能够为科研人员提供良好的实验环境,提高科研工作的效率和质量。

③降低运行成本科技基础设施的运行成本较高,建立完善的维护保障机制,能够有效地降低运行成本。通过定期维护和保养设备,延长设备的使用寿命,减少设备的维修和更换费用,能够降低科技基础设施的运行成本,提高科技基础设施的经济效益。

④提高科技基础设施的安全性科技基础设施中涉及到一些危险化学品、高温高压设备等,存在一定的安全风险。建立完善的维护保障机制,加强对设备的安全检查和维护,能够及时发现和消除安全隐患,提高科技基础设施的安全性,保障人员和设备的安全。

综上所述,科技基础设施建设是推动科学技术发展和创新的重要支撑,加强科技基础设施建设对于提高我国自主创新能力、促进经济社会发展具有重要意义。在科技基础设施建设中,应注重基础设施类型的多样化,根据不同的功能和需求,建设科研实验室、测试中心、中试基地等不同类型的基础设施。同时,应遵循规划原则和布局策略,充分考虑地区发展需求和产业特点,合理规划和布局科技基础设施,提高科技资源的利用效率。此外,还应加强科技基础设施的运行管理和维护保障,建立科学的管理制度和维护保障机制,提高运行效率和管理水平,确保设备的正常运行和科研工作的顺利进行。只有这样,才能充分发挥科技基础设施的作用，推动我国科学技术的快速发展和创新。

5.4.2 科技平台建设

科技平台建设是推动科技创新和经济发展的重要支撑，涵盖了创新平台、数据平台和服务平台等多个方面。这些平台的建设和完善对于促进科技成果转化、推动创新创业、提高科研效率和服务质量具有重要意义。

1. 创新平台

(1)各类科技创新平台介绍

①产业技术创新联盟。产业技术创新联盟是由企业、高校、科研机构或其他组织机构，以企业的发展需求和各方的共同利益为基础，以提升产业技术创新能力为目标，通过各种形式的合作，形成的一种联合创新组织。产业技术创新联盟的主要作用是整合产业内的创新资源，加强产学研合作，共同攻克产业关键技术难题，提高产业核心竞争力。例如，在新能源汽车领域，一些汽车企业、电池企业、高校和科研机构组成了产业技术创新联盟，共同开展新能源汽车电池技术的研发，取得了一系列重要成果。

②科技企业孵化器。科技企业孵化器是为初创科技企业提供创业场地、创业辅导、技术支持、融资服务等一系列综合服务的机构。科技企业孵化器的主要目的是帮助初创企业降低创业风险和成本，提高创业成功率。科技企业孵化器通常提供办公场地、实验室、设备等基础设施，以及创业培训、商业模式辅导、市场推广等服务。通过这些服务，初创企业可以更快地成长和发展。例如，中关村创业大街上的众多孵化器，为大量的科技创业者提供了良好的创业环境和支持，培育了一批优秀的科技企业。

(2)创新平台对促进科技成果转化和创新创业的作用

①加速科技成果转化。创新平台为科技成果转化提供了重要的渠道和载体。产业技术创新联盟通过产学研合作，将高校和科研机构的科研成果与企业的实际需求相结合，促进了科技成果的产业化应用。科技企业孵化器则为初创企业提供了技术转化的平台和资源，帮助他们将科技成果转化为实际的产品和服务。通过创新平台的作用，可以缩短科技成果转化的周期，提高科技成果转化的效率和成功率。

②推动创新创业。创新平台为创新创业者提供了良好的创业环境和支持。产业技术创新联盟可以为创业者提供行业信息、技术支持和市场资源，帮助他

们更好地了解市场需求和行业发展趋势,提高创业的成功率。科技企业孵化器为创业者提供了创业场地、资金支持和创业辅导等服务,降低了创业的风险和成本,激发了创业者的创新热情和创业动力。此外,创新平台还可以举办各类创新创业活动,如创业大赛、创业培训等,营造良好的创新创业氛围,吸引更多的人参与创新创业。

2. 数据平台

(1)科技数据平台在科研和创新中的重要性

①提供数据支持。科技数据平台汇集了大量的科研数据,包括实验数据、观测数据、文献数据等。这些数据是科研人员进行科学研究和创新的重要基础。科研人员可以通过数据平台获取所需的数据,避免了重复收集数据的工作,提高了科研效率。同时,数据平台还可以提供数据处理和分析的工具,帮助科研人员更好地挖掘数据中的信息,为科学研究和创新提供有力的支持。

②促进知识共享。科技数据平台打破了时间和空间的限制,使科研人员能够更方便地共享知识和经验。科研人员可以将自己的研究成果上传到数据平台上,与其他科研人员进行交流和分享。通过知识共享,科研人员可以相互学习和借鉴,促进科学研究的协同创新,推动科学技术的进步。

③支持决策制定。科技数据平台可以为政府、企业和科研机构的决策制定提供数据支持。通过对数据平台中的数据进行分析和挖掘,可以了解科技发展的趋势和需求,为制定科技政策、规划科研项目、开展科技创新活动提供科学依据。同时,数据平台还可以为企业的产品研发、市场拓展等提供数据支持,帮助企业提高决策的科学性和准确性。

(2)加强数据平台的建设和共享

①加强数据资源整合。加强数据平台的建设,首先要加强数据资源的整合。政府、企业和科研机构应加强合作,共同推动数据资源的整合和共享。建立统一的数据标准和规范,确保数据的质量和可用性。同时,要加强对数据的管理和保护,确保数据的安全和隐私。

②推动数据开放共享。数据开放共享是加强数据平台建设的重要内容。政府应制定相关政策,推动公共数据的开放共享,鼓励企业和科研机构将自己的数据开放给社会公众使用。建立数据共享机制,明确数据共享的责任和义务,保障数据共享的顺利进行。同时,要加强数据共享平台的建设,提高数据共享的效率和便利性。

③加强技术创新。加强数据平台的建设,需要不断加强技术创新。加大对数据采集、存储、处理和分析等技术的研发投入,提高数据平台的技术水平和服务能力。利用云计算、大数据、人工智能等新技术,提高数据平台的智能化水平,为科研人员和创新者提供更加便捷、高效的数据服务。

3. 服务平台

(1)为科技企业和科研人员提供服务的平台介绍

①技术转移中心。技术转移中心是促进技术转移和成果转化的专业机构。技术转移中心的主要职责是为企业和科研机构提供技术转移服务,包括技术需求对接、技术评估、技术交易等。技术转移中心通过搭建技术转移平台,整合技术转移资源,促进技术的供需双方进行有效的对接和合作,推动技术成果的转化和应用。

②知识产权服务机构。知识产权服务机构是为企业和科研人员提供知识产权服务的专业机构。知识产权服务机构的主要服务内容包括知识产权申请、知识产权维权、知识产权运营等。知识产权服务机构通过专业的知识和技能,为企业和科研人员提供全方位的知识产权服务,保护他们的知识产权权益,提高他们的知识产权运用能力和市场竞争力。

(2)提高服务平台的质量和效率的研究

①加强人才队伍建设。提高服务平台的质量和效率,关键在于加强人才队伍建设。服务平台应吸引和培养一批高素质的专业人才,包括技术转移专家、知识产权律师、科技咨询师等。加强对人才的培训和管理,提高他们的专业素质和服务能力。同时,要建立合理的激励机制,激发人才的创新活力和工作积极性。

②完善服务体系。完善服务体系是提高服务平台质量和效率的重要保障。服务平台应根据企业和科研人员的需求,不断完善服务内容和服务方式。建立健全服务流程和服务标准,提高服务的规范化和专业化水平。加强与其他服务机构的合作,形成协同服务的机制,为企业和科研人员提供全方位的服务支持。

③加强信息化建设。加强信息化建设是提高服务平台质量和效率的重要手段。服务平台应利用互联网、大数据等信息技术,建立信息化服务平台,实现服务的在线化、智能化和便捷化。通过信息化服务平台,企业和科研人员可以更加方便地获取服务信息、提交服务需求、跟踪服务进度,提高服务的效率和满意度。

综上所述，科技平台建设是推动科技创新和经济发展的重要举措。通过建设创新平台、数据平台和服务平台，可以促进科技成果转化和创新创业，提高科研效率和服务质量，为实现经济高质量发展提供有力支撑。在科技平台建设过程中，我们应不断加强创新能力，完善管理机制，提高服务水平，推动科技平台的健康发展。同时，政府、企业、高校和科研机构应加强合作，形成合力，共同推动科技平台建设，为建设创新型国家和实现科技强国的目标做出积极贡献。

5.4.3　科技资源配置与利用的研究结论

科技资源的配置与利用是当今时代推动科技创新和经济发展的关键因素。通过对这一领域的深入研究，我们取得了一系列重要的内容和研究成果。

首先，科技资源的配置与利用涉及到人力、物力、财力等多方面的资源。在研究中，我们明确了如何合理地分配这些资源，以达到最优的效果。例如，通过对科研人员的合理调配，能够使他们在各自擅长的领域发挥最大的作用；对科研设备和资金的合理分配，能够提高资源的利用效率，避免浪费。

其次，我们的研究成果还包括了对科技资源利用效率的评估方法和指标体系的建立。这使得我们能够更加准确地衡量科技资源的利用情况，为进一步优化资源配置提供了依据。

科技资源的合理配置和有效利用对推动科技创新和经济发展具有极其重要的意义。合理的科技资源配置能够促进科技领域的协同创新，使不同的科研机构和企业之间能够更好地合作，共同攻克科技难题。同时，有效利用科技资源能够加快科技成果的转化和应用，推动产业升级和经济结构调整，提高国家的核心竞争力。

展望未来，科技资源配置与利用的发展方向应该是更加注重智能化、协同化和可持续化。在智能化方面，利用大数据、人工智能等技术手段，实现对科技资源的精准配置和动态管理。在协同化方面，加强不同地区、不同领域之间的科技资源共享和合作，形成协同创新的合力。在可持续化方面，注重科技资源的节约和循环利用，实现科技发展与环境保护的良性互动。

为了实现这些发展方向，我们提出以下建议：一是加强科技资源管理的体制机制创新，打破部门之间的壁垒，实现科技资源的统筹管理和优化配置；二是加大对科技资源研发和应用的投入，提高科技资源的供给质量和数量；三是培养和引进高素质的科技人才，为科技资源的配置与利用提供人才支撑；四是加强国际科技合作与交流,吸收和借鉴国际先进的科技资源管理经验和技术。

总之,科技资源的配置与利用是一个复杂而又重要的课题。我们需要不断地加强研究和实践,探索出更加科学、合理、有效的科技资源配置与利用模式,为推动科技创新和经济发展做出更大的贡献。

第6章　科技评估与决策支持

6.1　科技评估的概念、类型与原则

在现代科技管理体系中,科技评估具有至关重要的地位。它是科学决策的重要依据,能够有效提高科技资源的配置效率,推动科技事业的健康发展。本节将深入探讨科技评估的相关内容,包括科技评估的概念、类型与原则,帮助读者全面了解科技评估在科技管理中的重要作用。

6.1.1　科技评估的概念

1. 定义科技评估的内涵

(1)对科技活动及其相关方面进行的评价和估量

科技评估是对科技活动及其相关方面进行的评价和估量。科技活动是一个广泛的概念,涵盖了从基础研究到应用研究、技术开发、技术转移、产业化等各个环节。科技评估不仅关注科技活动的技术层面,还涉及到科技活动的经济、社会、环境等多个方面。通过对科技活动的全面评估,可以为科技决策提供依据,提高科技资源的配置效率,促进科技成果的转化和应用。

科技评估的对象包括科技项目、科技计划、科技政策、科技机构、科技人员等。对于科技项目的评估,主要关注项目的技术可行性、创新性、经济效益、社会效益等方面;对于科技计划的评估,需要考虑计划的目标合理性、任务分解的科学性、资源配置的有效性等;对于科技政策的评估,要评估政策的目标导向、政策措施的合理性、政策实施的效果等;对于科技机构的评估,涉及机构的研发能力、管理水平、创新绩效等方面;对于科技人员的评估,则主要考察其学术水平、科研能力、创新成果等。

(2)强调其系统性和科学性

科技评估强调系统性和科学性。系统性是指科技评估要从整体上考虑科技活动的各个方面及其相互关系,不能孤立地看待某个环节或因素。科技活动是一个复杂的系统,各个环节之间相互关联、相互影响。例如,一个科技项目的成功不仅取决于技术的先进性,还受到市场需求、资金投入、团队协作等多种因素的制约。因此,科技评估需要综合考虑这些因素,对科技活动进行全面、系统的分析。

科学性是指科技评估要依据科学的方法和标准进行。科技评估需要运用多种学科的知识和方法,如管理学、经济学、统计学、社会学等,对科技活动进行定量和定性的分析。在评估过程中,要收集大量的数据和信息,并进行科学的处理和分析,以得出客观、准确的评估结论。同时,科技评估的指标体系和评估方法要经过科学的论证和验证,确保其合理性和有效性。

2. 科技评估与其他相关概念的区别与联系

(1)与科技评价的比较

科技评价和科技评估是两个容易混淆的概念,它们之间既有联系又有区别。

①定义和内涵。科技评价是对科技活动的价值进行判断和评定的过程。它主要关注科技活动的成果和绩效,通过对科技成果的质量、水平、创新性等方面进行评价,来确定其价值和意义。科技评价的目的是为了促进科技进步和创新,提高科技成果的质量和水平。

科技评估则是对科技活动及其相关方面进行的全面、系统的评价和估量。它不仅关注科技活动的成果和绩效,还关注科技活动的过程、影响和可持续性等方面。科技评估的目的是为了为科技决策提供依据,提高科技资源的配置效率,促进科技与经济社会的协调发展。

②侧重点。科技评价侧重于对科技成果的评价,强调对科技成果的质量、水平、创新性等方面进行评估。科技评价的重点在于对科技成果的学术价值和技术价值进行判断,以确定其在科技领域的地位和影响力。

科技评估则更加注重对科技活动的全过程进行评估,包括科技项目的立项、实施、成果转化等环节。科技评估不仅要评估科技成果的质量和水平,还要评估科技活动的经济效益、社会效益、环境效益等方面,以全面了解科技活动的影响和效果。

③方法和手段。科技评价主要采用同行评议、文献计量、专利分析等方法，对科技成果的学术价值和技术价值进行评估。这些方法主要基于对科技成果的文献资料和数据的分析，具有一定的客观性和科学性。

科技评估则采用多种方法和手段，包括定性分析、定量分析、案例分析、德尔菲法等。科技评估需要综合考虑科技活动的多个方面，因此需要采用多种方法和手段进行评估，以确保评估结果的全面性和准确性。

④应用领域。科技评价主要应用于科技成果的鉴定、评奖、学术交流等领域，是对科技成果的一种认可和奖励机制。

科技评估则广泛应用于科技政策的制定、科技项目的管理、科技资源的配置等领域，是为科技决策提供依据的重要手段。

(2)与科技监测的比较

科技监测是对科技活动的动态跟踪和信息收集的过程。它通过对科技领域的各种信息进行监测和分析，及时了解科技发展的趋势和动态，为科技决策提供信息支持。

①定义和内涵。科技监测是对科技活动的过程和状态进行实时跟踪和监测的活动。它主要关注科技活动的进展情况、变化趋势、潜在问题等方面，通过收集、整理和分析相关信息，为科技管理和决策提供及时、准确的依据。

科技评估则是对科技活动及其相关方面进行的综合性评价和估量。它不仅关注科技活动的过程和状态，还关注科技活动的结果和影响，通过对科技活动的全面分析和评估，为科技决策提供科学依据和建议。

②侧重点。科技监测侧重于对科技活动的过程和状态进行实时跟踪和监测，及时发现科技活动中出现的问题和变化趋势。科技监测的重点在于提供及时、准确的信息，为科技管理和决策提供支持。

科技评估则更加注重对科技活动的结果和影响进行评估，分析科技活动的效益和价值。科技评估的重点在于为科技决策提供科学依据和建议，以提高科技资源的配置效率和科技活动的绩效。

③方法和手段。科技监测主要采用信息收集、数据分析、指标监测等方法，对科技活动的过程和状态进行实时跟踪和监测。科技监测需要建立完善的信息收集和监测体系，及时收集和整理相关信息，并进行分析和处理。

科技评估则采用多种方法和手段，包括定性分析、定量分析、案例分析、德尔菲法等。科技评估需要对科技活动的多个方面进行综合分析和评估，因此需要采用多种方法和手段进行评估,以确保评估结果的全面性和准确性。

④应用领域。科技监测主要应用于科技管理和决策领域,为科技管理部门和决策者提供及时、准确的信息支持,帮助他们了解科技活动的进展情况和变化趋势,及时调整科技政策和管理措施。

科技评估则广泛应用于科技政策的制定、科技项目的管理、科技资源的配置等领域,是为科技决策提供科学依据和建议的重要手段。

(3)科技评估与科技评价、科技监测的相互关系

科技评估、科技评价和科技监测虽然在定义、内涵、侧重点、方法和手段以及应用领域等方面存在一定的差异,但它们之间也存在着密切的联系。

①共同目标。科技评估、科技评价和科技监测的共同目标是促进科技进步和创新,提高科技资源的配置效率,推动科技与经济社会的协调发展。它们都是为了实现这一目标而开展的工作,只是在具体的工作内容和方法上有所不同。

②相互依存。科技评估、科技评价和科技监测是相互依存的。科技监测为科技评估和科技评价提供了基础信息,通过对科技活动的动态跟踪和信息收集,为科技评估和科技评价提供了数据支持和依据。科技评价则为科技评估提供了重要的参考,科技评估可以借鉴科技评价的方法和指标体系,对科技活动的成果和绩效进行评估。科技评估则是对科技监测和科技评价的综合和深化,通过对科技活动的全面分析和评估,为科技决策提供更加科学、全面的依据和建议。

③相互促进。科技评估、科技评价和科技监测之间是相互促进的关系。科技监测的不断完善和发展,可以为科技评估和科技评价提供更加准确、及时的信息,提高科技评估和科技评价的质量和水平。科技评价的不断改进和创新,可以为科技评估提供更加科学、合理的指标体系和方法,促进科技评估的发展。科技评估的深入开展,可以为科技监测和科技评价提供更加全面、深入的分析和建议,推动科技监测和科技评价的不断完善和发展。

综上所述,科技评估是对科技活动及其相关方面进行的全面、系统的评价和估量,强调其系统性和科学性。科技评估与科技评价、科技监测既有区别又有联系,它们共同构成了科技管理和决策的重要支撑体系。在实际工作中,我们应该充分认识到它们之间的关系,加强它们之间的协同和配合,以提高科技管理和决策的水平,推动科技事业的发展。

6.1.2　科技评估的类型

科技评估是对科学技术活动及其相关事项进行评价和估量的过程，旨在为科技决策、管理和发展提供依据和支持。科技评估的类型可以从不同的角度进行划分，下面将按照评估对象、评估目的和评估方法三个方面进行分类阐述。

1. 按照评估对象分类

(1) 对科技项目的评估

科技项目评估是对特定的科技研究、开发或应用项目进行的评估。这类评估的重点是考察项目的科学性、可行性、创新性、风险性以及预期的经济效益和社会效益。

在对科技项目进行评估时，需要考虑多个方面的因素。首先，要对项目的技术方案进行评估，包括技术的先进性、成熟性和可靠性等。其次，要对项目的实施计划进行评估，包括项目的进度安排、资源配置和风险管理等。此外，还需要对项目的预期成果进行评估，包括技术成果的创新性和实用性，以及经济和社会效益的预期等。

例如，对于一个新药研发项目的评估，需要评估该药物的疗效、安全性、市场需求和竞争情况等。评估人员可能会查阅相关的科学文献、进行实验室测试、开展临床研究，并对市场前景进行分析，以综合评估该项目的可行性和潜在价值。

(2) 对科技机构的评估

科技机构评估是对从事科技活动的组织或机构进行的评估。这类评估的目的是评价科技机构的整体实力、运行效率、创新能力和社会影响力。

对科技机构的评估可以从多个维度进行。一是机构的研发能力，包括科研人员的素质和数量、科研设备的先进程度、科研经费的投入等。二是机构的管理水平，包括组织机构的合理性、管理制度的完善性、运行机制的灵活性等。三是机构的创新成果，包括专利申请和授权数量、科技论文发表数量和质量、科技成果转化情况等。四是机构的社会服务能力，包括对行业发展的贡献、对社会经济发展的推动作用等。

以一个科研院所为例，对其进行评估时，需要考察该院所的科研团队结构、科研项目承担情况、科研成果产出、学术交流活动以及与企业的合作情况等方面，以全面了解该院所的科技实力和发展潜力。

(3)对科技政策的评估

科技政策评估是对国家或地方政府制定的科技政策进行的评估。这类评估的主要目的是考察科技政策的合理性、有效性和适应性,为政策的调整和完善提供依据。

科技政策评估需要关注政策的目标设定、政策措施的实施情况以及政策的效果。评估人员会分析政策是否与国家的科技发展战略和经济社会发展需求相契合,政策措施是否得到了有效的执行,以及政策是否达到了预期的目标,如促进科技创新、提高科技竞争力、推动经济增长等。

例如,对一项鼓励企业加大研发投入的科技政策进行评估,需要考察企业对该政策的知晓度和响应程度,政策对企业研发投入的实际激励效果,以及政策对整个产业创新能力的提升作用等。通过对这些方面的评估,可以判断该政策的有效性,并提出相应的改进建议。

2. 按照评估目的分类

(1)决策性评估

决策性评估是为科技决策提供依据的评估。这类评估通常在科技项目、科技机构或科技政策的立项、审批或调整阶段进行,旨在帮助决策者了解相关事项的利弊,做出科学合理的决策。

决策性评估需要对评估对象的多个方面进行深入分析,包括技术可行性、经济合理性、社会影响等。评估结果通常以详细的报告形式呈现,为决策者提供全面、客观的信息,帮助他们权衡各种因素,做出明智的决策。

例如,在决定是否投资一个大型科技项目时,决策性评估可以帮助决策者了解该项目的技术风险、市场前景、投资回报率等关键信息,从而决定是否批准该项目。同样,在制定科技政策时,决策性评估可以为政策制定者提供关于政策目标、政策措施和政策效果的预测和分析,帮助他们制定出更加科学、有效的政策。

(2)监测性评估

监测性评估是对科技活动的过程和进展进行实时监测和评估的一种方法。这类评估的目的是及时发现科技活动中存在的问题和偏差,为调整和改进提供依据,确保科技活动能够按照预定的目标和计划顺利进行。

监测性评估通常采用定期或不定期的数据收集和分析方法,对科技项目的实施进度、科技机构的运行状况、科技政策的执行情况等进行跟踪和监测。通过对监测数据的分析,评估人员可以及时发现问题,并提出相应的解决措施,以保证科技活动的顺利进行。

例如,对于一个正在进行的科技项目,监测性评估可以定期检查项目的进度是否符合计划,项目经费的使用是否合理,项目团队的协作是否顺畅等。如果发现问题,评估人员可以及时向项目负责人提出建议,采取措施加以解决,以避免问题的扩大化,确保项目能够按时完成。

(3)绩效性评估

绩效性评估是对科技活动的成果和效益进行评估的一种方法。这类评估的目的是衡量科技活动的实际效果,评估科技投入的产出效率,为科技资源的合理配置提供依据。

绩效性评估通常采用定量和定性相结合的方法,对科技项目、科技机构和科技政策的绩效进行评估。评估的指标包括技术成果的数量和质量、经济效益、社会效益、环境效益等。通过对这些指标的评估,可以了解科技活动的实际效果,评价科技投入的效益,为进一步优化科技资源配置提供参考。

例如,对于一个已经完成的科技项目,绩效性评估可以评估该项目所产生的技术成果在市场上的应用情况,项目所带来的经济效益和社会效益,以及项目对环境的影响等。通过对这些方面的评估,可以判断该项目的成功程度,为今后类似项目的实施提供经验教训。

3.按照评估方法分类

(1)定量评估方法及其应用

定量评估方法是通过对数据的收集和分析,运用数学模型和统计方法来评估科技活动的一种方法。这类方法的优点是能够提供客观、精确的评估结果,具有较强的科学性和可靠性。

定量评估方法在科技评估中得到了广泛的应用。例如,在对科技项目的经济效益进行评估时,可以采用成本效益分析、投资回报率分析等方法,通过对项目的成本和收益进行量化分析,来评估项目的经济可行性。在对科技机构的研发能力进行评估时,可以采用专利分析、论文引用分析等方法,通过对机构的科研成果进行量化分析,来评估机构的研发实力。

然而,定量评估方法也存在一些局限性。例如,有些科技活动的效果难以用定量指标来衡量,如科技活动对社会文化的影响等。此外,定量评估方法往往需要大量的数据支持,如果数据质量不高或数据不完整,可能会影响评估结果的准确性。

(2)定性评估方法及其应用

定性评估方法是通过对评估对象的性质、特点和发展趋势进行分析和判断,来评估科技活动的一种方法。这类方法的优点是能够深入了解评估对象的内在特征和本质,具有较强的灵活性和适应性。

定性评估方法在科技评估中也发挥着重要的作用。例如,在对科技项目的创新性进行评估时,可以采用专家访谈、小组讨论等方法,通过听取专家的意见和建议,来评估项目的创新性。在对科技政策的社会影响进行评估时,可以采用案例分析、社会调查等方法,通过对实际案例的分析和社会公众的意见调查,来评估政策的社会影响。

定性评估方法的局限性在于评估结果往往具有一定的主观性和不确定性,不同的评估人员可能会得出不同的评估结论。因此,在使用定性评估方法时,需要尽可能地提高评估人员的专业素质和评估过程的规范性,以提高评估结果的可靠性。

(3)综合评估方法及其应用

综合评估方法是将定量评估方法和定性评估方法相结合,对科技活动进行全面、系统评估的一种方法。这类方法的优点是能够充分发挥定量评估方法和定性评估方法的优势,克服各自的局限性,提高评估结果的科学性和可靠性。

在实际的科技评估中,综合评估方法得到了越来越广泛的应用。例如,在对科技项目进行评估时,可以先采用定量评估方法对项目的技术可行性、经济效益等进行评估,然后采用定性评估方法对项目的创新性、社会影响等进行评估,最后将定量评估结果和定性评估结果进行综合分析,得出全面、客观的评估结论。

综合评估方法的实施需要注意以下几个方面:一是要根据评估对象的特点和评估目的,合理选择定量评估方法和定性评估方法,并确定它们在评估中的权重。二是要加强数据的收集和整理,确保定量评估数据的准确性和可靠性。三是要提高评估人员的专业素质和综合能力,使他们能够熟练掌握定量评估方法和定性评估方法,并能够将它们有机地结合起来。

综上所述,科技评估的类型可以从评估对象、评估目的和评估方法三个方面进行分类。不同类型的科技评估具有不同的特点和应用范围,在实际的科技评估工作中,需要根据具体情况选择合适的评估类型和评估方法,以提高评估结果的科学性和可靠性,为科技决策、管理和发展提供有力的支持。

6.1.3　科技评估的原则

科技评估是对科技活动及其效果进行的评价和估量,它对于合理配置科技资源、提高科技管理水平、推动科技进步具有重要意义。在进行科技评估时,需要遵循一系列的原则,以确保评估的质量和有效性。以下将对科技评估的客观性、科学性、公正性、实用性和动态性原则进行详细的讲解和分析。

1. 客观性原则

客观性原则是科技评估的首要原则,它要求评估依据的事实和数据真实可靠,避免主观偏见和个人情感的影响。

(1)确保评估依据的事实和数据真实可靠

在科技评估中,事实和数据是评估的基础,唯有以真实可靠的事实和数据为依据,方能得出准确、客观的评估结论。为此,需采取如下措施以确保评估依据的事实和数据真实可靠:一是多渠道收集信息,通过查阅文献、实地调研、问卷调查、专家访谈等多种方式,广泛收集与评估对象相关的信息,以保证信息的全面性与准确性;二是严格核实信息来源,对收集的信息认真核查,确保其来源的可靠性,对于来源不明或存疑的信息,需作进一步的调查与验证;三是建立数据质量控制体系,对数据收集、整理、录入和分析等环节实施严格的质量控制,确保数据的准确性和一致性,比如在数据录入时,可采用双人录入、核对的办法,防止数据录入错误。

(2)避免主观偏见和个人情感的影响

主观偏见和个人情感是影响科技评估客观性的重要因素。在评估过程中,评估人员可能会因为个人的知识背景、经验、价值观等因素,对评估对象产生主观偏见和个人情感,从而影响评估结果的客观性。为了避免主观偏见和个人情感的影响,需要采取以下措施。

①建立科学的评估指标体系。评估指标体系是评估的依据,建立科学合理的评估指标体系可以有效地避免主观偏见和个人情感的影响。评估指标体系应该具有明确的定义、可操作性和客观性,能够客观地反映评估对象的实际情况。

②采用多人评估的方式。通过组织多个评估人员对评估对象进行评估,可以有效地避免个人主观偏见和个人情感的影响。在多人评估的过程中,可以采

用匿名评估的方式,避免评估人员之间的相互影响。

③加强评估人员的培训。评估人员的素质和能力直接影响评估结果的客观性。通过加强评估人员的培训,提高评估人员的专业水平和职业道德素养,使其能够客观、公正地进行评估。

2. 科学性原则

科学性原则是科技评估的核心原则,它要求运用科学的理论和方法进行评估,保证评估过程和结果的合理性和准确性。

(1)运用科学的理论和方法进行评估

科学的理论和方法是科技评估的重要支撑。在评估过程中,应该运用现代科学技术的理论和方法,如系统论、信息论、控制论、统计学、运筹学等,对评估对象进行全面、系统的分析和评价。例如,在评估科技项目的可行性时,可以运用系统工程的方法,对项目的技术可行性、经济可行性、社会可行性等方面进行综合分析和评价。

(2)保证评估过程和结果的合理性和准确性

确保评估过程和结果的合理性与准确性是科学性原则的核心体现,为此需关注以下几个关键方面:首先,评估程序的合理性至关重要,评估过程应遵循科学的逻辑和方法,涵盖评估目标的明确、评估指标体系的构建、数据的收集与分析以及评估结果的得出等环节,每个环节都应有清晰的操作规范和标准,以保证评估过程的科学性和合理性。其次,评估方法的选择应根据评估对象的特点和评估目的的需求,选取合适的评估工具,例如,对于可量化的评估对象,可采用统计学方法进行深入分析;而对于定性评估对象,则可采用专家评价法或层次分析法等进行综合评价。最后,评估结果的验证是确保评估准确性的重要步骤,可以通过将评估结果与实际情况对比、与其他评估方法的结果进行交叉验证,以及征求专家意见等方式,对评估结果进行严格的验证和检验,从而确保评估结果的合理性和准确性。

3. 公正性原则

公正性原则是科技评估的基本原则,它要求对所有评估对象一视同仁,不受外部因素干扰,独立进行评估。

(1)对所有评估对象一视同仁

在科技评估中,应该对所有评估对象一视同仁,不因其所属地区、部门、行业、所有制等因素而有所区别。评估标准和评估程序应该对所有评估对象都是统一的，确保评估的公平性和公正性。例如，在评估科技项目时，应该根据项目的技术水平、创新性、可行性等因素进行评价，而不应该考虑项目承担单位的性质和规模。

(2)不受外部因素干扰，独立进行评估

科技评估应该独立进行，不受外部因素的干扰。评估机构和评估人员应该保持独立的地位，不受政府部门、企业、社会团体等利益相关方的影响，确保评估结果的客观性和公正性。例如，评估机构应该具有独立的法人资格，评估人员应该具有独立的专业判断能力，不受任何外部因素的干扰。

为了保证科技评估的公正性，还需要建立健全评估监督机制，加强对评估过程和评估结果的监督和管理。评估监督机制应该包括内部监督和外部监督两个方面。内部监督主要是指评估机构自身对评估过程和评估结果的监督和管理；外部监督主要是指政府部门、社会公众对评估过程和评估结果的监督和管理。

4. 实用性原则

实用性原则是科技评估的重要原则，它要求评估结果能够为实际决策提供有效的支持和参考，注重评估的可操作性和可行性。

(1)评估结果能够为实际决策提供有效的支持和参考

科技评估的目的是为了为科技管理和决策提供依据，因此评估结果应该具有实用性和可操作性。评估结果应该能够清晰地反映评估对象的实际情况和存在的问题，为决策者提供科学的依据和建议。例如，在评估科技项目的经济效益时，应该提供详细的经济效益分析报告，包括项目的投资回报率、成本效益比、财务内部收益率等指标，为决策者提供决策依据。

(2)注重评估的可操作性和可行性

在进行科技评估时，应该注重评估的可操作性和可行性。评估指标体系应该简单明了，易于理解和操作；评估方法应该简便易行，能够在实际工作中得到应用。例如，在评估科技成果转化效果时，可以采用问卷调查、实地考察等方法，这些方法简单易行，能够有效地收集评估数据。

为了提高科技评估的实用性，还需要加强评估结果的反馈和应用。评估结果应该及时反馈给决策者和相关部门，以便他们能够根据评估结果及时调整科技政策和管理措施。同时，评估结果也应该向社会公开，接受社会公众的监督和评价，提高科技评估的透明度和公信力。

5. 动态性原则

动态性原则是科技评估的重要原则,它要求认识到科技发展的动态性,及时调整评估内容和方法,跟踪评估对象的变化,保证评估的时效性。

(1)认识到科技发展的动态性,及时调整评估内容和方法

科技发展是一个动态的过程,新的科技成果不断涌现,科技发展的环境和条件也在不断变化。因此,科技评估应该认识到科技发展的动态性,及时调整评估内容和方法,以适应科技发展的需要。例如,随着人工智能技术的快速发展,科技评估应该及时将人工智能技术纳入评估内容,调整评估指标体系和评估方法,以准确评估人工智能技术的发展水平和应用效果。

(2)跟踪评估对象的变化,保证评估的时效性

科技评估应该跟踪评估对象的变化,及时掌握评估对象的最新情况,保证评估的时效性。例如,对于科技项目的评估,应该在项目实施过程中进行跟踪评估,及时发现项目实施过程中存在的问题,提出改进措施,确保项目能够顺利完成。对于科技政策的评估,应该根据科技政策的实施情况,及时进行调整和完善,以提高科技政策的实施效果。

为了保证科技评估的动态性,需要建立科技评估信息监测和反馈机制,及时收集和分析科技发展的相关信息,为科技评估提供数据支持和决策依据。同时,科技评估也应该加强与科技管理部门、科研机构、企业等利益相关方的沟通和合作,及时了解科技发展的需求和趋势,调整评估内容和方法,提高科技评估的适应性和有效性。

综上所述,科技评估的客观性、科学性、公正性、实用性和动态性原则是相互关联、相互影响的。在进行科技评估时,应该始终坚持这些原则,确保评估的质量和有效性。只有这样,才能为科技管理和决策提供科学的依据,推动科技事业的健康发展。

6. 结论

(1)总结科技评估的概念、类型与原则的重要内容

科技评估是对科学技术活动及其相关事项进行系统、客观、科学的分析和评价的过程。它旨在为科技决策提供依据,提高科技资源的配置效率,促进科技事业的健康发展。

科技评估的类型多种多样,根据评估的对象和目的不同,可以分为项目评估、机构评估、政策评估等。项目评估主要关注科技项目的可行性、创新性、经

济效益和社会效益等方面;机构评估则侧重于评估科研机构的研发能力、管理水平和创新绩效;政策评估旨在评价科技政策的合理性、有效性和适应性。

科技评估应遵循一系列原则,以确保评估结果的科学性和可靠性。这些原则包括客观性原则,要求评估过程不受主观因素的影响,以事实为依据;公正性原则,保证评估结果对所有相关方公平公正;科学性原则,运用科学的方法和指标进行评估;独立性原则,评估机构和人员应独立于被评估对象,避免利益冲突;系统性原则,将评估对象作为一个整体系统进行分析,考虑各方面的因素及其相互关系。

(2)强调科技评估在科技管理中的重要作用和意义

科技评估在科技管理中具有至关重要的作用和意义。首先,它为科技决策提供了重要依据。通过对科技项目、机构和政策的评估,决策者可以了解其潜在的风险和收益,从而做出更加明智的决策,提高科技资源的利用效率。

其次,科技评估有助于优化科技资源配置。通过评估,可以发现科技资源在分配和使用过程中存在的问题,及时进行调整和优化,使有限的资源得到更加合理的配置,提高科技投入的产出效益。

此外,科技评估还可以促进科技管理的规范化和科学化。评估过程中建立的一套科学的指标体系和评估方法,有助于规范科技管理的流程和行为,提高科技管理的水平和质量。同时,科技评估还可以对科技管理的效果进行监督和反馈,及时发现问题并进行改进,推动科技管理不断创新和完善。

(3)对未来科技评估的发展趋势进行展望

随着科技的不断发展和创新,科技评估面临新机遇与挑战,未来将呈现出以下发展趋势:其一,评估方法走向多元化和综合化,不再局限于单一方法,而是将定性与定量、专家评估与数据分析等多种方法综合运用,提升评估结果的准确性与可靠性。其二,数据驱动的评估模式会成为主流,伴随大数据技术的发展,科技评估将更依赖数据的收集、分析和处理,通过对大量数据的挖掘与分析,能更全面深入地了解科技活动情况,为评估提供有力支撑。其三,国际化合作将日益强化,科技发展具有全球性,科技评估也需加强国际合作,各国将在该领域开展更广泛交流与合作,共同推动其发展与应用。其四,更加重视社会影响和可持续发展,未来科技评估不仅关注经济效益,还会更注重对社会、环境及可持续发展的影响,全面考虑科技活动的综合效益,以实现科技与社会的协调发展。其五,智能化评估技术的应用将持续拓展,随着人工智能技术的进步,智能化评估技术在科技评估中会得到更广泛应用,如利用机器学习算法进行数据分析和预测,提高评估效率与准确性。

总之,科技评估作为科技管理的重要手段,对于推动科技事业的发展具有重要意义。未来,我们应不断加强科技评估的理论研究和实践探索,积极应对新的挑战和机遇,推动科技评估向更加科学、规范、高效的方向发展,为实现科技强国的目标提供有力支撑。

6.2 科技评估的方法与程序

在现代科技管理体系中,科技评估具有重要地位。本节将详细探讨科技评估的方法与程序,首先阐述科技评估在该体系中的重要性,随后简要介绍本章的主要内容和结构。

6.2.1 科技评估的方法

科技评估是对科学技术活动及其影响进行系统、客观、科学的分析和评价的过程。它旨在为科技决策提供依据,提高科技资源的配置效率,促进科技的发展和应用。科技评估的方法多种多样,包括定性评估方法、定量评估方法和综合评估方法。下面将对这些方法进行详细介绍和分析。

1. 定性评估方法

(1)专家判断法

专家判断法是一种依赖专家知识、经验和判断力进行评估的方法,其核心在于专家的选择与组成、意见的收集与分析,以及方法的优缺点。首先,选择合适的专家至关重要,专家应具备相关领域的专业知识、丰富的实践经验和良好的声誉,同时专家团队应具有多样性,涵盖不同学科、领域和地区,以确保评估的全面性和客观性。其次,专家意见的收集可通过问卷调查、访谈或研讨会等方式进行,需明确评估目的和要求,以便专家提供有针对性的建议;意见分析则采用定性与定量相结合的方法,定性分析归纳总结专家意见的共性与差异,定量分析则通过统计方法计算专家意见的集中程度和离散程度。最后,专家判断法的优点在于能够充分利用专家的知识和经验,灵活应对复杂且难以量化的问题,但其缺点在于专家意见可能受个人背景、经验和价值观的影响,存在主观性和局限性，且评估结果缺乏客观性和可重复性。

(2)德尔菲法

德尔菲法是一种通过匿名方式反复征求专家意见，最终达成一致的评估方法。

①德尔菲法的实施步骤。为进行评估，首先需确定评估问题和目标，并制定评估方案。然后，按照代表性、权威性和广泛性的原则选择专家，组成专家小组。接下来，设计调查问卷，向专家发送第一轮调查问卷，以征求其对评估问题的意见和建议。随后，收集专家的第一轮反馈意见，进行汇总和整理，分析意见的集中程度和离散程度。依据第一轮反馈意见的分析结果，设计第二轮调查问卷，再次向专家发送，征求他们对第一轮反馈意见的看法和意见。接着，收集专家的第二轮反馈意见，同样进行汇总和整理，分析专家意见的变化情况。如此重复操作，直至专家意见趋于一致。最后，对专家意见进行综合分析，从而得出评估结论。

②如何确保专家意见的独立性和可靠性。在德尔菲法的实施过程中，为确保专家意见的独立性和可靠性，需采取以下措施：一是匿名性，即在整个评估过程中，专家保持匿名状态，以此避免专家之间相互影响；二是反馈性，要及时向专家反馈其他专家的意见和评估结果，以便专家依据反馈信息调整自身意见；三是统计性，对专家意见进行统计分析，诸如计算专家意见的均值、中位数、标准差等，从而客观地体现专家意见的集中程度与离散程度。

③德尔菲法的应用案例。德尔菲法在科技评估中得到了广泛的应用。例如，在预测科技发展趋势、评估科技项目的可行性和风险性等方面，德尔菲法都发挥了重要的作用。例如，某研究机构采用德尔菲法对未来 5 年的新能源汽车技术发展趋势进行了预测。该研究机构选择了 50 位来自新能源汽车领域的专家，组成专家小组。通过三轮问卷调查和反馈，专家们对新能源汽车技术的发展趋势达成了一致意见，为相关决策提供了重要的参考依据。

(3)情景分析法

情景分析法是一种通过构建不同的情景，分析在不同情景下科技发展的可能性和影响的评估方法。

①情景的构建与设定。情景的构建与设定是情景分析法的关键步骤。在构建情景时，应考虑多种因素，如社会、经济、技术、环境等因素的变化。情景的设定应具有合理性、可行性和代表性。可以采用多种方法构建情景，如基于历

史数据的趋势外推法、基于专家判断的主观设定法、基于系统动力学模型的模拟法等。

②分析不同情景下的科技发展趋势。在构建好情景后,需要分析在不同情景下科技发展的趋势。可以采用定性分析和定量分析相结合的方法。定性分析主要是对不同情景下科技发展的特点、方向和影响进行描述和分析;定量分析主要是对不同情景下科技发展的速度、规模和效益进行预测和评估。

③情景分析法的局限性。情景分析法虽然为未来预测提供了有价值的视角,但其局限性不容忽视。首先,情景的构建和设定过程带有一定的主观性,这可能会对评估结果的准确性产生影响。其次,该方法在情景构建和结果分析阶段需要投入大量的时间和精力,导致评估成本相对较高。最后,情景分析法仅限于对未来可能性的分析和预测,而无法对未来的确定性进行评估,这使得其在面对确定性较高的未来事件时显得力不从心。

2. 定量评估方法

(1)层次分析法

层次分析法是一种将复杂问题分解为多个层次,通过两两比较确定各层次元素相对重要性,进而综合评估的方法。

①建立层次结构模型。层次结构模型一般分为目标层、准则层和方案层。目标层是评估的最终目标,准则层是影响目标实现的因素,方案层是实现目标的具体方案。在建立层次结构模型时,应根据评估问题的实际情况,合理确定各层次的元素。

②构造判断矩阵。判断矩阵是层次分析法的核心。通过对同一层次的元素进行两两比较,根据比较结果构造判断矩阵。判断矩阵的元素取值一般采用1—9标度法,其中1表示两个元素同等重要,9表示一个元素比另一个元素极其重要,2—8表示介于两者之间的重要程度。

③层次单排序及一致性检验。层次单排序是指计算判断矩阵的特征向量,得到同一层次各元素相对上一层次某元素的重要性排序。一致性检验是为了检验判断矩阵的一致性程度。如果一致性比例小于0.1,则认为判断矩阵具有满意的一致性;否则,需要对判断矩阵进行调整。

④层次总排序及一致性检验。层次总排序是指计算方案层各元素相对目标层的重要性排序。通过将准则层各元素的相对重要性权重与对应的方案层元素的相对重要性权重相乘,再进行累加,得到方案层各元素相对目标层的重

要性权重。同样,需要对层次总排序进行一致性检验。

⑤层次分析法的实际应用

层次分析法在科技评估中有着广泛的应用。例如,在评估科技项目的可行性时,可以将项目的可行性作为目标层,将技术可行性、经济可行性、社会可行性等作为准则层,将具体的科技项目作为方案层,建立层次结构模型,通过构造判断矩阵、层次单排序及一致性检验、层次总排序及一致性检验等步骤,对科技项目的可行性进行评估。

(2)数据包络分析(DEA)

数据包络分析是一种基于线性规划的方法,用于评价具有多个输入和多个输出的决策单元的相对效率。

①DEA模型的基本原理。DEA模型的基本思想是通过比较决策单元的输入和输出,确定其是否为有效决策单元。如果一个决策单元在给定的输入下能够获得最大的输出,或者在给定的输出下能够使用最小的输入,那么这个决策单元就是有效的。DEA模型通过构建生产前沿面,将决策单元与生产前沿面进行比较,来评价决策单元的相对效率。

②DEA方法在科技评估中的应用。DEA方法在科技评估中可以用于评价科研机构、科技项目的效率。例如,可以将科研机构的科研人员、科研经费等作为输入,将科研成果、学术论文等作为输出,利用DEA模型评价科研机构的效率;也可以将科技项目的投入资金、人力资源等作为输入,将项目的经济效益、社会效益等作为输出,利用DEA模型评价科技项目的效率。

③DEA模型的优缺点。DEA模型的优点是不需要事先确定生产函数的形式,能够处理多输入多输出的问题,并且可以对决策单元进行相对效率评价。缺点是对数据的要求较高,需要大量的样本数据;此外,DEA模型只能评价决策单元的相对效率,无法评价绝对效率。

(3)成本效益分析法

成本效益分析法是一种通过比较项目的成本和效益,来评估项目可行性和价值的方法。

①确定成本和效益的项目。在进行成本效益分析时,首先需要确定项目的成本和效益项目。成本项目包括直接成本和间接成本,直接成本如设备购置费用、人员工资等,间接成本如管理费用、折旧费用等;效益项目包括直接效益和间接效益,直接效益如销售收入、利润等,间接效益如环境改善、社会效益等。

②成本和效益的量化方法。成本和效益的量化方法主要有市场价格法、影子价格法、成本分解法、效益分解法等。市场价格法是根据市场价格来确定成本和效益的价值;影子价格法是在市场价格不存在或不合理的情况下,采用影子价格来确定成本和效益的价值;成本分解法是将总成本分解为各个组成部分,分别进行估算;效益分解法是将总效益分解为各个组成部分,分别进行估算。

③如何进行成本效益分析。成本效益分析是一种评估项目可行性的系统方法,其步骤如下:首先,明确分析的对象和范围,为后续分析奠定基础;其次,收集项目相关的成本和效益数据,确保数据的全面性和准确性;接着,对收集到的成本和效益进行量化处理,以便于后续计算和比较;然后,计算成本效益比,即效益与成本的比值,若比值大于1,则表明项目具有可行性,反之则不可行;最后,进行敏感性分析,探讨成本和效益的变动对成本效益比的影响,以评估项目的风险承受能力和稳定性。这一系列步骤确保了成本效益分析的严谨性和科学性,为决策提供了有力支持。

④成本效益分析法的适用范围。成本效益分析法适用于对经济效益较为明显的项目进行评估,如工程项目、投资项目等。对于一些社会效益较为突出的项目,如环境保护项目、公共卫生项目等,成本效益分析法可能存在一定的局限性,需要结合其他评估方法进行综合评估。

3.综合评估方法

(1)定性与定量相结合的方法

①如何将定性和定量方法有机结合。定性与定量相结合的方法是把定性评估方法与定量评估方法有机融合,以提升评估的准确性与可靠性。在实际运用中,可通过以下几种方式实现两者的有机结合:其一,在评估指标选择方面,把定性指标(如专家意见、社会认可度等)和定量指标(如经济效益、技术指标等)相结合;其二,在评估方法选用上,将定性评估方法(如专家判断法)和定量评估方法(如层次分析法、成本效益分析法)相结合,比如在评估科技项目可行性时,先运用专家判断法对项目的技术可行性、市场可行性等做定性评估,再用定量评估方法对项目的经济效益、社会效益等进行定量评估;其三,在评估结果的综合分析中,把定性分析和定量分析相结合,对定性与定量评估结果加以综合剖析,从而得出更为全面、准确的评估结论。

②综合评估方法的实例分析。以某科技园区的发展评估为例,采用定性与

定量相结合的方法进行评估。首先,通过专家访谈、问卷调查等方式,收集专家和相关利益者对科技园区发展的意见和建议,对科技园区的发展现状、优势和不足进行定性分析。然后,选取了一些定量指标,如园区的企业数量、营业收入、研发投入、专利数量等,对科技园区的发展水平进行定量评估。最后,将定性分析和定量分析的结果进行综合分析,得出科技园区的发展评估报告。评估报告不仅对科技园区的发展现状进行了客观的描述,还对科技园区的未来发展提出了针对性的建议。

(2)多指标综合评价法

①指标体系的构建原则。构建科学合理的指标体系是多指标综合评价法的核心,其构建需遵循以下原则:首先,科学性原则要求指标体系必须基于科学原理和客观实际,准确反映评估对象的本质特征和内在规律;其次,系统性原则强调指标体系应全面覆盖评估对象的各个方面,确保系统性和完整性,以全面展现评估对象的综合状况;第三,可操作性原则要求指标体系应便于操作,指标数据易于收集和计算,评估方法应简洁易行;第四,独立性原则指出指标之间应相互独立,避免重叠和相关性,以保证评估结果的准确性和可靠性;最后,动态性原则强调指标体系应具备动态调整能力,能够及时反映评估对象的变化,以便进行适时的调整和改进。这些原则共同确保了指标体系的有效性和实用性,为多指标综合评价提供了坚实的基础。

②确定指标权重的方法。确定指标权重的方法有多种,常见的有主观赋权法和客观赋权法。主观赋权法是根据专家的经验和判断来确定指标权重,如层次分析法、德尔菲法等;客观赋权法是根据指标的数据特征来确定指标权重,如熵权法、主成分分析法等。在实际应用中,可以根据评估问题的特点和要求,选择合适的指标权重确定方法。

③多指标综合评价法的实施流程。首先确定评估目标和对象;接着根据评估目标和对象,遵循构建原则构建科学合理的指标体系;然后采用合适方法确定各指标的权重;之后收集评估对象各指标的数据,并对收集到的数据进行标准化处理,以消除量纲和数量级的影响;再根据指标权重和标准化后的数据,计算评估对象的综合评价得分;最后对综合评价得分进行分析和评价,从而得出评估结论。

6.2.2 科技评估的程序

科技评估是对科学技术活动及其相关事项进行系统、客观、科学的评价和分析的过程，旨在为科技决策提供依据，提高科技资源的配置效率，促进科技事业的健康发展。科技评估的程序通常包括评估准备阶段、评估实施阶段、评估报告阶段和评估总结阶段。以下将对每个阶段的具体内容进行详细阐述。

1. 评估准备阶段

(1)确定评估目标和范围

①明确评估的目的和意义。科技评估的目的是多种多样的，可能是为了评估科技项目的可行性、科技成果的转化效果、科技政策的实施情况等。明确评估的目的有助于确定评估的重点和方向，使评估工作更具有针对性和实用性。例如，如果评估的目的是为了选择一个合适的科技项目进行投资，那么评估的重点就应该放在项目的技术可行性、市场前景、经济效益等方面；如果评估的目的是为了评估科技政策的实施效果，那么评估的重点就应该放在政策的目标达成情况、对科技创新的促进作用、社会经济效益等方面。

明确评估的意义在于使评估工作得到各方的重视和支持，提高评估工作的权威性和影响力。科技评估可以为政府部门制定科技政策提供依据，为企业进行科技研发和投资决策提供参考，为科研机构提高科技成果质量和转化效率提供指导，具有重要的现实意义和社会价值。

②界定评估的对象和内容。评估的对象可以是科技项目、科技计划、科技政策、科技机构、科技人员等。在确定评估对象后，需要进一步界定评估的内容，即对评估对象的哪些方面进行评估。评估的内容应根据评估的目的和对象来确定，一般包括技术水平、经济效益、社会效益、环境影响、创新性、可行性等方面。例如，对科技项目的评估内容可能包括项目的技术创新性、技术可行性、市场需求、经济效益、风险因素等；对科技政策的评估内容可能包括政策的目标合理性、政策措施的有效性、政策实施的社会效益、政策对科技创新的激励作用等。

(2)组建评估团队

①评估人员的资质和专业要求。评估人员作为科技评估工作的核心力量，其资质和专业水平对评估结果的准确性和可靠性起着决定性作用。评估人员需具备以下资质和专业要求：首先，他们应拥有相关领域的专业知识和技能，精通科技评估的理论与方法，能够对评估对象进行深入分析和评价；其次，评估人员应具备丰富的实践经验，熟悉科技项目的研发流程、科技成果的转化应用以及科技政策的实施情况，以确保评估工作能够结合实际；再次，评估人员必须保

持客观公正的态度，不受个人利益和偏见的影响，确保评估结果真实反映评估对象的实际情况；最后，良好的沟通能力也是评估人员不可或缺的素质，他们需要与评估委托方、被评估对象及相关利益者进行有效沟通，以获取评估所需的关键信息和资料。这些要求共同确保了评估人员能够胜任科技评估工作，提供高质量的评估服务。

②评估团队的构成和分工。为了保证评估工作的顺利进行，需要组建一个结构合理、分工明确的评估团队。评估团队的构成应根据评估的对象和内容来确定，一般包括技术专家、经济专家、管理专家、社会学家等。技术专家主要负责对评估对象的技术水平进行评估；经济专家主要负责对评估对象的经济效益进行评估；管理专家主要负责对评估对象的管理水平和组织能力进行评估；社会学家主要负责对评估对象的社会效益和社会影响进行评估。

在组建评估团队时，应注意团队成员的专业背景、知识结构、工作经验等方面的互补性，以提高评估团队的整体素质和能力。同时，应明确评估团队成员的分工和职责，制定详细的工作计划和进度安排，确保评估工作按时完成。

(3)收集相关资料

①资料的来源和类型。收集相关资料是科技评估的基础性工作，其来源和类型主要包括以下几个方面：首先，文献资料，如国内外学术论文、研究报告、专利文献和技术标准等，为评估提供了理论依据和技术支持；其次，统计数据，包括国家统计局、行业协会和科研机构发布的科技投入、产出及成果转化等数据，为评估提供了客观的量化依据；再次，政策文件，涵盖国家和地方政府出台的科技政策、规划和计划，为评估提供了政策背景和依据；最后，实地调研资料，通过实地调研获取的第一手信息，如企业的生产经营状况、科技项目的实施进展和科技政策的执行情况，为评估提供了更加真实和准确的信息。这些资料的全面收集和深入分析，为科技评估的准确性和可靠性奠定了坚实的基础。

②资料收集的方法和技巧。资料收集的方法和技巧对资料的质量和数量有着直接影响，常用的方法包括文献检索、问卷调查、访谈调查和实地观察。文献检索通过利用图书馆、数据库和互联网等资源，获取相关文献资料，关键在于选择合适的检索词和策略，以提高检索的准确性和效率。问卷调查则是通过设计问卷，向被评估对象或相关利益者收集信息和数据，设计时需确保问题的合理性、逻辑性和有效性，避免诱导性和模糊性问题。访谈调查通过面对面交流获取信息，访谈时需掌握提问、倾听和记录的技巧，以提高访谈的质量和效果。

实地观察通过现场观察被评估对象收集数据，观察时需注意选择观察点、时间、频率和内容，以确保观察的准确性和全面性。这些方法和技巧的有效运用，能够显著提升资料收集的质量和效率。

2. 评估实施阶段

(1)制定评估方案

①确定评估的方法和指标体系。评估的方法和指标体系是科技评估的核心内容，直接影响评估结果的准确性和可靠性。评估的方法主要包括定性评估和定量评估两种方法。定性评估是通过对评估对象的性质、特点、优势、劣势等方面进行分析和评价，得出定性的结论；定量评估是通过对评估对象的数量、质量、效益等方面进行量化分析和评价，得出定量的结论。在实际评估工作中，通常将定性评估和定量评估相结合，以提高评估结果的准确性和可靠性。

指标体系是评估的依据和标准，应根据评估的目的和对象来确定。指标体系应具有科学性、合理性、可操作性和可比性等特点。科学性是指指标体系应符合科学原理和客观规律，能够真实反映评估对象的实际情况；合理性是指指标体系应符合评估的目的和要求，能够突出评估的重点和方向；可操作性是指指标体系应简单明了，易于理解和操作，能够通过实际数据进行量化分析和评价；可比性是指指标体系应具有通用性和规范性，能够在不同的评估对象之间进行比较和分析。

②设计评估的流程和步骤。评估的流程和步骤是评估工作的具体操作程序，其设计应基于评估的方法和指标体系。一般而言，该流程包括以下几个关键方面：首先，需根据评估的目的和要求，明确评估的对象和内容；其次，按照评估准备阶段所确定的资料收集方法和技巧，广泛收集相关资料和数据；接着，对收集到的数据进行审核、整理和分析，运用恰当的统计分析方法，从而得出评估结果；随后，根据评估结果撰写评估报告，详细阐述评估的过程、方法、结果及结论；最后，将评估结果反馈给评估委托方及相关利益者，听取他们的意见和建议，并对评估报告进行必要的修改和完善。

(2)数据采集与处理

①数据的收集方法和渠道。数据的收集是科技评估的重要环节，其质量和数量直接决定了评估结果的准确性和可靠性。主要的收集方法和渠道包括文献调查，即查阅学术期刊、研究报告、专利文献等文献资料获取数据；问卷调查，通过设计问卷并向被评估对象、相关利益者或专家发放，收集意见和建议；实地

调查,组织评估人员到现场了解被评估对象的实际情况,获取第一手数据;访谈调查,与被评估对象、相关利益者或专家面对面交流,获取他们的看法和意见;以及统计数据收集,从政府部门、行业协会、统计机构等渠道获取科技投入、科技产出、经济效益等相关的统计数据。

②数据的审核与整理。收集到的数据需要进行审核和整理,以确保其准确性、完整性和可靠性。数据的审核主要包括准确性审核,即检查数据是否准确无误,不存在错误或偏差;完整性审核,即检查数据是否完整,不存在缺失或遗漏的情况;以及一致性审核,即检查数据是否一致,不存在矛盾或冲突的情况。数据的整理则主要包括分类整理,即将数据按照一定的分类标准进行分类,便于后续的分析和处理;编码处理,即对分类整理后的数据进行编码,将其转化为计算机可以识别和处理的形式;以及数据的录入和存储,即将编码处理后的数据录入计算机并进行存储,以便后续的分析和处理。

③数据的分析与处理方法。数据的分析与处理是科技评估的关键环节,其过程可以得出评估的结果和结论。这一环节主要包括以下几种方法:描述性统计分析,用于描述数据的基本特征,如均值、中位数、标准差、频率等;相关性分析,旨在分析不同变量间的相关性,例如科技投入与科技产出、科技成果转化与经济效益等;回归分析,通过建立回归模型分析自变量对因变量的影响程度,比如科技投入对科技产出的影响;层次分析法,通过将复杂问题分解为多个层次,并通过两两比较确定各层次因素的相对重要性,得出综合评价结果;以及模糊综合评价法,运用模糊数学的原理和方法对具有模糊性的评价对象进行综合评价。

(3)进行实地调研

①调研的目的和内容。实地调研作为科技评估的重要手段之一,可获取第一手资料,为评估提供更真实、准确的依据。其目的主要有:一是通过实地观察、访谈等了解被评估对象的生产经营情况、科技创新能力、管理水平等实际情况;二是对收集的资料和数据进行核实验证,保证数据的准确性与可靠性;三是发现被评估对象存在的问题和不足,为提出改进建议提供依据。实地调研的内容需依据评估对象和目的确定,通常涵盖被评估对象的基本情况、科技创新能力、科技成果转化情况、经济效益、社会效益、环境影响等方面。

②调研的方法和技巧。实地调研的方法和技巧对调研的效果和质量有直接影响。

常用的实地调研方法包括:观察法,实地观察被评估对象的生产经营场所、设备设施、人员工作情况等以了解实际情况;访谈法,与被评估对象的管理人员、技术人员、一线员工等面对面访谈,了解其科技创新能力、管理水平、市场需求等方面情况;问卷调查法,设计调查问卷并向相关人员发放,收集意见和建议来了解实际情况;案例分析法,选择有代表性的案例深入分析,了解被评估对象在科技创新、成果转化、经济效益等方面的成功经验和存在问题。

进行实地调研时,应注意以下技巧:提前做好准备工作,了解被评估对象基本情况,制定详细调研计划和提纲,准备好相关调研工具和设备;选择合适的调研人员,他们应具备相关专业知识和技能,熟悉调研方法和技巧,有良好沟通能力和团队合作精神;注意调研的方式和方法,根据实际情况选择合适的方式,如个别访谈、小组访谈、实地观察等,以确保调研效果和质量;认真做好记录和整理工作,在调研过程中认真记录,及时分析和总结调研资料,为撰写评估报告提供依据。

③调研结果的分析与总结。实地调研结束后,对调研结果的分析和总结是得出有价值结论和建议的关键步骤。这一过程主要包括以下几个方面:首先,进行数据统计分析,如描述性统计分析、相关性分析和回归分析等,以揭示被评估对象的基本情况及其相关因素之间的关系;其次,进行内容分析,对访谈记录、问卷调查结果等文字资料进行深入分析,以评估被评估对象的科技创新能力、管理水平和市场需求等;再次,进行案例分析,对调研中选择的案例进行深入剖析,总结成功经验和存在的问题,为被评估对象提供实际的借鉴和参考;最后,进行综合分析,将数据统计分析、内容分析和案例分析的结果进行整合,全面评估被评估对象的总体情况,识别存在的问题,并提出相应的改进建议和措施。这一系列分析步骤确保了调研结果的全面性和深入性,为决策提供了科学依据。

3. 评估报告阶段

(1)撰写评估报告

①评估报告的结构和内容。评估报告作为科技评估的重要成果,是对评估过程与结果的全面总结和阐述。其结构和内容需根据评估目的和对象进行定制,通常包括以下几个部分:标题页,包含评估报告的题目、评估机构名称和评估日期等基本信息;摘要,简要概述评估的目的、方法、过程和结果,突出评估的重点和结论;目录,列出报告的章节标题及对应页码;引言,介绍评估的背景、目

的、意义和范围，并说明评估的依据和方法；评估对象的基本情况，描述被评估对象的名称、性质、规模、组织结构和人员构成等；评估的内容和方法，详细说明评估的指标体系、数据收集和分析方法等；评估结果，基于评估方法和指标体系，对评估对象进行分析评价，指出其优点、不足、存在的问题和风险等；结论和建议，根据评估结果提出结论，并给出相应的建议和措施，为决策提供依据；参考文献，列出报告中引用的文献；附录，包含评估过程中使用的调查问卷、访谈提纲、数据分析结果等相关资料。这些部分共同构成了一个完整、系统的评估报告，为评估委托方和相关利益者提供了全面的决策支持。

②评估结果的表述和解释。评估结果的表述和解释是评估报告的核心内容之一，应清晰、准确、客观地反映评估对象的实际情况。评估结果的表述应采用定量和定性相结合的方式，既要给出具体的量化数据，又要对数据进行分析和解释，说明数据的含义和意义。评估结果的解释应结合评估的目的和对象，从多个角度进行分析和阐述，说明评估结果的合理性和可靠性。例如，对于科技项目的评估结果，可以从技术可行性、经济效益、社会效益等方面进行解释，说明项目的优势和不足，以及项目实施可能带来的影响。

③评估报告的撰写规范和要求。评估报告的撰写需遵循一定规范和要求，以保证其质量与可读性，主要涵盖以下几个方面：其一，语言表达上，应运用简洁明了、准确流畅的语言，避免采用过于复杂或生僻的词汇与句子；其二，逻辑结构方面，要具备清晰的逻辑，章节过渡自然流畅，内容安排合理有序，以方便读者理解与阅读；其三，数据引用时，报告中所引用的数据必须注明来源和出处，以确保数据的准确可靠；其四，图表使用上，可适当借助图表辅助说明问题，图表需简洁明了、美观大方，能清晰反映数据的变化趋势与关系；最后，格式规范上，评估报告应依照一定的格式规范进行排版，涉及字体、字号、行距、页边距等方面的要求，从而使报告整洁美观、规范统一。

(2)评估结果反馈

①向评估委托方和相关利益者反馈评估结果。评估结果反馈是科技评估的重要环节之一，通过向评估委托方和相关利益者反馈评估结果，可以使他们了解评估对象的实际情况，为他们的决策提供依据。评估结果反馈的方式主要包括书面报告和口头汇报两种方式。书面报告是评估结果反馈的主要方式，评估机构应将评估报告及时送达评估委托方和相关利益者，并对评估报告的内容进行详细的解释和说明；口头汇报则可以作为书面报告的补充，通过会议、座谈

等形式，向评估委托方和相关利益者进行面对面的沟通和交流，进一步阐述评估结果的含义和影响。

在反馈评估结果时，评估机构应客观、公正地传达评估结果，同时要注意语言表达的准确性和清晰度，避免产生歧义或误解。对于评估结果中可能存在的问题或争议，评估机构应做好充分的准备，能够给予合理的解释和说明。

②听取评估委托方和相关利益者的意见和建议。评估结果反馈不仅仅是单向的信息传递，也是一个双向的沟通交流过程。评估机构在反馈评估结果的同时，应认真听取评估委托方和相关利益者的意见和建议。他们可能对评估结果有不同的看法或疑问，也可能根据评估结果提出进一步的需求或期望。评估机构应积极倾听他们的声音，尊重他们的意见，与他们进行充分的讨论和交流。

通过听取评估委托方和相关利益者的意见和建议，评估机构可以更好地了解他们的需求和关注点，进一步完善评估工作。同时，这也有助于提高评估结果的认可度和应用价值，促进评估工作的持续改进。

4. 评估总结阶段

(1)对评估工作进行总结和反思

评估工作结束后，评估团队应对整个评估过程进行总结和反思。这包括对评估目标的达成情况、评估方法的有效性、评估数据的质量和可靠性、评估团队的协作情况等方面进行全面的回顾和分析。通过总结经验教训，发现评估工作中存在的问题和不足之处，为今后的评估工作提供参考和借鉴。

在总结和反思的过程中，评估团队可以采用多种方法，如召开总结会议、进行问卷调查、组织小组讨论等，广泛收集评估团队成员的意见和建议。同时，还可以与其他评估机构进行交流和学习，借鉴他们的经验和做法，不断提高自身的评估能力和水平。

(2)对评估资料进行整理和归档

评估资料是评估工作的重要成果，也是评估工作的历史记录。在评估工作结束后，评估团队应及时对评估资料进行整理和归档。评估资料的整理和归档应按照一定的规范和要求进行，确保资料的完整性、准确性和系统性。

评估资料的整理和归档工作主要包括对评估过程中收集的各种文件、数据、报告等进行分类、编号和装订，建立评估资料档案库，并制定相应的管理制度，确保评估资料的安全和有效利用。同时，评估团队还应将评估资料的目录和摘要进行整理，以便于查询和使用。

(3)对评估结果进行跟踪和反馈

评估结果的跟踪和反馈是评估工作的重要延伸,通过对评估结果的跟踪和反馈,可以了解评估对象在评估后的发展情况,检验评估结果的准确性和有效性,同时也可以为评估对象提供进一步的改进建议和支持。

评估团队可以通过定期回访、问卷调查、数据分析等方式,对评估对象的实施情况进行跟踪和监测。根据跟踪和反馈的结果,评估团队可以对评估结果进行进一步的分析和总结,为评估对象提供更加针对性的建议和措施,促进评估对象的持续发展。同时,评估团队还可以将跟踪和反馈的结果作为改进评估方法和指标体系的依据,不断提高评估工作的质量和水平。

综上所述,科技评估的程序包括评估准备阶段、评估实施阶段、评估报告阶段和评估总结阶段。在每个阶段,都需要认真做好各项工作,确保评估工作的科学性、公正性和有效性。通过科技评估,可以为科技决策提供可靠的依据,促进科技资源的合理配置和科技事业的健康发展。

6.2.3　科技评估的应用案例分析

1. 选取若干个科技评估的实际案例

为了深入探讨科技评估的应用,我们选取了以下三个实际案例。

(1)案例一:某新型能源技术研发项目评估

背景:随着全球对清洁能源的需求不断增长,某公司投入大量资源开展新型能源技术的研发。该技术旨在提高能源转化效率,降低对传统能源的依赖,并减少环境污染。

评估目的:确定该新型能源技术的研发进展、技术可行性、市场潜力以及对环境的影响,为公司的决策提供依据,决定是否继续投入资源进行研发和推广。

评估方法和程序:

在新型能源技术的研发过程中,首先通过文献调研收集国内外相关研究文献,了解该领域的最新发展动态和技术趋势。随后,邀请能源领域的专家学者进行咨询,对技术的原理、创新性和可行性进行评估和论证。接着,通过实验室测试和现场试验对技术进行性能指标和稳定性的评估。同时,进行市场调研,分析能源市场的需求和竞争情况,预测技术的市场潜力和商业化前景。最后,评估该技术在生产和使用过程中对环境的影响,包括温室气体排放和水资源消耗等方面,以确保其环境可持续性。

评估结果及应用情况：

经过技术测试和专家评估，该新型能源技术在原理上具有创新性，且在实验室和现场试验中表现出了较好的性能指标，具备进一步研发和应用的潜力。市场调研结果显示，随着清洁能源市场的不断扩大，该技术具有广阔的市场前景，预计在未来几年内将逐步取代部分传统能源技术，市场份额有望持续提升。同时，环境影响评估表明，该技术在生产和使用过程中对环境的影响较小，能够有效减少温室气体排放和水资源消耗，符合可持续发展的要求。基于以上评估结果，公司决定加大对该技术的研发投入，并积极推进产业化进程。目前，该技术已进入中试阶段，预计在未来几年内将实现商业化应用。

(2)案例二：某地区科技创新政策评估

背景：为了推动地区科技创新发展，提高区域竞争力，某地区政府出台了一系列科技创新政策，包括财政补贴、税收优惠、人才引进等方面。经过一段时间的实施，需要对这些政策的效果进行评估，以便及时调整和完善政策措施。

评估目的：评估科技创新政策的实施效果，包括对科技创新投入、科技创新产出、企业创新能力等方面的影响，为政策的调整和优化提供依据。

评估方法和程序：

在评估该地区科技创新政策实施效果的过程中，首先收集了政策实施前后相关数据，包括科技投入、科技产出以及企业创新能力等方面的指标数据。随后，通过对比分析政策实施前后的数据，评估政策对科技创新的实际影响。同时，设计并开展了问卷调查，针对企业和科研机构进行调查，了解他们对科技创新政策的认知、评价以及政策对其创新活动的影响。此外，选取部分典型企业和科研机构进行案例分析，深入探讨科技创新政策在实际应用中的效果及存在的问题，从而为政策优化提供依据。

评估结果及应用情况：

政策实施后，该地区的科技创新投入显著增加，财政补贴和税收优惠政策有效激发了企业和科研机构的创新积极性。同时，科技创新产出也呈现出明显提升，专利申请量和授权量、科技成果转化数量等指标均实现了良好增长。通过问卷调查和案例分析发现，企业的创新能力得到了一定程度的提升，创新意识增强，研发投入增加，新产品开发速度加快。基于评估结果，该地区政府对科技创新政策进行了调整和优化，进一步加大了对重点领域和关键环节的支持力度，提高了政策的针对性和有效性。此外，政府还加强了对政策的宣传和推广，提升了企业和科研机构对政策的知晓度和利用率,进一步推动了科技创新活动的深入开展。

(3)案例三:某高科技企业研发项目绩效评估

背景:某高科技企业为了保持市场竞争力,不断加大研发投入,开展了多个研发项目。为了评估这些研发项目的绩效,提高研发资源的利用效率,企业决定进行研发项目绩效评估。

评估目的:评估研发项目的进度、质量、成本、技术创新能力和市场价值等方面的表现,为企业的研发决策提供依据,优化研发资源配置。

评估方法和程序:

在研发项目的管理过程中,采用项目管理工具对项目进度进行跟踪和评估,确保项目按时完成;同时,制定项目质量标准,对研发成果进行质量检测和评估,确保项目质量符合要求。此外,对项目成本进行核算和分析,评估成本控制情况,避免成本超支。为进一步提升项目的技术含量,邀请技术专家对项目的技术创新能力进行评估,涵盖技术先进性、创新性和可行性等方面。最后,通过市场调研分析项目的市场需求和竞争情况,评估其市场价值和商业化前景,为项目的成功实施和推广提供全面支持。

评估结果及应用情况:

在研发项目的评估中,大部分项目能够按照计划进度完成,但部分项目存在延期情况,需进一步加强项目管理和协调;项目质量总体达到预期要求,但在细节方面仍需改进和完善。成本控制方面,部分项目在预算范围内完成,但也有项目出现成本超支,需加强成本管理。技术创新能力方面,一些项目表现出色,具有较高的技术先进性和创新性,而部分项目的技术创新能力有待提升。市场价值方面,部分项目展现出良好的商业化前景,但也有一些项目的市场需求不明确,需进一步调研分析。基于评估结果,企业对研发项目进行了调整和优化,对进度滞后、质量不达标、成本超支的项目进行了整改和资源优化配置,同时更加注重技术创新与市场需求的结合,从而提高了研发项目的成功率和经济效益。

2. 详细介绍每个案例的背景、评估目的、评估方法和程序、评估结果及应用情况

(1)案例一:某新型能源技术研发项目评估

背景:全球能源需求的持续增长以及对环境保护的日益重视,促使各国积

极探索和发展新型能源技术。在这种背景下，某公司决定投入大量资源开展新型能源技术的研发，旨在为解决能源危机和环境问题做出贡献。

评估目的：在评估该新型能源技术的过程中，首先确定其研发进展是否符合预期，并判断其是否具备进一步发展的潜力；其次，评估技术的可行性，包括技术原理的科学性、技术实现的可能性以及稳定性和可靠性；同时，分析技术的市场潜力，涵盖市场需求、竞争状况及商业化前景，为公司的市场战略提供依据；最后，评估该技术对环境的影响，确保其符合可持续发展的要求，从而为技术的全面推广和应用奠定基础。

评估方法和程序：在评估过程中，评估团队首先通过文献调研广泛收集了国内外相关能源技术的研究文献，包括学术论文、专利文件和行业报告等，通过对文献的分析，掌握了该领域的最新研究成果、技术发展趋势以及存在的问题和挑战，为后续评估工作提供了理论基础和参考依据。随后，团队邀请了能源领域的知名专家学者组成专家咨询委员会，专家们对该新型能源技术的技术原理、创新性和可行性进行了深入评估和论证，通过听取项目团队汇报、查阅相关资料以及现场考察等方式，对技术的各个方面进行了全面评估，他们的意见和建议为评估工作提供了重要的专业支持和指导。

技术测试：在实验室和现场对研发的新型能源技术进行了严格测试，测试内容涵盖技术的性能指标、稳定性、可靠性以及安全性等方面，通过对测试数据的深入分析，评估了该技术的实际表现和应用潜力。

市场调研：评估团队对能源市场进行了深入调研，分析了市场需求、竞争状况以及政策环境等因素，并通过问卷调查、访谈和数据分析等方法，了解了消费者对清洁能源的需求和偏好，以及市场上现有能源技术的竞争优势和劣势；基于市场调研结果，团队对该新型能源技术的市场潜力和商业化前景进行了科学的预测和评估。

环境影响评估：按照相关的环境影响评估标准和方法，对该技术在生产和使用过程中对环境的影响进行了全面评估，内容包括温室气体排放、水资源消耗、固体废弃物产生以及对生态系统的影响等方面；通过对环境影响的评估，确保该技术的发展符合可持续发展的要求。

评估结果及应用情况：

①技术可行性。评估结果表明，该新型能源技术在原理上具有创新性，突破了传统能源技术的局限；实验室测试和现场试验结果显示，其性能指标达到

了预期目标,具有较高的能源转化效率和稳定性;专家们认为,该技术具备进一步研发和应用的潜力,但在一些技术细节上仍需进一步优化和完善。

②市场潜力。市场调研结果显示,随着全球对清洁能源需求的不断增长,该新型能源技术具有广阔的市场前景,预计在未来几年内将逐步取代部分传统能源技术,市场份额有望持续提升;然而,市场竞争也较为激烈,需要公司加强市场推广和营销策略,提升产品的知名度和竞争力。

③环境影响。环境影响评估表明,该技术在生产和使用过程中对环境的影响较小,与传统能源技术相比,能够有效减少温室气体排放和水资源消耗,对生态系统的影响也相对较小;这一结果符合可持续发展的要求,为该技术的推广应用提供了有力的支持。

④应用情况。基于评估结果,公司决定继续加大对该新型能源技术的研发投入,进一步完善技术方案,提高技术性能和稳定性;同时,积极推进产业化进程,与相关企业和机构合作,建立生产基地和销售网络,加快产品的市场推广和应用;目前,该技术已进入中试阶段,预计在未来几年内将实现商业化应用,为公司带来可观的经济效益和社会效益。

(2)案例二:某地区科技创新政策评估

背景:为了推动地区科技创新发展,提高区域竞争力,某地区政府出台了一系列科技创新政策,旨在营造良好的创新创业环境,激发企业和科研机构的创新活力,促进科技成果转化和产业化。这些政策涵盖了财政补贴、税收优惠、人才引进、平台建设等多个方面,经过一段时间的实施,需要对政策的效果进行评估,以便及时调整和完善政策措施,提高政策的针对性和有效性。

评估目的:评估科技创新政策的实施效果,涵盖对科技创新投入、产出以及企业创新能力等方面的影响;同时,分析政策实施过程中存在的问题和不足,为政策的调整和优化提供依据;此外,总结科技创新政策的实施经验和教训,为其他地区的科技创新政策制定提供参考和借鉴,从而推动科技创新体系的进一步完善和发展。

评估方法和程序:

①数据收集。评估团队收集了该地区科技创新政策实施前后的相关数据,包括科技投入、科技产出以及企业创新能力等方面的指标数据,数据来源涵盖政府部门的统计数据、企业和科研机构的报表数据以及相关调查数据等;通过对这些数据的收集和整理,为评估工作提供了坚实的数据支持。

②对比分析。将政策实施前后的数据进行对比分析,评估政策对科技创新的影响,对比内容包括科技投入的增长情况、科技产出的变化趋势以及企业创新能力的提升程度等方面;通过对比分析,直观地反映了科技创新政策的实施效果。

③问卷调查。设计了问卷调查,对企业和科研机构进行了调查,了解他们对科技创新政策的认知和评价,以及政策对其创新活动的影响,问卷内容涵盖政策的知晓度、满意度、对创新投入的影响以及对创新产出的影响等方面;通过对问卷调查结果的分析,掌握了企业和科研机构对科技创新政策的真实感受和需求。

④案例分析。选取了部分典型企业和科研机构进行案例分析,深入了解科技创新政策在实际中的应用效果和存在的问题;通过对案例的分析,总结了政策的成功经验和不足之处,为政策的调整和优化提供了具体的参考依据。

评估结果及应用情况:政策实施后,该地区的科技创新投入明显增加,财政补贴和税收优惠政策有效激发了企业和科研机构的创新积极性,科技研发经费占地区生产总值的比重逐年提高;同时,科技创新产出显著提升,专利申请量和授权量、科技成果转化数量等指标均呈现良好增长态势,科技创新政策为科技成果的产生和转化提供了有力支持。此外,问卷调查和案例分析结果显示,企业的创新能力得到提升,创新意识增强,研发投入增加,新产品开发速度加快,科技创新政策为企业营造了良好的创新环境。基于评估结果,该地区政府对政策进行了调整和优化,加大了对重点领域和关键环节的支持力度,提高了政策的针对性和有效性,同时加强政策宣传和推广,提高了企业和科研机构对政策的知晓度和利用率,进一步推动了该地区科技创新的发展,提升了区域竞争力。

(2)案例三:某高科技企业研发项目绩效评估

背景:在激烈的市场竞争中,高科技企业必须不断推出具有创新性和竞争力的产品和技术,才能保持市场地位和实现可持续发展。因此,研发项目对于高科技企业来说至关重要。为了提高研发项目的绩效,优化研发资源配置,某高科技企业决定对其研发项目进行绩效评估。

评估目的:在研发项目的管理过程中,评估项目进度以确保按时完成并满足市场需求;同时,评估项目质量以确保成果符合预期要求,具备较高的技术水平和市场价值;此外,评估项目成本以控制支出,避免超支并提高经济效益;通过评估项目的技术创新能力,推动技术进步,提升企业核心竞争力;最后,评估项目的市场价值,确保成果能够满足市场需求并具有良好的商业化前景,从而为项目的成功实施和推广提供全面保障。

评估方法和程序:

①项目进度评估。采用项目管理工具(如甘特图、PERT 图等)对研发项目的进度进行跟踪和评估,同时定期召开项目进度会议,听取项目团队的汇报,了解项目进展情况和存在的问题;根据项目进度计划,对实际进度进行对比分析,评估项目进度是否符合预期,从而确保项目按时推进。

②项目质量评估。制定项目质量标准,明确项目成果的技术要求和质量指标,并对研发项目的成果进行质量检测和评估,包括产品性能测试、可靠性测试和安全性测试等;同时,邀请相关领域的专家对项目成果进行评审,评估其质量和技术水平,确保项目成果符合预期要求。

③项目成本评估。对研发项目的成本进行核算和分析,涵盖人力成本、材料成本、设备成本及研发费用等方面,同时建立项目成本控制体系,对成本进行监控和管理,及时发现并解决成本超支问题;此外,对项目成本进行效益分析,评估项目的经济效益和投资回报率,从而确保项目在预算范围内高效推进并实现预期收益。

④技术创新能力评估。邀请技术专家对研发项目的技术创新能力进行评估,涵盖技术先进性、创新性和可行性等方面,同时分析项目的技术创新点和技术优势,评估其对企业核心竞争力的提升作用;此外,对研发项目的技术创新成果进行知识产权保护,以提高企业的技术创新效益,从而增强企业的市场竞争力和可持续发展能力。

⑤市场价值评估。进行市场调研,分析研发项目的市场需求和竞争情况,评估其市场价值和商业化前景,同时邀请市场专家对项目的市场前景进行评估,分析项目成果的市场竞争力和潜在客户群体;根据市场评估结果,制定项目的市场推广策略和商业化方案,从而为项目的成功落地和市场拓展提供科学依据。

评估结果及应用情况:

①项目进度。大部分研发项目能够按照计划进度完成,项目团队的执行力较强。

然而,也有部分项目存在一定的延期情况,主要原因是技术难题的解决时间超出预期,以及资源调配不够合理。针对这些问题,企业加强了技术攻关和项目管理,优化了资源配置,以确保后续项目能够按时完成。

②项目质量。总体上,研发项目的质量能够达到预期要求,产品性能、可靠性和安全性等方面经过严格检测,符合相关标准;但在一些细节方面,如产品的外观设计和用户体验,仍需进一步改进和完善,以提高产品的市场竞争力。

③项目成本。部分研发项目的成本控制较好,在预算范围内完成了项目开发;然而,也有一些项目存在成本超支的情况,主要是由于原材料价格上涨、研发过程中试验次数增加等原因导致的。为此,企业通过加强成本管理、优化采购流程以及提高研发效率等措施,有效降低了项目成本。

④技术创新能力。一些研发项目在技术创新方面表现出色,取得了具有较高价值的技术成果,显著提升了企业的核心竞争力;然而,也有一些项目的技术创新能力有待提高,需要加强团队的创新意识和能力培养,并加大研发投入,以推动技术的不断进步,从而增强企业的整体创新实力。

⑤市场价值。部分研发项目具备良好的市场价值与商业化前景,可满足市场需求,市场竞争力较强。然而,针对一些市场需求尚不明确的项目,企业需进一步强化市场调研与分析,精准把握市场趋势,对项目方向予以调整,从而提升项目的市场成功率。

应用情况:

企业根据评估结果对研发项目实行分类管理,对表现优秀的项目加大资源投入,加快其商业化进程;对存在问题的项目制定改进措施,予以优化调整。与此同时,企业强化了研发团队的培训与管理,提升团队整体素质和能力,通过分享成功经验与教训,推动团队间学习交流,提高研发水平。另外,企业还进一步健全了研发项目管理体系,加强项目全过程监控和风险管理,以保障项目按预期目标顺利开展。

3. 通过案例分析,总结科技评估的实践经验和教训,为今后的科技评估工作提供参考和借鉴

通过对以上三个科技评估案例的分析,我们可以总结出以下实践经验和教训。

(1)实践经验

①多方法综合运用。在科技评估中,应采用多种评估方法相结合的方式,如文献调研、专家咨询、技术测试、市场调研等。这样可以从不同角度对科技项目进行全面、深入的评估,提高评估结果的准确性和可靠性。

②明确评估目的。在开展科技评估之前,必须明确评估的目的和需求。不同的评估目的需要采用不同的评估方法和指标体系,只有明确了评估目的,才能确保评估工作的针对性和有效性。

③数据支持的重要性。评估过程中需要收集大量的数据,包括科技项目的相关信息、市场数据、环境数据等。这些数据是评估的基础,只有数据准确、完整,才能得出科学的评估结论。

④专业团队的参与。科技评估需要涉及多个领域的专业知识,因此需要组建一支由技术专家、市场专家、环境专家等组成的专业评估团队。专业团队的参与可以提高评估的质量和水平。

⑤注重过程管理。科技评估不仅要关注评估结果,还要注重评估过程的管理。在评估过程中,要加强对评估进度、质量和成本的控制,确保评估工作按时、高质量完成。

(2)教训

①充分考虑不确定性因素。科技项目往往具有较高的不确定性,在评估过程中,要充分考虑到这些不确定性因素,如技术风险、市场风险等。如果对不确定性因素估计不足,可能会导致评估结果出现偏差。

②避免主观因素的影响。评估过程中,评估人员的主观因素可能会对评估结果产生影响。因此,要建立科学的评估指标体系和评估方法,尽量减少主观因素的干扰,确保评估结果的客观性和公正性。

③加强沟通与协调。科技评估涉及到多个部门和利益相关者,在评估过程中,要加强沟通与协调,确保各方的意见和需求得到充分考虑。如果沟通与协调不畅,可能会导致评估工作进展缓慢,甚至出现矛盾和冲突。

④及时调整评估方案。在评估过程中,可能会出现一些意想不到的情况,如政策变化、市场环境变化等。此时,需要及时调整评估方案,以确保评估工作的顺利进行和评估结果的有效性。

⑤重视评估结果的应用。评估结果只有得到有效的应用,才能发挥其价值。因此,在评估工作结束后,要及时将评估结果反馈给相关部门和决策者,并根据评估结果制定相应的政策和措施,推动科技项目的顺利实施和发展。

综上所述,科技评估是一项重要的工作,通过对科技项目的评估,可以为决策者提供科学的依据,促进科技资源的合理配置和科技项目的顺利实施。在今后的科技评估工作中,我们应充分借鉴这些实践经验和教训,不断完善评估方法和指标体系，提高评估工作的质量和水平，为推动科技创新和发展做出更大的贡献。

6.2.4 结论与展望

1. 总结科技评估的方法与程序的研究成果

科技评估作为一种重要的管理工具，旨在对科技活动的效果、效率和影响进行客观、科学的评价。在过去的研究中，我们对科技评估的方法与程序进行了深入的探讨，取得了一系列的研究成果。

在方法方面，我们发展了多种评估方法，如层次分析法、德尔菲法、成本效益分析法等。这些方法各有优缺点，适用于不同的评估场景。层次分析法能够将复杂的问题分解为多个层次，通过两两比较确定各因素的相对重要性；德尔菲法通过专家意见的收集和反馈，实现对问题的预测和评估；成本效益分析法则能够对科技项目的投入和产出进行量化分析。

在程序方面，我们建立了一套较为完整的科技评估流程，包括评估目标的确定、评估指标的构建、数据收集与分析、评估结果的呈现等环节。通过规范化的程序，能够提高评估的科学性和可靠性，确保评估结果的有效性。

2. 指出科技评估在实际应用中存在的问题和挑战

尽管科技评估的方法与程序在理论上取得了一定的成果，但在实际应用中仍存在一些问题和挑战。

首先，数据质量和可靠性是科技评估中的一个重要问题。由于科技活动的复杂性和多样性，数据的收集和整理往往存在困难，数据的准确性和完整性也难以保证，这可能会影响评估结果的准确性。

其次，科技评估的指标体系还需要进一步完善。目前的指标体系往往侧重于科技成果的数量和质量等方面，而对科技成果的转化和应用等方面的关注不够，难以全面反映科技活动的实际效果。

此外，科技评估的过程中还存在着主观因素的影响。评估人员的专业背景、经验和价值观等因素可能会导致评估结果的偏差，影响评估的公正性和客观性。

3. 对未来科技评估的发展趋势进行展望，提出进一步研究的方向和建议

随着科技的不断发展和创新，科技评估面临新机遇与挑战，未来将呈现出以下几个发展趋势：其一，更加注重科技成果的转化和应用，不再仅关注研发过

程,而更重视其转化和应用效果,以达成科技与经济的紧密结合;其二,多学科融合趋势愈发明显,科技评估需涉及科技、经济、管理、社会等多学科领域知识,借此能更全面地评估科技活动的影响;其三,大数据和人工智能等技术会在科技评估中广泛应用,利用这些技术可更高效地收集和分析数据,提升评估的准确性与效率。

为了推动科技评估的进一步发展,我们提出以下建议:首先,加强数据质量管理,建立健全数据收集和整理的规范与标准,提升数据的准确性与完整性,从而为科技评估提供可靠的数据支撑。其次,完善科技评估的指标体系,强化对科技成果转化和应用等方面的指标研究,构建更为全面、科学的指标体系,以便更好地反映科技活动的实际成效。再者,加强评估人员的培训和管理,提高其专业素质与职业道德水平,降低主观因素对评估结果的影响,保证评估的公正性和客观性。最后,加强国际合作与交流,积极汲取国际上先进的科技评估经验和方法,增进与国际组织及其他国家的合作与交流,以此推动我国科技评估水平的提升。

总之,科技评估在科技管理中具有重要的作用。通过总结科技评估的方法与程序的研究成果,指出其在实际应用中存在的问题和挑战,并对未来的发展趋势进行展望和提出建议,我们希望能够为科技评估的进一步发展提供有益的参考,推动我国科技事业的健康发展。

6.3　科技评估在科技管理中的应用

科技评估是对科技活动的价值、效果、影响等方面进行系统、客观、科学的评价和分析的过程。在科技管理中,科技评估发挥着重要的作用,主要体现在以下几个方面。

6.3.1　在科技规划中的应用

科技规划是对科技发展的总体布局和战略安排。科技评估在科技规划中的应用主要是通过对科技发展现状和趋势的评估,为制定科技规划提供依据。具体来说,通过收集和分析相关数据,评估当前科技领域的发展水平、优势和不足,以及国内外科技发展的趋势和热点。在此基础上,能够确定科技发展的重点领域和方向,使科技规划更加符合实际需求和发展趋势,提高科技规划的科学性和合理性。

1. 科技规划的重要性

科技规划是一个国家或地区推动科技进步和创新发展的重要手段。它旨在明确科技发展的目标、重点领域和方向,合理配置科技资源,提高科技创新能力,以实现经济社会的可持续发展。一个科学合理的科技规划能够引导科技力量更好地服务于国家战略需求,促进产业升级和经济结构调整,增强国家的核心竞争力。

2. 科技评估在科技规划中的作用

科技评估是对科技活动的过程、效果和影响进行系统、客观、科学的评价和分析。在科技规划中,科技评估具有以下重要作用。

(1)为制定科技规划提供依据

通过对科技发展现状进行评估,涵盖对科研机构、科研人员、科研项目、科技成果等方面的评估,从而全面掌握当前科技领域的发展水平、优势以及不足。在此基础上,分析国内外科技发展的趋势和热点,以便把握科技发展的前沿动态。这样做有助于及时发现新的科技机遇和挑战,进而为确定科技发展的重点领域和方向提供参考依据。

(2)提高科技规划的科学性和合理性

科技评估具有重要意义。基于评估结果,可更加客观地分析科技发展的需求和潜力,从而避免主观臆断和盲目决策。同时,它能对不同科技领域和项目进行比较和筛选,实现科技资源的合理分配,提升科技投入的效益。此外,科技评估还能够对科技规划的实施效果进行预测和评估,进而为调整和完善科技规划提供依据。

(3)增强科技规划的可行性和可操作性

评估科技发展的环境和条件至关重要,需综合考虑政策、资金、人才等方面的因素,以此为科技规划的实施提供保障。同时,要识别科技规划实施过程中可能出现的问题和风险,并据此提出相应的对策与建议,从而提高科技规划的可行性与可操作性。

3. 科技评估在科技规划中的应用过程

(1)确定评估目标和指标体系

为了满足科技规划的需求和实现其目标,需明确科技评估的具体目标,如评估科技发展的现状、潜力、竞争力等。在此基础上,要建立科学合理的指标体系,该体系应具备科学性、可操作性和可比性,以便能够全面衡量科技发展的各个方面,真实反映科技发展的实际情况。

(2)收集和分析相关数据

为了深入了解科技发展的情况,我们需要广泛收集与科技发展相关的数据,涵盖科研文献、统计数据、调研报告等多种类型。在此基础上,运用数据分析方法,对这些收集到的数据进行整理、分析和挖掘,从而提取出具有价值的信息和结论,为科技发展的研究和决策提供有力的支持。

(3)进行评估分析

对科技发展现状和趋势的评估分析,需运用选定的评估方法和指标体系来进行。评估内容涵盖科技投入、科技产出、科技创新能力、科技成果转化等方面。通过采用对比分析、趋势分析等方法,从中找出科技发展的优势与不足,同时明确存在的问题和面临的挑战。

(4)提出评估结论和建议

根据评估分析的结果,应提出客观、准确的评估结论。在此基础上,结合科技规划的目标和需求,提出针对性的建议。这些建议涵盖科技发展的重点领域和方向、科技资源的配置以及政策措施的调整等方面,以推动科技规划的有效实施和发展。

(5)参与科技规划的制定和调整

参与科技规划的讨论和论证,协助制定部门完善科技规划内容,使其更加符合实际需求和发展趋势。在此基础上,将评估结论和建议反馈给科技规划制定部门,从而为科技规划的制定提供参考依据,推动科技规划的不断优化和完善。

4.应用过程中可能出现的问题及分析

(1)数据质量和可靠性问题

在科技评估中,数据的质量和可靠性至关重要,但因数据来源多样且复杂,可能出现数据不准确、不完整或过时的问题。比如,某些统计数据可能有误差,科研文献的质量和可信度也可能参差不齐。为解决数据质量和可靠性问题,需加强数据收集和整理的规范性与科学性,建立数据审核机制,对收集的数据严格筛选和验证,同时通过多渠道收集数据并相互印证,以提高数据的准确性和可靠性。

(2)评估指标体系的合理性问题

评估指标体系的合理性对评估结果的科学性和准确性有直接影响,若指标体系设计不合理,会无法全面反映科技发展实际情况,致使评估结果产生偏差。比如,部分指标可能过度看重数量而轻视质量,也可能有一些重要方面未被纳入指标体系。因此,在构建评估指标体系时,要充分考量科技发展的特点与需求,遵循科学性、系统性、可操作性和可比性原则。需广泛征求专家意见,开展充分的论证与测试,以保证指标体系的合理与有效。并且,要依据科技发展的变化及实际需求,适时对指标体系予以调整和完善。

(3)评估方法的选择和应用问题

科技评估可运用多种方法,包括定性评估、定量评估、综合评估等,但不同评估方法有其适用范围与局限性,若选择或应用不当,会影响评估结果的准确性与可靠性。比如,某些情况下,单纯用定量评估方法难以充分考量科技发展的复杂性与不确定性,单纯用定性评估方法则可能欠缺客观性与准确性。因此,在选择评估方法时,需依据评估的目标、内容及数据特点,综合权衡各种方法的优劣,选取适宜的评估方法。而且,应用评估方法时,应严格依方法要求操作,保证评估过程的规范性与科学性,可采用多种方法相结合的形式,彼此补充,以提升评估结果的准确性与可靠性。

(4)评估结果的解读和应用问题

评估结果的解读和应用是科技评估的重要环节,若解读不准确或不深入,会无法充分发挥评估作用,甚至造成错误决策。比如,对评估结果过度解读或片面解读,可能得出错误结论;应用评估结果时若未充分考虑实际情况和需求,会导致规划内容与实际脱节。因此,要加强对评估结果的解读和分析,提高其准确性和深入性。可组织专家深入研讨评估结果,充分挖掘其中信息和内涵。应用时应结合实际情况与需求,进行充分论证和分析,确保规划内容的科学可行。同时,建立评估结果反馈机制,及时跟踪和评估应用效果,以便调整和完善规划内容。

5. 改进措施和建议

(1)加强数据管理和质量控制

为了提升数据的质量和利用效率,需采取以下措施:首先,建立健全数据收集和管理机制,明确数据收集的标准与流程,以此确保数据的准确性和完整性;其次,加强数据审核和验证工作,对收集的数据予以严格的筛选与核实,进而提高数据的质量和可靠性;最后,建立数据共享平台,推动数据的流通和共享,实现数据利用效率的提高。

(2)完善评估指标体系

为了更全面、准确地评估科技发展的实际情况及效果,我们应采取以下措施:加强对指标科学性和合理性的研究,确保其能够如实反映科技发展的实际状况;引入多元化的评估指标,在传统定量指标的基础上,适当增添定性指标和社会效益指标,从而实现更全面的评估;此外,还需定期对评估指标体系进行评估和调整,依据科技发展的变化及实际需求,及时更新与完善指标内容。

(3)优化评估方法和模型

为提升科技评估的质量和效果,需加强对评估方法和模型的研究与应用。一方面,要不断探索适合科技评估的新方法和新技术;另一方面,应结合实际情况,依据评估对象的特点和需求,灵活选择最合适的评估方法和模型。此外,还需加强对评估方法和模型的验证工作,以确保评估结果的准确性和可靠性。

(4)提高评估人员的素质和能力

为了提升评估人员的整体水平,需采取一系列措施。首先,要加强对评估人员的培训和教育,以此提高其专业素质与业务能力。其次,注重培养评估人员的创新意识和实践能力,确保他们能够熟练掌握并应用各类评估方法和技术。最后,建立评估人员的考核机制,通过激励的方式促使评估人员持续提高自身的素质和能力。

(5)加强评估结果的应用和反馈

为了更好地发挥评估结果的作用,我们需要采取以下措施:首先,建立评估结果的应用机制,将其作为科技规划制定、调整和实施的重要依据,使评估结果能够切实对科技规划产生积极影响;其次,加强对评估结果的宣传和推广,提升其影响力和应用价值,让更多的人了解和重视评估结果;最后,建立评估结果的反馈机制,及时收集和整理评估结果的应用情况和效果,以此为参考进一步改进评估工作,从而不断提高评估的质量和效果。

总之,科技评估在科技规划中具有重要的应用价值。通过对科技发展现状和趋势的评估,能够为科技规划的制定提供科学依据,提高科技规划的科学性、合理性和可行性。在应用过程中,应注意解决可能出现的问题,不断改进和完善评估方法和体系,以更好地发挥科技评估在科技规划中的作用,推动科技事业的健康发展。

6.3.2 科技评估在科技项目管理中的应用

科技项目管理是一个复杂且具有挑战性的过程，旨在确保科技项目能够顺利实施并达到预期的目标。在这个过程中，科技评估发挥着至关重要的作用，它贯穿于科技项目管理的各个环节，包括立项评估、实施评估和验收评估。通过对项目的科学性、创新性、可行性、进展情况、资源利用情况、目标达成情况以及成果等方面进行全面评估，科技评估能够为项目的决策提供依据，及时发现问题并采取措施进行调整，提高项目的成功率和效益，确保科技资源得到合理利用。

1. 立项评估：筛选潜在价值项目，避免资源浪费

立项评估是科技项目管理的首要环节，其目的是在项目立项阶段，对项目的科学性、创新性、可行性进行全面评估，筛选出具有潜在价值和可行性的项目，避免资源的浪费。在这个阶段，科技评估主要从以下几个方面进行。

(1)科学性评估

科学性评估主要是对项目的理论基础和研究方法进行评估。评估项目的研究内容是否基于科学的理论和方法，是否具有科学性和合理性。例如，对于一个医学研究项目，需要评估其研究设计是否符合医学科学的原则，研究方法是否科学有效，数据采集和分析是否严谨可靠。只有通过科学性评估的项目，才有可能在后续的研究中取得有价值的成果。

(2)创新性评估

创新性是科技项目的核心竞争力，也是立项评估的重要内容。评估项目的创新点和创新性，包括研究思路的创新、研究方法的创新、技术应用的创新等方面。一个具有创新性的项目，能够为相关领域带来新的知识和技术，推动科技的进步。例如，在人工智能领域，一个提出新的算法或应用场景的项目，就具有较高的创新性。通过创新性评估，能够筛选出那些具有独特创新点的项目，为科技发展注入新的活力。

(3)可行性评估

可行性评估是对立项项目的实际可操作性进行评估。包括项目的技术可行性、经济可行性和社会可行性等方面。技术可行性评估主要是评估项目所采用的技术是否成熟、可靠，是否能够在现有的技术条件下实现。经济可行性评估主要是评估项目的投入产出比，分析项目的成本和收益，判断项目是否具有

经济可行性。社会可行性评估主要是评估项目是否符合社会的需求和利益，是否会对社会产生积极的影响。例如，一个新能源项目，需要评估其技术是否成熟，成本是否能够被市场接受，以及是否符合国家的能源政策和环保要求。通过可行性评估，能够避免那些不切实际的项目立项，确保项目能够顺利实施。

通过立项评估，能够从众多的项目申请中筛选出具有潜在价值和可行性的项目，为科技项目的后续实施奠定坚实的基础。同时，立项评估也能够为项目的资源分配提供依据，确保有限的科技资源能够得到合理的利用。

2. 实施评估：跟踪项目进展，确保按计划进行

在项目实施过程中，实施评估是对项目的进展情况、资源利用情况、目标达成情况等进行跟踪评估，及时发现问题并采取措施进行调整，确保项目按照计划顺利进行。实施评估是科技项目管理中的重要环节，它能够及时发现项目实施过程中存在的问题，为项目的顺利推进提供保障。

(1)进展情况评估

进展情况评估是对项目的实施进度进行评估。通过对比项目的计划进度和实际进度，分析项目是否按照计划进行。如果项目进度滞后，需要分析原因，并采取相应的措施进行调整。例如，对于一个研发项目，如果某个关键技术的研发进度滞后，可能需要增加研发人员或调整研发方案，以确保项目能够按时完成。

(2)资源利用情况评估

资源利用情况评估是对项目的人力、物力、财力等资源的利用情况进行评估。分析项目是否合理地利用了资源，是否存在资源浪费或资源不足的情况。如果发现资源利用不合理，需要及时进行调整，优化资源配置。例如，对于一个工程项目，如果发现施工过程中存在材料浪费的情况，需要加强材料管理，降低成本。

(3)目标达成情况评估

目标达成情况评估是对项目的阶段性目标和总体目标的达成情况进行评估。通过对比项目的目标和实际完成情况，分析项目是否达到了预期的目标。如果项目目标未达成，需要分析原因，并采取相应的措施进行改进。例如，对于一个市场推广项目，如果发现市场占有率未达到预期目标，可能需要调整市场推广策略，加大推广力度。

实施评估是一个动态的过程，需要定期进行。通过实施评估，能够及时发

现项目实施过程中存在的问题,并采取相应的措施进行调整,确保项目能够按照计划顺利进行。同时,实施评估也能够为项目的管理者提供决策依据,及时调整项目的策略和方向,提高项目的成功率。

3. 验收评估:检验项目成果,为后续推广应用提供依据

验收评估是科技项目管理的最后一个环节,其目的是在项目结束后,对项目的成果进行评估,检验项目是否达到预期目标,评估项目的经济效益、社会效益和科技成果的创新性等,为项目的后续推广和应用提供依据。验收评估主要从以下几个方面进行。

(1)成果验收

成果验收是对项目的研究成果进行评估。包括项目的技术成果、产品成果、论文成果等方面。评估项目的成果是否达到了项目任务书的要求,是否具有创新性和实用性。例如,对于一个科技研发项目,需要评估其研发的新产品是否符合市场需求,技术指标是否达到了预期目标。

(2)经济效益评估

经济效益评估是对项目的经济收益进行评估。分析项目的投入产出比,计算项目的直接经济效益和间接经济效益。直接经济效益包括项目产品的销售收入、利润等方面;间接经济效益包括项目对相关产业的带动作用、对就业的促进作用等方面。通过经济效益评估,能够判断项目的经济可行性,为项目的后续推广和应用提供经济依据。

(3)社会效益评估

社会效益评估是对项目的社会影响进行评估。分析项目对社会发展、环境保护、公共安全等方面的影响。一个具有良好社会效益的项目,能够为社会带来积极的影响,提高社会的福利水平。例如,对于一个环保项目,需要评估其对环境质量的改善效果,对生态平衡的保护作用等方面。

(4)创新性评估

创新性评估是对项目成果的创新性进行评估。分析项目成果在技术、方法、应用等方面的创新程度。一个具有创新性的项目成果,能够为相关领域带来新的发展机遇,推动科技的进步。例如,对于一个新能源项目,需要评估其技术创新程度,是否具有领先性和竞争力。

通过验收评估,能够对项目的成果进行全面的评估和检验,为项目的后续推广和应用提供依据。同时,验收评估也能够为科技项目的管理提供经验教

训，为今后的项目管理提供参考。

4. 科技评估在科技项目管理中的重要意义

科技评估在科技项目管理中具有重要的意义，它能够提高项目的成功率和效益，确保科技资源得到合理利用。具体体现在以下几个方面。

（1）为项目决策提供依据

科技评估能够为科技项目的立项、实施和验收提供科学的依据。通过对项目的科学性、创新性、可行性、进展情况、成果等方面进行评估，能够帮助项目管理者做出正确的决策，避免项目的盲目性和风险性。例如，在立项评估阶段，通过对项目的评估，能够筛选出具有潜在价值和可行性的项目，避免资源的浪费；在实施评估阶段，通过对项目的跟踪评估，能够及时发现问题并采取措施进行调整，确保项目按照计划顺利进行；在验收评估阶段，通过对项目成果的评估，能够检验项目是否达到预期目标，为项目的后续推广和应用提供依据。

（2）提高项目管理水平

科技评估能够促进科技项目管理水平的提高。通过对项目的评估，能够发现项目管理中存在的问题和不足，为项目管理者提供改进的方向和建议。同时，科技评估也能够推动项目管理的规范化和标准化，提高项目管理的效率和质量。例如，通过实施评估，能够发现项目实施过程中存在的管理问题，如资源配置不合理、进度控制不力等，从而及时采取措施进行改进，提高项目管理水平。

（3）优化资源配置

科技评估能够优化科技资源的配置。通过对项目的评估，能够了解项目的需求和资源利用情况，为资源的合理分配提供依据。同时，科技评估也能够避免资源的浪费和重复投入，提高科技资源的利用效率。例如，在立项评估阶段，通过对项目的评估，能够筛选出那些具有重要意义和潜在价值的项目，将有限的资源优先分配给这些项目，从而提高资源的利用效率。

（4）推动科技进步

科技评估能够推动科技的进步。通过对项目的创新性评估，能够筛选出那些具有创新性的项目和成果，为科技的发展提供新的思路和方法。同时，科技评估也能够促进科技成果的转化和应用，将科技成果转化为现实生产力，推动经济社会的发展。例如，通过验收评估，能够发现那些具有应用价值的科技成果，为其后续的推广和应用提供支持，推动科技成果的产业化和市场化。

(5)结论

科技评估在科技项目管理中具有不可替代的作用,它贯穿于科技项目管理的全过程,包括立项评估、实施评估和验收评估。通过对项目的科学性、创新性、可行性、进展情况、资源利用情况、目标达成情况以及成果等方面进行全面评估,科技评估能够为项目的决策提供依据,及时发现问题并采取措施进行调整,提高项目的成功率和效益,确保科技资源得到合理利用。

在当今科技飞速发展的时代,科技项目的数量和规模不断增加,科技项目管理的难度也越来越大。因此,加强科技评估在科技项目管理中的应用,提高科技评估的质量和水平,对于推动科技进步,提高国家的科技创新能力具有重要的意义。我们应该充分认识到科技评估的重要性,加强科技评估的理论研究和实践探索,不断完善科技评估的方法和体系,为科技项目管理提供更加科学、有效的支持和保障。

6.3.3 在科技政策评估中的应用

科技政策作为推动科技发展的重要手段,对于提高国家的科技实力、促进经济增长和社会进步具有至关重要的意义。然而,科技政策的实施效果如何,是否达到了预期的目标,需要通过科学的评估来进行检验。科技评估在科技政策评估中的应用,为我们提供了一种有效的手段来评估科技政策的实施效果,发现政策存在的问题和不足,为政策的调整和完善提供依据,从而提高科技政策的有效性和针对性。

1. 科技评估在科技政策评估中的重要性

科技政策的制定和实施是一个复杂的过程,涉及到众多的利益相关者和多种因素的影响。科技评估作为一种科学的、系统的评估方法,能够对科技政策的实施效果进行全面、客观、准确的评估,为科技政策的制定和调整提供重要的依据。

(1)提高科技政策的科学性和合理性通过科技评估,可以对科技政策的目标、内容、实施过程和效果进行深入的分析和研究,评估科技政策是否符合科学技术发展的规律和趋势,是否与国家的经济社会发展需求相适应。根据评估结果,可以及时调整和完善科技政策,使其更加科学合理,提高科技政策的针对性和有效性。

(2)增强科技政策的透明度和公信力科技评估过程是公开、透明的,评估结果可以向社会公开,接受社会各界的监督和评价。通过科技评估,可以增强科技政策的透明度和公信力,提高社会公众对科技政策的认可度和支持度,为科技政策的顺利实施创造良好的社会环境。

(3)优化科技资源配置科技评估可以对科技政策的实施效果进行评估,了解科技资源的投入和产出情况,评估科技资源的配置效率和效益。根据评估结果,可以优化科技资源的配置,提高科技资源的利用效率,使有限的科技资源发挥最大的效益。

2. 科技评估在科技政策评估中的应用流程

科技评估在科技政策评估中的应用流程主要包括确定评估目标、制定评估方案、收集评估数据、进行评估分析和撰写评估报告等环节。

(1)确定评估目标评估目标是科技政策评估的出发点和落脚点,确定评估目标是科技评估的首要任务。评估目标应根据科技政策的目标和任务来确定,明确评估的重点和方向。例如,对于一项促进科技创新的科技政策,评估目标可以是评估该政策对科技创新能力的提升效果,包括对科技研发投入、科技成果产出、科技创新人才培养等方面的影响。

(2)制定评估方案评估方案是科技评估的具体实施计划,包括评估的内容、方法、指标体系、数据收集方法和评估时间安排等。评估方案应根据评估目标来制定,确保评估的科学性、合理性和可行性。在制定评估方案时,应充分考虑科技政策的特点和实施情况,选择合适的评估方法和指标体系,确保评估结果的准确性和可靠性。

(3)收集评估数据评估数据是科技评估的基础,数据的质量和可靠性直接影响评估结果的准确性和可靠性。评估数据的收集应遵循科学性、客观性、准确性和完整性的原则,采用多种数据收集方法,如文献调研、问卷调查、实地调研、案例分析等,广泛收集与科技政策相关的数据。在收集评估数据时,应注意数据的时效性和可靠性,对数据进行认真的审核和筛选,确保数据的质量。

(4)进行评估分析评估分析是科技评估的核心环节,通过对收集到的评估数据进行分析和处理,评估科技政策的实施效果。评估分析应采用科学的分析方法和工具,如统计分析、对比分析、案例分析等,对评估数据进行深入的分析和研究,找出科技政策实施过程中存在的问题和不足,评估科技政策对科技发展的影响。

(5)撰写评估报告评估报告是科技评估的成果体现,是向决策者和社会公众反馈评估结果的重要文件。评估报告应包括评估的背景、目标、方法、结果、结论和建议等内容,评估报告的撰写应遵循客观、公正、准确、简洁的原则,语言表达应清晰、流畅,评估报告的内容应具有针对性和可操作性,为科技政策的调整和完善提供有力的依据。

3. 科技评估在科技政策评估中的具体应用

(1)对科技创新政策的评估科技创新是推动科技发展的核心动力,科技创新政策是促进科技创新的重要手段。通过科技评估,可以对科技创新政策的实施效果进行评估,了解科技创新政策对科技创新能力的提升效果,包括对科技研发投入、科技成果产出、科技创新人才培养等方面的影响。例如,通过对某地区的科技创新政策进行评估,发现该地区在实施科技创新政策后,科技研发投入不断增加,科技成果产出不断提高,科技创新人才队伍不断壮大,科技创新能力得到了显著提升。同时,评估也发现了该地区科技创新政策存在的一些问题,如科技成果转化机制不完善、科技创新人才激励政策不够完善等。针对这些问题,提出了相应的建议,如完善科技成果转化机制、加强科技创新人才激励政策等,为该地区科技创新政策的调整和完善提供了依据。

(2)对科技成果转化政策的评估科技成果转化是科技创新的重要环节,科技成果转化政策是促进科技成果转化的重要手段。通过科技评估,可以对科技成果转化政策的实施效果进行评估,了解科技成果转化政策对科技成果转化的促进效果,包括对科技成果转化率、科技成果转化效益等方面的影响。例如,通过对某地区的科技成果转化政策进行评估,发现该地区在实施科技成果转化政策后,科技成果转化率不断提高,科技成果转化效益不断提升,科技成果转化工作取得了显著成效。同时,评估也发现了该地区科技成果转化政策存在的一些问题,如科技成果转化服务体系不完善、科技成果转化资金投入不足等。针对这些问题,提出了相应的建议,如完善科技成果转化服务体系、加大科技成果转化资金投入等,为该地区科技成果转化政策的调整和完善提供了依据。

(3)对科技人才培养政策的评估科技人才是科技创新的关键因素,科技人才培养政策是培养科技人才的重要手段。通过科技评估,可以对科技人才培养政策的实施效果进行评估,了解科技人才培养政策对科技人才培养的效果,包括对科技人才数量、科技人才质量、科技人才结构等方面的影响。例如,通过对某地区的科技人才培养政策进行评估,发现该地区在实施科技人才培养政策后,科技人才数量不断增加,科技人才质量不断提高,科技人才结构不断优化,科技人才培养工作取得了显著成效。同时，评估也发现了该地区科技人才培养政策存在的一些问题，如科技人才培养模式不够创新、科技人才培养与产业需求结合不够紧密等。针对这些问题，提出了相应的建议，如创新科技人才培养模式、加强科技人才培养与产业需求的结合等，为该地区科技人才培养政策的调整和完善提供了依据。

4. 科技评估在科技政策评估中应用的案例分析

为了更好地说明科技评估在科技政策评估中的应用，下面以某地区的科技创新政策评估为例进行分析。

（1）评估背景某地区为了推动科技创新，提高地区的科技竞争力，出台了一系列科技创新政策，包括加大科技研发投入、加强科技创新平台建设、培育科技创新企业、引进科技创新人才等。为了了解这些科技创新政策的实施效果，该地区委托专业的科技评估机构对科技创新政策进行评估。

（2）评估目标本次评估的目标是评估该地区科技创新政策的实施效果，包括对科技创新能力、科技创新成果、科技创新环境等方面的影响，找出科技创新政策存在的问题和不足，为科技创新政策的调整和完善提供依据。

（3）评估内容和指标体系根据评估目标，确定了本次评估的内容和指标体系。评估内容包括科技创新政策的目标实现情况、科技创新投入情况、科技创新产出情况、科技创新环境情况等方面。评估指标体系包括科技创新能力指标、科技创新成果指标、科技创新投入指标、科技创新环境指标等。

科技创新涉及多个方面，其相关指标涵盖了多个领域。科技创新能力指标包含研发经费投入强度、研发人员数量、发明专利授权量等；科技创新成果指标有科技论文发表数量、科技成果转化数量、高新技术企业数量等；科技创新投入指标包括财政科技投入、企业科技投入、社会科技投入等；科技创新环境指标涵盖科技创新政策环境、科技创新服务环境、科技创新文化环境等。这些指标从不同角度反映了科技创新的状况，共同构成了对科技创新的全面评估体系。

（4）评估方法和数据收集本次评估采用了多种评估方法，包括文献调研、问卷调查、实地调研、案例分析等。通过文献调研，了解了该地区科技创新政策的出台背景、目标和内容；通过问卷调查，收集了企业、高校、科研机构等科技创新主体对科技创新政策的评价和意见；通过实地调研，了解了科技创新政策的实施情况和存在的问题；通过案例分析，深入分析了科技创新政策在一些典型企业和科研机构的实施效果。评估数据的收集主要通过政府部门统计数据、问卷调查数据、实地调研数据等多种渠道进行。

(5)评估结果和分析通过对评估数据的分析

①科技创新能力不断提升。该地区的研发经费投入强度不断提高,研发人员数量不断增加,发明专利授权量逐年上升,科技创新能力得到了显著提升。

②科技创新成果不断涌现。该地区的科技论文发表数量不断增加,科技成果转化数量不断提高,高新技术企业数量不断增多,科技创新成果显著。

③科技创新投入不断加大。该地区的财政科技投入逐年增加,企业科技投入不断提高,社会科技投入也呈现出逐年上升的趋势,科技创新投入不断加大。

④科技创新环境不断优化。该地区出台了一系列科技创新政策,营造了良好的科技创新政策环境;加强了科技创新服务平台建设,优化了科技创新服务环境;培育了创新文化,营造了良好的科技创新文化环境。

同时,评估发现该地区科技创新政策存在一些问题和不足。其一,科技创新政策的协同性欠佳,涉及多个部门的政策存在不协调、不配套的情况,致使科技创新政策的实施效果受影响。其二,科技创新投入结构不合理,主要集中在研发环节,而对科技成果转化和产业化的投入相对欠缺,阻碍了科技成果的转化和产业化进程。其三,科技创新人才队伍建设亟待加强,该地区科技创新人才总量不足,高层次创新人才稀缺,且培养和引进机制不完善,对科技创新能力的提升造成影响。其四,科技创新服务体系不完善,科技创新服务机构数量少,服务能力和水平有待提升,无法满足科技创新主体的需求,进而影响了科技创新的效率和质量。

(6)评估结论和建议根据评估结果和分析,得出了以下评估结论:该地区的科技创新政策取得了显著的成效,科技创新能力不断提升,科技创新成果不断涌现,科技创新投入不断加大,科技创新环境不断优化。但是,该地区的科技创新政策也存在一些问题和不足,需要进一步加强政策的协同性,优化科技创新投入结构,加强科技创新人才队伍建设,完善科技创新服务体系,以提高科技创新政策的实施效果。

针对评估中发现的问题和不足,提出以下建议:首先,加强科技创新政策的协同性,需建立健全协调机制,增进部门间的沟通与协作,以保证科技创新政策协调一致且配套衔接。其次,优化科技创新投入结构,加大对科技成果转化和产业化的投入,构建多元化的科技投入体系,提升科技投入的效益与效率。再者,加强科技创新人才队伍建设,加大人才培养和引进力度,完善人才评价和激励机制,营造优良的人才发展环境。最后,完善科技创新服务体系,加强服务机构建设,提高其服务能力和水平,从而为科技创新主体提供全方位、多层次的服务。

5. 结论

科技评估在科技政策评估中具有重要的应用价值,通过对科技政策的实施效果进行评估,可以及时发现政策存在的问题和不足,为政策的调整和完善提供依据,提高科技政策的有效性和针对性。在科技政策评估中,应充分发挥科技评估的作用,建立科学的评估体系和方法,加强评估数据的收集和分析,提高评估结果的准确性和可靠性。同时,应加强科技评估机构的建设和人才培养,提高科技评估的专业水平和服务能力,为科技政策的制定和实施提供有力的支持和保障。

总之,科技评估是科技政策评估的重要手段,对于推动科技发展、提高科技政策的有效性和针对性具有重要的意义。我们应充分认识到科技评估的重要性,加强科技评估在科技政策评估中的应用,不断完善科技评估体系和方法,提高科技评估的质量和水平,为我国科技事业的发展做出更大的贡献。

6.3.4　在科技机构评估中的应用

科技政策作为推动科技发展的重要手段,对于提高国家的科技实力、促进经济增长和社会进步具有至关重要的意义。然而,科技政策的实施效果如何,是否达到了预期的目标,需要通过科学的评估来进行检验。科技评估在科技政策评估中的应用,为我们提供了一种有效的手段来评估科技政策的实施效果,发现政策存在的问题和不足,为政策的调整和完善提供依据,从而提高科技政策的有效性和针对性。

1. 科技评估在科技政策评估中的重要性

科技政策的制定和实施是一个复杂的过程,涉及到众多的利益相关者和多种因素的影响。科技评估作为一种科学的、系统的评估方法,能够对科技政策的实施效果进行全面、客观、准确的评估,为科技政策的制定和调整提供重要的依据。

(1)科技评估在提高科技政策科学性与合理性中的关键作用

提高科技政策的科学性和合理性通过科技评估,可以对科技政策的目标、内容、实施过程和效果进行深入的分析和研究,评估科技政策是否符合科学技术发展的规律和趋势，是否与国家的经济社会发展需求相适应。根据评估结果，可以及时调整和完善科技政策，使其更加科学合理，提高科技政策的针对性和有效性。

(2)科技评估在增强科技政策透明度与公信力中的作用

增强科技政策的透明度和公信力科技评估过程是公开、透明的，评估结果可以向社会公开，接受社会各界的监督和评价。通过科技评估，可以增强科技政策的透明度和公信力，提高社会公众对科技政策的认可度和支持度，为科技政策的顺利实施创造良好的社会环境。

(3)科技评估在优化科技资源配置中的作用

优化科技资源配置科技评估可以对科技政策的实施效果进行评估，了解科技资源的投入和产出情况，评估科技资源的配置效率和效益。根据评估结果，可以优化科技资源的配置，提高科技资源的利用效率，使有限的科技资源发挥最大的效益。

2. 科技评估在科技政策评估中的应用流程

科技评估在科技政策评估中的应用流程主要包括确定评估目标、制定评估方案、收集评估数据、进行评估分析和撰写评估报告等环节。

(1)确定评估目标在科技政策评估中的重要性

确定评估目标评估目标是科技政策评估的出发点和落脚点，确定评估目标是科技评估的首要任务。评估目标应根据科技政策的目标和任务来确定，明确评估的重点和方向。例如，对于一项促进科技创新的科技政策，评估目标可以是评估该政策对科技创新能力的提升效果，包括对科技研发投入、科技成果产出、科技创新人才培养等方面的影响。

(2)制定评估方案在科技评估中的关键作用

制定评估方案评估方案是科技评估的具体实施计划，包括评估的内容、方法、指标体系、数据收集方法和评估时间安排等。评估方案应根据评估目标来制定，确保评估的科学性、合理性和可行性。在制定评估方案时，应充分考虑科技政策的特点和实施情况，选择合适的评估方法和指标体系，确保评估结果的准确性和可靠性。

(3)评估数据收集在科技评估中的重要性

收集评估数据评估数据是科技评估的基础，数据的质量和可靠性直接影响评估结果的准确性和可靠性。评估数据的收集应遵循科学性、客观性、准确性和完整性的原则,采用多种数据收集方法,如文献调研、问卷调查、实地调研、案例分析等,广泛收集与科技政策相关的数据。在收集评估数据时,应注意数据的时效性和可靠性,对数据进行认真的审核和筛选,确保数据的质量。

(4)评估分析在科技评估中的核心作用

进行评估分析评估分析是科技评估的核心环节,通过对收集到的评估数据进行分析和处理,评估科技政策的实施效果。评估分析应采用科学的分析方法和工具,如统计分析、对比分析、案例分析等,对评估数据进行深入的分析和研究,找出科技政策实施过程中存在的问题和不足,评估科技政策对科技发展的影响。

(5)撰写评估报告在科技评估中的重要性

撰写评估报告评估报告是科技评估的成果体现,是向决策者和社会公众反馈评估结果的重要文件。评估报告应包括评估的背景、目标、方法、结果、结论和建议等内容,评估报告的撰写应遵循客观、公正、准确、简洁的原则,语言表达应清晰、流畅,评估报告的内容应具有针对性和可操作性,为科技政策的调整和完善提供有力的依据。

3. 科技评估在科技政策评估中的具体应用

(1)科技评估在科技创新政策优化中的关键作用

科技创新是推动科技发展的核心动力,而科技创新政策是促进科技创新的重要手段。通过科技评估,可以对科技创新政策的实施效果进行全面分析,评估其对科技研发投入、科技成果产出和科技创新人才培养等方面的影响。例如,某地区在实施科技创新政策后,科技研发投入增加、科技成果产出提升、创新人才队伍壮大,科技创新能力显著增强。同时,评估也揭示了政策实施中的问题,如科技成果转化机制不完善、创新人才激励政策不足等。基于评估结果,提出针对性建议(如完善转化机制、加强人才激励),为科技创新政策的调整与完善提供了科学依据。

(2)科技评估在科技成果转化政策优化中的重要作用

科技成果转化是科技创新的关键环节,而科技成果转化政策是推动转化的重要手段。通过科技评估,可以对科技成果转化政策的实施效果进行分析,评估其对科技成果转化率、转化效益等方面的影响。例如,某地区在实施科技成果转化政策后,转化率和效益显著提升,转化工作取得成效。同时,评估也揭示了政策实施中的问题,如转化服务体系不完善、资金投入不足等。基于评估结果，提出针对性建议（如完善服务体系、加大资金投入），为科技成果转化政策的调整与完善提供了科学依据。

（3）科技评估在科技人才培养政策优化中的关键作用

科技人才是科技创新的核心要素，而科技人才培养政策是培养科技人才的重要手段。通过科技评估，可以对科技人才培养政策的实施效果进行分析，评估其对科技人才数量、质量和结构等方面的影响。例如，某地区在实施科技人才培养政策后，科技人才数量增加、质量提升、结构优化，培养工作取得显著成效。同时，评估也揭示了政策实施中的问题，如培养模式创新不足、与产业需求结合不够紧密等。基于评估结果，提出针对性建议（如创新培养模式、加强产教融合），为科技人才培养政策的调整与完善提供了科学依据。

4. 科技评估在科技政策评估中应用的案例分析

为了更好地说明科技评估在科技政策评估中的应用，下面以某地区的科技创新政策评估为例进行分析。

（1）某地区科技创新政策评估的背景与动因

为提升地区科技竞争力，某地区出台了一系列科技创新政策，包括加大科技研发投入、建设创新平台、培育创新企业、引进创新人才等。为全面了解政策实施效果，该地区委托专业科技评估机构对科技创新政策进行评估，旨在为政策优化提供科学依据。

（2）某地区科技创新政策评估的目标与重点

本次评估旨在全面分析该地区科技创新政策的实施效果，重点评估其对科技创新能力、创新成果和创新环境等方面的影响，同时揭示政策实施中存在的问题与不足，为政策的调整与完善提供科学依据。

（3）某地区科技创新政策评估的内容与指标体系

根据评估目标，本次评估内容涵盖科技创新政策的目标实现情况、投入情况、产出情况以及环境情况等方面。评估指标体系包括以下四大类指标。

①科技创新能力指标。如研发经费投入强度、研发人员数量、发明专利授权量等。

②科技创新成果指标。如科技论文发表数量、科技成果转化数量、高新技术企业数量等。

③科技创新投入指标。如财政科技投入、企业科技投入、社会科技投入等。

④科技创新环境指标。如科技创新政策环境、服务环境、文化环境等。

这一体系为全面评估科技创新政策效果提供了科学依据。

(4)某地区科技创新政策评估的方法与数据收集

本次评估采用了多种方法,包括文献调研、问卷调查、实地调研和案例分析。文献调研用于了解政策背景、目标和内容;问卷调查收集了企业、高校、科研机构等创新主体对政策的评价和意见;实地调研用于掌握政策实施情况及存在问题;案例分析则深入探讨了政策在典型企业和科研机构中的实施效果。评估数据通过政府部门统计数据、问卷调查数据和实地调研数据等多渠道收集,确保评估的全面性和科学性。

(5)评估结果和分析

通过对评估数据的分析,得出了以下评估结果。

①科技创新能力不断提升。该地区的研发经费投入强度不断提高,研发人员数量不断增加,发明专利授权量逐年上升,科技创新能力得到了显著提升。

②科技创新成果不断涌现。该地区的科技论文发表数量不断增加,科技成果转化数量不断提高,高新技术企业数量不断增多,科技创新成果显著。

③科技创新投入不断加大。该地区的财政科技投入逐年增加,企业科技投入不断提高,社会科技投入也呈现出逐年上升的趋势,科技创新投入不断加大。

④科技创新环境不断优化。该地区出台了一系列科技创新政策,营造了良好的科技创新政策环境;加强了科技创新服务平台建设,优化了科技创新服务环境;培育了创新文化,营造了良好的科技创新文化环境。

(6)科技创新政策存在的一些问题和不足

①科技创新政策的协同性不够。该地区的科技创新政策涉及多个部门,存在政策之间不协调、不配套的问题,影响了科技创新政策的实施效果。

②科技创新投入的结构不合理。该地区的科技创新投入主要集中在研发环节,对科技成果转化和产业化的投入相对不足,影响了科技成果的转化和产业化进程。

③科技创新人才队伍建设有待加强。该地区的科技创新人才总量不足,高层次创新人才匮乏,科技创新人才的培养和引进机制不够完善,影响了科技创新能力的提升。

④科技创新服务体系不够完善。该地区的科技创新服务机构数量较少,服务能力和水平有待提高,不能满足科技创新主体的需求,影响了科技创新的效率和质量。

(7)评估结论

根据评估结果和分析,得出了以下评估结论:该地区的科技创新政策取得了显著的成效,科技创新能力不断提升,科技创新成果不断涌现,科技创新投入不断加大,科技创新环境不断优化。但是,该地区的科技创新政策也存在一些问题和不足,需要进一步加强政策的协同性,优化科技创新投入结构,加强科技创新人才队伍建设,完善科技创新服务体系,以提高科技创新政策的实施效果。

(8)解决问题和不足的建议

①加强科技创新政策的协同性。建立健全科技创新政策协调机制,加强部门之间的沟通和协作,确保科技创新政策的协调一致和配套衔接。

②优化科技创新投入结构。加大对科技成果转化和产业化的投入,建立多元化的科技投入体系,提高科技投入的效益和效率。

③加强科技创新人才队伍建设。加大科技创新人才的培养和引进力度,完善科技创新人才的评价和激励机制,营造良好的人才发展环境。

④完善科技创新服务体系。加强科技创新服务机构建设,提高服务机构的服务能力和水平,为科技创新主体提供全方位、多层次的服务。

5. 结论

科技评估在科技政策评估中具有重要的应用价值,通过对科技政策的实施效果进行评估,可以及时发现政策存在的问题和不足,为政策的调整和完善提供依据,提高科技政策的有效性和针对性。在科技政策评估中,应充分发挥科技评估的作用,建立科学的评估体系和方法,加强评估数据的收集和分析,提高评估结果的准确性和可靠性。同时,应加强科技评估机构的建设和人才培养,提高科技评估的专业水平和服务能力,为科技政策的制定和实施提供有力的支持和保障。

总之,科技评估是科技政策评估的重要手段,对于推动科技发展、提高科技政策的有效性和针对性具有重要的意义。我们应充分认识到科技评估的重要性,加强科技评估在科技政策评估中的应用,不断完善科技评估体系和方法,提高科技评估的质量和水平,为我国科技事业的发展做出更大的贡献。

综上所述,科技评估在科技管理的各个方面都具有重要的应用价值。通过科学、客观、公正的评估,可以为科技决策提供可靠的依据,提高科技资源的配置效率,推动科技项目的顺利实施,促进科技成果的转化和应用,从而实现科技的可持续发展和创新驱动发展战略的实施。

6.4　基于大数据与人工智能的科技决策支持系统

在当今数字化时代,大数据和人工智能技术的迅速发展正在深刻地改变着各个领域,科技决策领域也不例外。基于大数据与人工智能的科技决策支持系统应运而生,为科技决策提供了更加科学、准确和高效的支持。本文将详细探讨大数据和人工智能在科技决策支持系统中的应用,包括数据收集与整合、数据分析与挖掘、数据可视化,以及智能预测、智能推荐和智能决策等方面。

6.4.1　大数据在科技决策支持中的应用

1. 数据收集与整合

数据是科技决策的基础,而大数据技术使得我们能够从各种渠道收集和整合海量的科技数据。科技文献、专利数据、科研项目数据等都是重要的数据源,这些数据涵盖了科技领域的各个方面,包括研究成果、技术创新、市场需求等。通过收集和整合这些数据,我们可以为科技决策提供丰富的数据支持,帮助决策者全面了解科技领域的现状和发展趋势。

在数据收集过程中,我们需要运用各种技术手段,如网络爬虫、数据接口等,从不同的数据源中获取数据。同时,为了确保数据的质量和准确性,我们还需要对收集到的数据进行清洗和预处理,去除重复数据、错误数据和噪声数据。在数据整合方面,我们需要将来自不同数据源的数据进行整合和关联,建立统一的数据仓库,以便于进行数据分析和挖掘。

2. 数据分析与挖掘

数据分析与挖掘是从海量数据中发现潜在规律和趋势的关键技术。通过运用数据分析和挖掘技术,我们可以对收集到的科技数据进行深入分析,挖掘出数据中的隐藏信息,为科技决策提供有价值的参考。

数据分析技术包括统计分析、数据建模等,这些技术可以帮助我们对数据进行描述性分析、相关性分析和差异性分析等,从而了解数据的基本特征和分布情况。数据挖掘技术则包括关联规则挖掘、分类算法、聚类算法等,这些技术可以帮助我们发现数据中的潜在模式和关系,如科技文献中的研究热点、专利数据中的技术创新趋势等。

例如,通过对科技文献的数据分析,我们可以发现某个领域的研究热点和前沿问题,为科研人员的选题和研究方向提供参考。通过对专利数据的挖掘,我们可以了解某个技术领域的竞争态势和发展趋势,为企业的技术创新和市场布局提供决策依据。

3. 数据可视化

数据可视化是将复杂的数据以直观的图形、图表等形式展示出来的技术。通过数据可视化,我们可以将抽象的数据转化为直观的图像,帮助决策者更好地理解和把握数据信息。数据可视化技术可以帮助决策者快速发现数据中的规律和趋势,提高决策的效率和准确性。

在科技决策支持中,数据可视化可以用于展示科技数据的分布情况、发展趋势、相关性等。例如,我们可以通过柱状图、折线图、饼图等展示科技项目的经费分配情况、科技成果的产出情况等。通过地图可视化技术,我们可以展示不同地区的科技发展水平和创新能力。此外,数据可视化还可以用于展示数据分析和挖掘的结果,如通过聚类分析的结果展示科技领域的分类情况,通过关联规则挖掘的结果展示科技文献中的知识点之间的关系。

6.4.2 人工智能在科技决策支持中的应用

1. 智能预测

智能预测是利用人工智能的预测模型,如神经网络、支持向量机等,对科技发展趋势、市场需求等进行预测。这些预测模型可以根据历史数据和当前的市场环境,对未来的发展趋势进行预测,为科技决策提供前瞻性的支持。

例如,通过建立神经网络预测模型,我们可以对某个技术领域的市场需求进行预测。该模型可以根据历史市场数据、宏观经济数据、技术发展趋势等因素,对未来市场需求的变化进行预测。决策者可以根据预测结果,提前调整科技研发方向和市场策略,以适应市场需求的变化。

此外,智能预测还可以用于预测科技发展的趋势和方向。通过对科技文献、专利数据等的分析,利用人工智能预测模型可以预测未来科技发展的热点和前沿领域,为科研人员的选题和研究方向提供参考。

2. 智能推荐

智能推荐是根据决策者的需求和偏好,利用人工智能的推荐算法,为决策者提供个性化的科技决策方案和建议。智能推荐系统可以根据决策者的历史决策数据、兴趣爱好、专业背景等因素,为决策者推荐符合其需求的科技项目、技术方案、合作伙伴等。

例如,在科技项目申报过程中,智能推荐系统可以根据申报者的研究领域、研究方向和研究成果,为其推荐适合的项目申报指南和相关政策。在科技成果转化过程中,智能推荐系统可以根据企业的需求和技术实力,为其推荐适合的科技成果和合作对象。通过智能推荐,决策者可以更加快速地找到符合自己需求的科技决策方案和建议,提高决策的效率和准确性。

3. 智能决策

智能决策是通过构建智能决策模型,将大数据分析结果和人工智能算法相结合,实现科技决策的自动化和智能化。智能决策模型可以根据决策者的目标和约束条件,自动分析和处理大量的数据和信息,生成最优的决策方案。

例如,在科技项目评审过程中,智能决策模型可以根据项目的申报材料、评审专家的意见和相关数据,自动评估项目的可行性和创新性,生成评审结果和建议。在科技资源分配过程中,智能决策模型可以根据科技发展的需求和资源的现状,自动分配科技资源,提高资源的利用效率和效益。

智能决策不仅可以提高决策的效率和准确性,还可以减少人为因素对决策的影响,提高决策的公正性和客观性。然而,智能决策也存在一些挑战,如数据质量和准确性、模型的可靠性和可解释性等。因此,在实际应用中,我们需要不断完善数据质量和模型算法,提高智能决策的可靠性和实用性。

6.4.3 基于大数据与人工智能的科技决策支持系统的优势

1. 提高决策的准确性

基于大数据与人工智能的科技决策支持系统可以充分利用海量的数据资源和先进的分析技术,对科技领域的各种信息进行深入分析和挖掘,从而为决策者提供更加准确和全面的信息。通过对历史数据的分析和对未来趋势的预测,决策者可以更好地了解科技发展的规律和趋势,做出更加科学和合理的决策。

2. 提高决策的及时性

在科技领域,信息的更新速度非常快,决策者需要及时了解最新的科技动态和市场需求,以便做出及时的决策。基于大数据与人工智能的科技决策支持系统可以实时收集和分析数据,快速生成决策支持信息,帮助决策者及时掌握科技领域的变化情况,做出及时的决策。

3. 提高决策的效率

传统的科技决策过程往往需要耗费大量的时间和精力,收集和分析数据、评估方案等环节都需要人工操作,效率低下。基于大数据与人工智能的科技决策支持系统可以自动化地完成数据收集、分析和处理等工作,大大提高了决策的效率。决策者可以在短时间内获得大量的决策支持信息,快速做出决策,提高了科技决策的时效性和竞争力。

4. 降低决策的风险

科技决策往往涉及到大量的资金和资源投入,如果决策失误,将会带来巨大的损失。基于大数据与人工智能的科技决策支持系统可以通过对数据的分析和预测,帮助决策者识别潜在的风险和问题,提前采取措施进行防范和应对,降低决策的风险。同时,智能决策模型可以根据不同的情况生成多种决策方案,决策者可以根据实际情况进行选择和调整,进一步降低决策的风险。

6.4.4 基于大数据与人工智能的科技决策支持系统的挑战

1. 数据质量和安全性问题

大数据的质量和安全性是影响科技决策支持系统效果的重要因素。如果数据存在错误、缺失或不一致等问题,将会影响数据分析和挖掘的结果,进而影响决策的准确性。此外,数据的安全性也至关重要,如果数据泄露或被滥用,将会给企业和个人带来巨大的损失。因此,我们需要加强数据质量管理,建立完善的数据采集、整理和审核机制,确保数据的准确性和完整性。同时,我们还需要加强数据安全保护,采取加密、访问控制等措施,防止数据泄露和滥用。

2. 技术和人才短缺问题

基于大数据与人工智能的科技决策支持系统需要具备先进的技术和专业的人才支持。然而,目前我国在大数据和人工智能领域的技术水平还相对较低,缺乏高端的技术人才和创新能力。因此,我们需要加大对大数据和人工智能技术的研发投入,培养和引进一批高素质的技术人才和创新团队,提高我国在该领域的技术水平和竞争力。

3. 模型的可解释性和可靠性问题

人工智能模型的可解释性和可靠性是目前面临的一个重要挑战。虽然人工智能模型可以在数据处理和分析方面表现出很高的性能，但是其决策过程往往难以解释，这给决策者带来了一定的困扰。此外，人工智能模型的可靠性也需要进一步提高，避免出现错误的决策结果。因此，我们需要加强对人工智能模型的研究和开发，提高模型的可解释性和可靠性，使其能够更好地为科技决策提供支持。

4. 伦理和法律问题

随着大数据和人工智能技术的广泛应用，伦理和法律问题也日益凸显。例如，在数据收集和使用过程中，如何保护个人隐私和数据安全；在人工智能决策过程中，如何避免歧视和不公平待遇等。因此，我们需要加强对大数据和人工智能技术的伦理和法律研究，制定相关的法律法规和伦理准则，规范技术的应用和发展，保障公众的利益和权益。

5. 结论

基于大数据与人工智能的科技决策支持系统是科技决策领域的重要发展方向，它可以为决策者提供更加准确、及时和有效的支持，提高决策的科学性和合理性。通过大数据的收集与整合、分析与挖掘、可视化展示，以及人工智能的智能预测、智能推荐和智能决策等应用，科技决策支持系统可以帮助决策者更好地把握科技发展的趋势和市场需求，优化科技资源配置，提高科技创新能力和竞争力。

然而，我们也应该清醒地认识到，基于大数据与人工智能的科技决策支持系统还面临着一些挑战，如数据质量和安全性问题、技术和人才短缺问题、模型的可解释性和可靠性问题以及伦理和法律问题等。为了推动科技决策支持系统的健康发展，我们需要加强数据质量管理和安全保护，加大技术研发投入和人才培养力度，提高模型的可解释性和可靠性，加强伦理和法律研究，制定相关的法律法规和伦理准则。

总之，基于大数据与人工智能的科技决策支持系统具有广阔的应用前景和发展潜力，我们应该充分发挥其优势，积极应对挑战，推动科技决策的科学化、智能化和民主化，为我国科技事业的发展提供有力的支持。

第7章　科技管理创新与政策支持

7.1　科技管理创新的必要性与紧迫性

在当今全球化和知识经济时代,科技发展日新月异,对社会经济的影响日益深远。科技管理创新作为推动科技进步和经济发展的重要手段,其必要性和紧迫性日益凸显。

7.1.1　科技管理创新是适应科技发展趋势的必然要求

随着科学技术的飞速发展,科技创新的速度不断加快,科技成果的转化周期不断缩短,科技领域的交叉融合日益频繁。在这种情况下,传统的科技管理模式已经难以适应科技发展的新趋势。传统的科技管理模式往往注重科技项目的立项和审批,忽视了科技项目的实施过程和成果转化;注重科技资源的投入,忽视了科技资源的优化配置和利用效率;注重科技成果的数量,忽视了科技成果的质量和实际应用价值。这些问题的存在,严重制约了科技进步和经济发展。因此,必须进行科技管理创新,建立适应科技发展趋势的新型科技管理模式,以提高科技管理的效率和水平,推动科技进步和经济发展。

7.1.2　科技管理创新是提高国家竞争力的关键因素

在当今全球化的时代,国家之间的竞争越来越激烈,而科技竞争力已经成为国家竞争力的核心。一个国家的科技水平和创新能力,直接决定了其在国际市场上的竞争力和地位。科技管理创新作为提高科技水平和创新能力的重要手段,对于提高国家竞争力具有至关重要的作用。通过科技管理创新,可以优化科技资源配置,提高科技投入产出效率,促进科技成果转化和应用,培养和吸引高素质的科技人才,从而提高国家的科技水平和创新能力,增强国家的竞争力。

例如,美国作为世界上科技最发达的国家之一,其科技管理创新一直走在世界前列。美国政府通过建立完善的科技管理体制和政策体系,加大对科技研发的投入,鼓励企业和高校进行科技创新,加强国际科技合作等措施,不断提高美国的科技水平和创新能力,使其在全球科技竞争中始终保持领先地位。相比之下,一些发展中国家由于科技管理创新不足,科技水平和创新能力相对落后,在国际市场上的竞争力也相对较弱。因此,加强科技管理创新,提高国家竞争力,已经成为各国政府面临的一项紧迫任务。

7.1.3　科技管理创新是解决科技发展中面临的问题的有效途径

当前,科技发展中面临着一系列问题,如科技资源分散、重复建设严重、科技成果转化不畅、科技创新人才短缺等。这些问题的存在,严重制约了科技进步和经济发展。科技管理创新作为解决这些问题的有效途径,具有重要的现实意义。通过科技管理创新,可以加强科技资源的整合和优化配置,避免科技资源的分散和浪费;可以加强科技项目的统筹规划和协调管理,避免重复建设和盲目投资;可以建立健全科技成果转化机制,促进科技成果的转化和应用;可以加强科技创新人才的培养和引进,提高科技创新人才的素质和能力。

以我国为例,近年来,我国在科技领域取得了一系列重要成果,但同时也面临着一些问题和挑战。例如,我国的科技资源分布不均衡,一些地区和领域的科技资源相对匮乏;我国的科技成果转化率较低,大量科技成果未能得到有效应用;我国的科技创新人才短缺,尤其是高层次创新人才和领军人才不足。为了解决这些问题,我国政府积极推进科技管理创新,出台了一系列政策措施,如加强科技资源统筹规划、建立科技成果转化平台、实施人才强国战略等。这些措施的实施,对于提高我国的科技管理水平,解决科技发展中面临的问题,推动科技进步和经济发展起到了积极的作用。

7.1.4　科技管理创新是推动经济转型升级的重要动力

随着我国经济发展进入新常态,经济转型升级的任务日益紧迫。科技作为第一生产力,是推动经济转型升级的重要动力。科技管理创新作为科技与经济结合的桥梁和纽带,对于推动经济转型升级具有重要的作用。通过科技管理创新,可以促进科技与经济的深度融合,提高科技对经济增长的贡献率;可以推动传统产业的技术改造和升级,提高产业的核心竞争力;可以培育和发展战略性新兴产业,推动产业结构的优化升级。

例如,德国在推动经济转型升级方面取得了显著成效,其成功经验之一就是加强科技管理创新。德国政府通过制定科技发展战略和规划,加大对科技创新的投入,建立产学研合作机制等措施,推动了科技与经济的紧密结合。德国的制造业之所以能够在全球保持领先地位,很大程度上得益于其先进的科技管理和创新能力。我国正处于经济转型升级的关键时期,必须加强科技管理创新,充分发挥科技在经济转型升级中的支撑和引领作用,推动我国经济实现高质量发展。

7.1.5 科技管理创新是应对全球科技竞争的战略选择

在全球科技竞争日益激烈的背景下,各国都在加大科技投入,加强科技管理创新,以提高本国的科技竞争力。科技管理创新已经成为各国应对全球科技竞争的战略选择。如果一个国家在科技管理创新方面落后于其他国家,就会在科技竞争中处于劣势,甚至被淘汰出局。因此,必须高度重视科技管理创新,加强科技管理体制和机制改革,提高科技管理的国际化水平,以应对全球科技竞争的挑战。

例如,日本在科技管理创新方面一直保持着较高的水平。日本政府通过建立完善的科技管理体制和政策体系,加强对科技创新的支持和引导,培养和吸引高素质的科技人才,推动了日本科技的快速发展。日本在电子、汽车、机械等领域的科技水平和创新能力在全球处于领先地位,这与其高度重视科技管理创新是分不开的。我国作为一个发展中大国,要在全球科技竞争中占据一席之地,必须加强科技管理创新,提高我国的科技竞争力和国际影响力。

综上所述,科技管理创新具有极其重要的必要性和紧迫性。它是适应科技发展趋势的必然要求,是提高国家竞争力的关键因素,是解决科技发展中面临的问题的有效途径,是推动经济转型升级的重要动力,是应对全球科技竞争的战略选择。因此,我们必须高度重视科技管理创新,加强科技管理体制和机制改革,提高科技管理的效率和水平,为推动科技进步和经济发展提供有力的支撑和保障。

为了实现科技管理创新,我们需要采取一系列措施。首先,要加强科技管理体制改革,建立健全科学合理的科技管理体制和运行机制,明确各部门的职责和权限,加强部门之间的协调配合,提高科技管理的效率和水平。其次,要加大科技投入,优化科技资源配置,提高科技投入的产出效率。政府要加大对科技研发的投入,引导企业和社会资本加大对科技创新的投入,形成多元化的科技投入体系。第三,要加强科技创新人才队伍建设,培养和吸引高素质的科技创新人才。要建立健全人才培养、引进、使用和激励机制,为科技创新人才提供良好的发展环境和条件。第四,要加强科技成果转化和应用,建立健全科技成果转化机制,加强科技成果转化平台建设,促进科技成果的产业化和市场化。第五,要加强国际科技合作与交流,积极参与国际科技合作项目,引进国外先进技术和管理经验,提高我国的科技水平和创新能力。

总之,科技管理创新是推动科技进步和经济发展的重要手段,我们必须充分认识到其必要性和紧迫性,采取切实有效的措施,加强科技管理创新,为实现我国经济社会的高质量发展提供强大的科技支撑。

7.2　科技管理创新的路径与策略

在当今快速发展的科技时代,科技管理创新成为推动科技进步和经济发展的关键因素。科技管理创新不仅涉及到科技资源的合理配置和利用,还包括科技创新体系的构建、科技人才的培养和激励等多个方面。本文将探讨科技管理创新的路径与策略,以期为提高科技管理水平和促进科技创新提供有益的参考。

7.2.1　科技管理创新的重要性

科技管理创新是适应科技发展新形势的必然要求。随着科技的飞速发展,科技创新的速度和复杂性不断增加,传统的科技管理模式已经难以满足现代科技发展的需求。科技管理创新可以提高科技资源的利用效率,优化科技创新环境,激发科技人员的创新活力,从而推动科技创新的不断发展。

科技管理创新是提高国家竞争力的重要手段。在全球经济一体化的背景下,国家之间的竞争越来越激烈,科技创新能力成为国家竞争力的核心。通过科技管理创新,提高国家的科技创新能力,能够增强国家在国际市场上的竞争力,实现经济的可持续发展。

科技管理创新是解决科技发展中面临问题的有效途径。当前,我国科技发展中还存在着一些问题，如科技成果转化率低、科技创新与经济发展脱节等。科技管理创新可以通过优化科技管理体制机制，加强科技与经济的融合，提高科技成果的转化效率，解决这些问题，促进科技与经济的协同发展。

7.2.2 科技管理创新的路径

1. 理念创新

科技管理理念创新是科技管理创新的先导。要树立以人为本的科技管理理念，充分尊重科技人员的创造性和积极性，为科技人员提供良好的创新环境和发展空间。同时，要树立开放合作的科技管理理念，加强国际国内科技合作与交流，充分利用国内外科技资源，提高科技创新能力。此外，还要树立创新驱动的科技管理理念，将科技创新作为推动经济发展的核心动力，加强科技创新的战略规划和顶层设计，提高科技管理的战略性和前瞻性。

2. 体制机制创新

科技管理体制机制创新是科技管理创新的关键。要深化科技体制改革，打破部门分割和行业垄断，建立健全统筹协调的科技管理体制，加强科技资源的整合和优化配置。完善科技创新的评价机制，建立以创新质量和贡献为导向的评价体系，克服唯论文、唯职称、唯学历、唯奖项的倾向，激发科技人员的创新活力。加强知识产权保护，完善知识产权法律法规，加大知识产权执法力度，保护科技创新成果的合法权益。

3. 管理方法创新

科技管理方法创新是科技管理创新的重要内容。要运用现代信息技术，建立科技管理信息系统，实现科技管理的信息化和数字化，提高科技管理的效率和精度。加强科技项目管理，建立科学的项目立项、评审、验收机制，提高科技项目的实施质量和效益。推广应用先进的质量管理方法，如六西格玛管理、精益管理等，提高科技产品和服务的质量。此外，还要加强风险管理，建立科技风险管理体系，有效防范和化解科技风险。

4. 组织创新

科技组织创新是科技管理创新的重要支撑。要加强科技创新平台建设，建立一批国家级和省级科技创新中心、实验室、工程技术研究中心等，为科技创新提供良好的硬件条件。推动产学研合作，建立以企业为主体、市场为导向、产学研相结合的科技创新体系，促进科技成果的转化和应用。培育和发展科技中介服务机构,如科技咨询机构、技术转移机构、科技金融机构等,为科技创新提供全方位的服务支持。

7.2.3 科技管理创新的策略

1. 加强科技战略规划

科技战略规划是科技管理创新的重要依据。政府和企业要根据自身的发展需求和科技发展趋势,制定科学合理的科技战略规划,明确科技创新的目标、任务和重点领域,为科技管理创新提供指导。在制定科技战略规划时,要充分考虑国内外科技发展的现状和趋势,结合自身的优势和特色,突出重点,体现特色,提高科技战略规划的科学性和可行性。

2. 加大科技投入

科技投入是科技管理创新的重要保障。政府要加大对科技的投入力度,建立稳定的科技投入增长机制,确保科技投入占国内生产总值的比重不断提高。同时,要引导企业加大对科技的投入,鼓励企业建立研发机构,提高企业的自主创新能力。此外,还要拓宽科技融资渠道,鼓励社会资本进入科技领域,形成多元化的科技投入体系。

3. 加强科技人才队伍建设

科技人才是科技管理创新的核心要素。要加强科技人才队伍建设,培养和引进一批高层次的科技人才,提高科技人才的整体素质和创新能力。建立健全科技人才培养体系,加强高校和科研机构的人才培养工作,培养适应科技创新需求的各类人才。完善科技人才评价和激励机制,建立以能力和业绩为导向的人才评价体系,加大对科技人才的奖励力度,激发科技人才的创新热情和创造力。

4. 促进科技成果转化

科技成果转化是科技管理创新的重要环节。要加强科技成果转化平台建设,建立一批科技成果转化中心和技术转移机构,为科技成果转化提供服务支持。完善科技成果转化机制,建立科技成果转化的利益分配机制,提高科技人员和企业参与科技成果转化的积极性。加强科技成果转化的政策支持,出台一系列鼓励科技成果转化的政策措施,如税收优惠、财政补贴等,促进科技成果的转化和应用。

5. 加强国际科技合作

国际科技合作是科技管理创新的重要途径。要加强国际科技合作与交流，积极参与国际科技合作项目，引进国外先进技术和管理经验，提高我国的科技创新能力。建立国际科技合作基地，吸引国外优秀科技人才和团队来我国开展合作研究，提升我国在国际科技领域的影响力。同时，要鼓励我国企业走出去，开展国际科技合作，拓展国际市场，提高我国企业的国际竞争力。

7.2.4 科技管理创新的案例分析

1. 华为的科技管理创新

华为是全球领先的通信和信息技术公司，其成功离不开科技管理创新。华为坚持以客户为中心的理念，不断加大研发投入，建立了全球研发体系，吸引了大量的优秀科技人才。华为注重技术创新和产品创新，不断推出具有自主知识产权的核心技术和产品，如5G技术、麒麟芯片等。同时，华为还建立了完善的知识产权管理体系，加强知识产权保护，为科技创新提供了有力的保障。此外，华为积极开展国际科技合作，与全球多个国家和地区的企业和科研机构建立了合作关系，共同推动科技创新的发展。

2. 深圳的科技管理创新

深圳是我国科技创新的前沿城市，其科技管理创新经验值得借鉴。深圳市政府高度重视科技创新，出台了一系列支持科技创新的政策措施，如设立科技研发专项资金、给予税收优惠等。深圳市加强了科技创新平台建设，建立了一批国家级和省级科技创新中心、实验室等，为科技创新提供了良好的硬件条件。同时，深圳市还积极推动产学研合作，建立了以企业为主体、市场为导向、产学研相结合的科技创新体系，促进了科技成果的转化和应用。此外，深圳市注重科技人才队伍建设，出台了一系列吸引人才的政策措施，如提供住房补贴、解决子女入学等，吸引了大量的优秀科技人才来深圳创新创业。

3. 结论

科技管理创新是推动科技进步和经济发展的重要力量。通过理念创新、体制机制创新、管理方法创新和组织创新等路径，以及加强科技战略规划、加大科技投入、加强科技人才队伍建设、促进科技成果转化和加强国际科技合作等策略，可以实现科技管理的创新发展，提高科技创新能力和水平，为经济社会发展提供强大的支撑。在实际工作中，政府、企业和科研机构等各方应共同努力，加强协作,形成合力,推动科技管理创新不断取得新的成效。同时,要不断总结经验,借鉴国内外先进的科技管理经验和做法,结合自身实际情况,探索适合我国国情的科技管理创新模式,为实现我国科技强国的目标奠定坚实的基础。

7.3　科技创新政策的制定与执行

在当今时代,科技创新已成为推动经济增长、提高国家竞争力的核心力量。为了充分发挥科技创新的潜力,各国纷纷制定和实施一系列科技创新政策。这些政策的制定和执行对于引导和促进科技创新活动具有至关重要的意义。

7.3.1　制定科技创新政策的原则

1. 战略性

科技创新政策应与国家的发展战略和科技发展规划相衔接,具有前瞻性和指导性。国家的发展战略是一个国家在较长时期内的总体发展方向和目标,科技发展规划则是根据国家发展战略对科技领域的发展做出的具体安排。科技创新政策作为实现国家发展战略和科技发展规划的重要手段,必须与之保持一致。

具有前瞻性的科技创新政策能够提前布局,引领科技发展的方向。例如,在人工智能、量子计算、生物技术等前沿领域,科技创新政策可以提前规划和投入,为国家在这些领域的发展赢得先机。同时,科技创新政策还应具有指导性,为科技创新活动提供明确的方向和目标。通过制定科技创新政策,政府可以引导企业、科研机构等创新主体加大研发投入,提高创新能力,推动科技成果转化和应用。

2. 系统性

科技创新政策应涵盖科技研发、成果转化、人才培养、知识产权保护等多个方面,形成完整的政策体系。科技创新是一个复杂的系统工程,涉及到多个环节和要素。科技研发是科技创新的源头,成果转化是将科技成果转化为现实生产力的关键环节,人才培养是科技创新的基础,知识产权保护是激励创新的重要保障。只有将这些方面纳入科技创新政策的范畴,形成一个相互关联、相互支持的政策体系,才能有效地推动科技创新。

例如,在科技研发方面,科技创新政策可以通过加大财政投入、设立科研项目、建立科研平台等方式,支持企业和科研机构开展基础研究和应用研究。在成果转化方面,科技创新政策可以通过建立科技成果转化机制、加强产学研合作、设立科技成果转化基金等方式,促进科技成果的转化和应用。在人才培养方面,科技创新政策可以通过加强教育改革、培养创新人才、吸引海外人才等方式,为科技创新提供人才支持。在知识产权保护方面,科技创新政策可以通过完善知识产权法律法规、加强知识产权执法、建立知识产权保护机制等方式,保护创新者的合法权益。

3. 针对性

科技创新政策应针对不同的科技领域、创新主体和发展阶段,制定差异化的政策措施,提高政策的精准性和有效性。不同的科技领域具有不同的特点和发展需求,不同的创新主体具有不同的创新能力和创新需求,不同的发展阶段面临不同的问题和挑战。因此,科技创新政策必须根据这些差异,制定有针对性的政策措施。

例如,对于战略性新兴产业,科技创新政策可以给予重点支持,包括加大研发投入、提供税收优惠、加强知识产权保护等。对于中小企业,科技创新政策可以通过提供创业扶持、技术创新基金、贷款担保等方式,帮助其提高创新能力和市场竞争力。对于处于初创期的创新企业,科技创新政策可以提供创业孵化、天使投资等支持;对于处于成长期的企业,科技创新政策可以提供产业基金、科技贷款等支持;对于处于成熟期的企业,科技创新政策可以提供技术改造、品牌建设等支持。

4. 可操作性

科技创新政策应具有明确的目标、任务和措施,便于实施和监督。科技创新政策的制定不仅要考虑政策的科学性和合理性,还要考虑政策的可操作性。如果科技创新政策缺乏明确的目标、任务和措施,就难以在实际工作中得到有效实施和监督,从而影响政策的效果。

为了提高科技创新政策的可操作性,政府在制定政策时应充分调研和论证,广泛听取企业、科研机构、专家学者等各方意见,确保政策的科学性和合理性。同时,科技创新政策的目标、任务和措施应具体、明确,具有可衡量性和可操作性。例如,在制定科技创新政策时,可以明确规定研发投入的增长目标、科技成果转化的数量和质量指标、人才培养的规模和结构等,以便于对政策的实施效果进行评估和监督。

7.3.2　科技创新政策的执行

1. 加强政策宣传和解读

通过多种渠道和方式，向社会各界广泛宣传科技创新政策，提高政策的知晓度和理解度。科技创新政策的实施需要得到社会各界的广泛支持和参与，因此，加强政策宣传和解读是科技创新政策执行的重要环节。政府可以通过新闻发布会、政策解读会、官方网站、社交媒体等多种渠道和方式，向企业、科研机构、高校、社会组织等创新主体广泛宣传科技创新政策的内容、目标、意义和实施步骤，提高政策的知晓度和理解度。

同时，政府还可以组织专家学者对科技创新政策进行深入解读，帮助创新主体更好地理解政策的内涵和要求，提高政策的执行效果。此外，政府还可以通过开展科技创新政策培训、咨询等服务，为创新主体提供政策指导和帮助，提高创新主体的政策运用能力。

2. 建立健全政策执行机制

明确各部门的职责分工，加强协调配合，形成工作合力。建立政策执行的监督和评估机制，及时发现和解决政策执行中存在的问题。科技创新政策的执行涉及到多个部门和领域，需要各部门之间密切配合、协同推进。因此，建立健全政策执行机制是科技创新政策执行的关键。

政府应明确各部门在科技创新政策执行中的职责分工，避免出现职责不清、推诿扯皮等问题。同时，政府应加强各部门之间的协调配合，建立健全部门间的沟通协调机制，形成工作合力。例如，科技部门负责科技创新政策的制定和实施，财政部门负责科技创新资金的投入和管理，税务部门负责科技创新税收优惠政策的落实，金融部门负责科技创新金融支持政策的实施等。各部门之间应加强沟通协调，共同推动科技创新政策的落实。

此外，政府还应建立政策执行的监督和评估机制，及时发现和解决政策执行中存在的问题。通过建立监督机制，对科技创新政策的执行情况进行跟踪和监督，确保政策的执行不走样、不打折。通过建立评估机制，对科技创新政策的实施效果进行评估和分析，及时发现政策存在的问题和不足，为政策的调整和完善提供依据。

3. 加强政策配套和衔接

科技创新政策需要与其他相关政策进行配套和衔接，如财政政策、税收政策、金融政策等，形成政策的协同效应。科技创新政策的实施需要其他相关政策的支持和配合，只有形成政策的协同效应，才能更好地推动科技创新。

财政政策是科技创新政策的重要支撑，政府可以通过加大财政投入、设立专项资金等方式，支持科技创新活动。税收政策是激励科技创新的重要手段，政府可以通过制定税收优惠政策，降低企业的创新成本，提高企业的创新积极性。金融政策是科技创新的重要保障，政府可以通过引导金融机构加大对科技创新的支持力度，创新金融产品和服务，为科技创新提供资金支持。

例如，政府可以通过财政补贴、贷款贴息等方式，支持企业开展科技创新活动；通过税收减免、研发费用加计扣除等方式，降低企业的创新成本；通过设立科技金融专营机构、开展知识产权质押贷款等方式，为科技创新提供金融支持。同时，政府还应加强科技创新政策与产业政策、教育政策、人才政策等其他相关政策的配套和衔接，形成政策的合力，共同推动科技创新和经济社会发展。

4. 注重政策的动态调整

根据科技创新的发展变化和实际需求，及时对科技创新政策进行调整和完善，确保政策的适应性和有效性。科技创新是一个不断发展和变化的过程，科技创新政策也应根据科技创新的发展变化和实际需求进行及时调整和完善。如果科技创新政策不能及时适应科技创新的发展变化，就会影响政策的效果，甚至阻碍科技创新的发展。

政府应建立科技创新政策的动态调整机制，密切关注科技创新的发展趋势和实际需求，及时对科技创新政策进行评估和调整。例如，随着科技的快速发展，新兴技术不断涌现，政府应及时调整科技创新政策，加大对新兴技术领域的支持力度；随着科技创新环境的变化，政府应及时调整科技创新政策，优化创新环境，提高创新效率。同时，政府还应加强对科技创新政策调整的科学性和合理性论证，广泛听取各方意见，确保政策调整的科学性和有效性。

7.3.3 科技创新政策制定与执行的重要意义

1. 推动科技创新发展

科技创新政策的制定与执行能够为科技创新活动提供良好的政策环境和支持体系，激发创新主体的积极性和创造性，推动科技创新的快速发展。通过制定战略性、系统性、针对性和可操作性的科技创新政策，政府能够引导和促进科技资源的合理配置，提高科技创新的效率和质量，推动科技成果的转化和应用，从而实现科技创新的跨越式发展。

2. 提高国家竞争力

科技创新是提高国家竞争力的关键因素。通过制定和执行科技创新政策，国家能够加强自身的科技实力和创新能力，在全球科技竞争中占据有利地位。科技创新政策可以促进科技产业的发展，推动产业升级和转型，提高产品的附加值和竞争力，从而增强国家的经济实力和综合国力。

3. 促进经济社会可持续发展

科技创新是实现经济社会可持续发展的重要动力。科技创新政策的制定与执行能够推动绿色技术、新能源、节能环保等领域的创新发展，促进资源的节约和环境的保护，实现经济发展与环境保护的良性互动。同时，科技创新还能够创造新的就业机会，提高人民的生活水平，促进社会的和谐稳定发展。

7.3.4　科技创新政策制定与执行的挑战及应对策略

1. 挑战

(1) 科技创新的不确定性

科技创新具有高度的不确定性，这使得科技创新政策的制定和执行面临较大的风险。政策制定者难以准确预测科技发展的趋势和方向，可能导致政策的针对性和有效性不足。

(2) 利益主体的多元化

科技创新涉及到多个利益主体，如企业、科研机构、高校、政府等，各利益主体的需求和利益存在差异，这增加了科技创新政策协调和整合的难度。

(3) 政策执行的复杂性

科技创新政策的执行需要涉及到多个部门和领域，需要各部门之间的密切配合和协同推进。然而，在实际执行过程中，可能会出现部门之间的职责不清、协调不畅等问题，影响政策的执行效果。

(4) 国际竞争的压力

在全球化背景下，各国都在加强科技创新能力，国际科技竞争日益激烈。这对我国科技创新政策的制定和执行提出了更高的要求，需要我们在政策制定和执行过程中充分考虑国际竞争因素，提高我国科技创新的国际竞争力。

2. 应对策略

(1)加强科技预测和战略研究

政府应加强对科技发展趋势的预测和研究,提高科技创新政策的前瞻性和针对性。通过建立科技预测和战略研究机构,整合各方资源,加强对科技前沿领域的研究和分析,为科技创新政策的制定提供科学依据。

(2)建立利益协调机制

政府应建立健全利益协调机制,加强与各利益主体的沟通和协商,充分听取各方意见和建议,协调各利益主体的需求和利益,提高科技创新政策的合理性和可行性。

(3)完善政策执行机制

政府应进一步完善科技创新政策的执行机制,明确各部门的职责和分工,加强部门之间的协调配合,建立健全政策执行的监督和评估机制,确保政策的有效执行。

(4)加强国际合作与交流

政府应积极加强国际合作与交流,学习借鉴国际先进的科技创新经验和政策,提高我国科技创新政策的国际化水平。同时,我国还应积极参与国际科技合作项目,加强与其他国家在科技领域的合作与交流,提高我国科技创新的国际影响力。

3. 结论

科技创新政策的制定与执行是推动科技创新发展的重要保障。在制定科技创新政策时,应遵循战略性、系统性、针对性和可操作性的原则,确保政策的科学性和合理性。在执行科技创新政策时,应加强政策宣传和解读,建立健全政策执行机制,加强政策配套和衔接,注重政策的动态调整,确保政策的有效实施。

科技创新政策的制定与执行对于推动科技创新发展、提高国家竞争力、促进经济社会可持续发展具有重要意义。然而,科技创新政策的制定与执行也面临着诸多挑战,需要政府和社会各界共同努力,采取有效措施加以应对。只有这样,才能充分发挥科技创新政策的作用,推动我国科技创新事业不断发展,实现建设创新型国家的目标。

7.4　科技创新政策的国际比较与借鉴

科技创新是推动国家经济发展和社会进步的重要力量。在全球经济竞争日益激烈的背景下,各国纷纷制定和实施科技创新政策,以提高自身的科技实力和竞争力。通过对美国、日本、德国和韩国等国家科技创新政策的比较与分析,我们可以从中汲取有益的经验和启示,为我国科技创新政策的制定和完善提供参考。

7.4.1　国际科技创新政策的特点

1. 美国科技创新政策特点

(1)注重基础研究和前沿技术研发

美国政府高度重视基础研究,将其视为科技创新的源泉。通过加大对科研机构和高校的投入,美国在物理学、化学、生物学等基础科学领域取得了众多突破性成果。同时,美国积极布局前沿技术领域,如人工智能、量子计算、生物技术等,确保在未来科技竞争中占据优势地位。

(2)多种政策手段促进企业科技创新

美国政府通过税收优惠、政府采购等政策手段,激励企业加大研发投入,提高科技创新能力。税收优惠政策可以降低企业的研发成本,提高企业的创新积极性。政府采购则为企业提供了稳定的市场需求,促进了新技术、新产品的研发和应用。

(3)完善的科技人才培养和引进机制

美国拥有世界上优秀的高等教育体系,培养了大量的高素质科技人才。同时,美国通过开放的移民政策,吸引了全球各地的优秀科技人才赴美工作和创业,为美国的科技创新提供了强大的人才支撑。

2. 日本的科技创新政策特点

(1)强调技术创新和产业升级

日本政府意识到,技术创新是推动产业升级和经济发展的关键。因此,日本积极鼓励企业进行技术创新,提高产品的附加值和竞争力。通过建立产学研合作机制,加强科技成果的转化和应用,日本成功地实现了从模仿创新到自主创新的转变,推动了产业结构的优化升级。

(2)积极推动科技国际化

日本政府认识到,科技的发展离不开国际合作与交流。因此,日本积极加强与其他国家的科技合作与交流,参与国际科技合作项目,引进国外先进技术和人才。同时,日本也积极推动本国科技成果的国际化,提高日本在国际科技领域的影响力。

(3)重视科技研发的长期规划

日本政府制定了一系列的科技发展规划,明确了科技发展的目标和重点领域。这些规划具有长期性和稳定性,为日本的科技研发提供了明确的方向和指导。

3. 德国的科技创新政策特点

(1)注重制造业的创新发展

德国是世界制造业强国,其科技创新政策注重推动制造业的创新发展。通过实施“工业 4. 0”战略,德国将信息技术与制造业深度融合,推动传统制造业向智能化、数字化转型,提高制造业的生产效率和产品质量。

(2)加大对中小企业的创新支持

德国的中小企业在经济发展中发挥着重要作用。为了提高中小企业的创新能力,德国政府出台了一系列的支持政策,如提供研发资金、技术咨询、培训等服务,帮助中小企业提升创新水平,增强市场竞争力。

(3)强调科技创新的可持续性

德国政府高度重视科技创新的可持续性,将环境保护和资源节约作为科技创新的重要考量因素。在研发新技术、新产品的过程中,德国注重减少能源消耗和环境污染,实现经济发展与环境保护的良性互动。

4. 韩国的科技创新政策特点

(1)注重培育新兴产业

韩国政府根据国际科技发展趋势和本国产业发展需求,制定了科技发展规划和产业政策,引导资源向新兴产业领域集聚。通过加大对新兴产业的研发投入和政策支持,韩国在半导体、电子信息、生物医药等新兴产业领域取得了显著成就,培育了一批具有国际竞争力的企业。

(2)大力培养科技人才

韩国政府认识到,科技人才是科技创新的核心要素。因此,韩国大力发展高等教育和职业教育，培养了大量的科技人才。同时，韩国政府还通过引进国外优秀人才和加强国际人才交流与合作，提高本国科技人才的素质和水平。

(3)加强科技创新的基础设施建设

韩国政府加大了对科技创新基础设施的投入，建设了一批高水平的科研机构、实验室和科技园区。这些基础设施为韩国的科技创新提供了良好的平台和条件，促进了科技成果的研发和转化。

7.4.2　对我国的借鉴意义

1. 加大基础研究投入以推动科技自立自强

基础研究是科技创新的源头活水，是实现科技自立自强的重要基础。我国应借鉴美国等国家的经验，加大对基础研究的投入。具体措施包括：政府增加对科研机构和高校的基础研究经费支持，鼓励开展基础性、前瞻性研究；建立多元化投入机制，引导企业和社会资本参与基础研究；加强基础研究平台建设，优化科研资源配置，提高研究效率和质量。通过加大基础研究投入，我国能够提升基础科学领域的研究水平，为科技创新奠定坚实的理论基础，推动科技事业实现跨越式发展。

2. 加强产学研合作以促进科技成果转化与应用

产学研合作是推动科技成果转化和应用的有效途径。借鉴日本的经验，我国应加强高校、科研机构与企业之间的合作与交流，建立紧密的产学研合作关系。政府可通过出台政策，鼓励合作研发项目，促进科技成果转化与应用；同时，建立长效机制，加强知识产权保护，明确各方权益与责任，提升合作的积极性和稳定性。此外，需加强产学研合作平台建设，为各方合作提供便利条件。通过加强产学研合作，我国能够提高科技成果转化率和应用水平，推动科技创新与经济社会发展的深度融合。

3. 推动产业升级以实现经济高质量发展

借鉴德国“工业4.0”战略，我国应加快传统产业的智能化、数字化转型，提升产业核心竞争力。政府需加大对传统产业技术改造的支持力度，引导企业应用先进信息技术和制造技术，提高生产效率和产品质量；同时，加强智能制造标准体系建设，推动智能制造产业发展。此外，应培育和发展新兴产业，优化产业结构，推动产业向高端化、智能化、绿色化方向迈进。通过推动产业升级，我国能够实现经济结构的优化调整，提升经济发展的质量与效益。

4. 培育新兴产业以推动经济可持续发展

借鉴韩国的经验,我国应根据自身发展需求和科技优势,制定新兴产业发展规划,加大政策支持力度。政府可通过设立专项基金、提供税收优惠等措施,引导社会资本投向新兴产业领域;同时,加强技术研发和创新能力建设,提升新兴产业的核心竞争力。此外,需注重人才培养与引进,为新兴产业发展提供人才保障。通过培育新兴产业,我国能够打造新的经济增长点,推动经济的可持续发展。

7.4.3 我国科技创新政策的现状与问题

近年来,我国高度重视科技创新,出台了一系列科技创新政策,取得了显著的成效。我国的科技投入不断增加,科技创新能力逐步提升,在一些领域取得了重要突破。然而,与发达国家相比,我国的科技创新政策还存在一些问题和不足。

1. 基础研究投入亟待加强

虽然我国的科技投入持续增长,但基础研究投入占比偏低。基础研究作为科技创新的源头,其投入不足会对我国科技创新的长远发展形成制约。

2. 产学研合作机制有待完善

我国的产学研合作存在一些问题,包括合作紧密程度不够、成果转化不顺畅等。高校和科研机构的科研成果与企业实际需求存在脱节,致使科技成果转化率不高。

3. 产业升级挑战重重

我国传统产业在技术水平和产品质量等方面与发达国家有一定差距,产业升级任务艰巨。同时,新兴产业发展面临技术瓶颈和市场需求不足等问题,需要加大支持力度。

4. 科技创新人才匮乏

我国科技人才队伍不断壮大,但高层次、创新型人才短缺。人才培养机制和评价机制存在的一些问题,对科技人才的积极性和创造性产生了影响。

7.4.4 完善我国科技创新政策的建议

1. 加大基础研究投入力度

为推动基础研究的发展,需采取一系列措施。首先,要提高基础研究经费在科技投入中的比重，以此确保基础研究能获得充足的资金支持。其次，建立稳定的基础研究投入增长机制，让基础研究经费伴随经济的发展逐步递增。最后，优化基础研究经费的分配结构，提升经费使用效率，保证资金精准投向重点领域和关键项目。

2. 完善产学研合作机制

为推动产学研合作的有效开展，需采取一系列措施。首先，应加强政府的引导和协调作用，设立产学研合作的协调机构，以增进各方的沟通与合作。其次，构建以企业为主体、市场为导向、产学研相结合的技术创新体系，提升企业在产学研合作中的主导地位，使其更好地发挥作用。最后，要强化知识产权保护，完善利益分配机制，切实保障各方的合法权益，从而提高合作的积极性与稳定性。

3. 加快推动产业升级

为推动产业升级，我们需采取一系列措施。首先，制定和实施产业升级规划，明确产业升级的目标与任务，以此引导产业朝着高端化、智能化、绿色化的方向发展。其次，加大对传统产业技术改造的支持力度，助力传统产业实现转型升级。最后，培育和发展战略性新兴产业，加强政策的支持与引导，促使新兴产业能够快速发展。通过这些举措，全面推进产业升级，实现经济的高质量发展。

4. 加强科技创新人才培养和引进

为推动我国人才发展，需采取一系列举措。首先，改革人才培养机制，着重加强创新型人才的培养，以此提高人才培养质量。其次，完善人才评价机制，构建以创新能力和实际贡献为导向的人才评价体系，从而激发人才的创新活力。最后，加大人才引进力度，通过制定优惠政策，吸引国内外优秀人才来我国创新创业。通过这些措施，有望提升我国人才队伍的整体水平，为国家的发展提供有力的人才支撑。

5. 结论

科技创新是国家发展的核心动力，科技创新政策对于推动科技创新具有重要的作用。通过对美国、日本、德国和韩国等国家科技创新政策的比较与分析，我们可以看出，各国在科技创新政策方面都有其独特的经验和做法。我国应借鉴这些国家的经验，结合自身的实际情况，加大基础研究投入，加强产学研合作，推动产业升级，培育新兴产业，加强科技创新人才培养和引进，完善科技创新政策体系,提高我国的科技创新能力和水平,为实现经济高质量发展和建设创新型国家提供有力支撑。同时,我们也要认识到,科技创新是一个长期的、系统性的工程,需要政府、企业、高校和科研机构等各方的共同努力和持续投入。只有不断加强科技创新,我国才能在全球科技竞争中占据一席之地,实现中华民族伟大复兴的中国梦。

综上所述,科技管理创新与政策支持是推动科技创新的重要保障。通过认识科技管理创新的必要性与紧迫性,探索科技管理创新的路径与策略,加强科技创新政策的制定与执行,并进行科技创新政策的国际比较与借鉴,我国可以不断提高科技创新能力,实现科技强国的目标。

第 8 章　现代科技管理体系的实践案例

8.1　国内外知名企业科技管理体系案例分析

在当今竞争激烈的市场环境中,科技管理体系对于企业的发展至关重要。国内外许多知名企业通过建立有效的科技管理体系,实现了科技创新和企业竞争力的提升。本部分将选取几个具有代表性的国内外知名企业,对其科技管理体系进行案例分析,以期为其他企业提供有益的借鉴和启示。

8.1.1　苹果公司(Apple)

苹果公司是全球知名的科技企业,以其创新的产品和卓越的设计而闻名。苹果公司的成功离不开其完善的科技管理体系。

1. 创新文化与理念

苹果公司一直秉持着“Think Different”(非同凡想)的创新理念,鼓励员工勇于挑战传统,追求卓越。这种创新文化贯穿于公司的各个层面,激发了员工的创造力和创新精神。

2. 强大的研发投入

苹果公司每年都会投入大量的资金用于研发。据统计,苹果公司的研发投入占其营业收入的比例一直保持在较高水平。高额的研发投入为苹果公司的技术创新提供了坚实的资金支持,使其能够不断推出具有创新性的产品,如 iPhone、iPad 和 Apple Watch 等。

3. 封闭式的生态系统

苹果公司构建了一个封闭式的生态系统,包括硬件、软件和服务。通过整合硬件和软件的设计,苹果公司能够为用户提供更加流畅和一体化的使用体验。同时,苹果公司的 App Store 为开发者提供了一个平台,促进了应用程序的开发和创新,进一步丰富了苹果生态系统的内容。

4. 严格的质量管理

苹果公司对产品的质量要求非常严格。从产品的设计、研发到生产,苹果公司都进行了严格的质量控制,确保产品的品质和可靠性。这种严格的质量管理使得苹果公司的产品在市场上赢得了良好的口碑和用户信任。

苹果公司的科技管理体系使其在全球科技市场中占据了领先地位。其创新文化和理念激发了员工的创新能力,为公司的技术创新提供了源源不断的动力。强大的研发投入保证了公司能够在技术领域保持领先地位,不断推出具有创新性的产品。封闭式的生态系统增强了用户对苹果产品的粘性,提高了公司的市场竞争力。严格的质量管理则确保了产品的品质和可靠性,赢得了用户的信任和口碑。

然而,苹果公司的科技管理体系也并非完美无缺。例如,其封闭式的生态系统在一定程度上限制了用户的选择和第三方开发者的创新空间。此外,苹果公司的产品价格相对较高,这可能会限制其市场份额的进一步扩大。

8.1.2 华为公司

华为是全球领先的通信和信息技术公司,在科技管理方面也有着独特的经验和做法。

1. 持续的研发投入

华为非常重视技术研发,将大量的资源投入到研发中。公司每年将销售收入的10%以上用于研发,并且在全球范围内建立了多个研发中心。这种持续的研发投入使得华为在通信技术、芯片技术、人工智能等领域取得了一系列的突破和创新。

2. 人才管理与激励机制

华为注重人才的培养和吸引,建立了一套完善的人才管理体系。公司通过提供具有竞争力的薪酬待遇、良好的工作环境和广阔的发展空间,吸引了大量的优秀人才。同时,华为还实施了员工持股计划,将员工的利益与公司的发展紧密结合在一起,激发了员工的工作积极性和创造力。

3. 开放合作的创新模式

华为积极开展与国内外高校、科研机构和企业的合作,构建了一个开放的创新生态系统。通过合作,华为能够充分利用各方的优势资源,加快技术创新的步伐。此外,华为还积极参与国际标准的制定,提升了公司在全球通信领域的话语权和影响力。

4. 以客户为中心的理念

华为始终坚持以客户为中心的理念,深入了解客户的需求和痛点,为客户提供定制化的解决方案。这种以客户为中心的理念使得华为能够赢得客户的信任和支持,不断扩大市场份额。

华为公司的科技管理体系为其成为全球领先的通信和信息技术公司奠定了坚实的基础。持续的研发投入使华为在技术领域保持了强大的竞争力,能够不断推出满足市场需求的创新产品和解决方案。人才管理与激励机制吸引和留住了大量的优秀人才,为公司的发展提供了有力的支撑。开放合作的创新模式促进了技术的交流与融合,推动了公司的技术创新和发展。以客户为中心的理念使华为能够更好地满足客户的需求,提高客户满意度和忠诚度。

然而,华为公司在发展过程中也面临着一些挑战。例如,随着全球政治经济形势的变化,华为在国际市场上遇到了一些阻力和挑战。此外,华为在一些新兴技术领域的布局和发展还需要进一步加强。

8.1.3　谷歌公司(Google)

谷歌是全球最大的搜索引擎公司,也是科技领域的创新领导者之一。

1. 技术驱动的创新文化

谷歌公司强调技术创新,鼓励员工勇于尝试新的技术和想法。公司为员工提供了宽松的工作环境和丰富的资源,支持员工进行创新实践。这种技术驱动的创新文化使得谷歌公司能够不断推出具有创新性的产品和服务,如谷歌搜索、谷歌地图、谷歌地球等。

2. 数据驱动的决策机制

谷歌公司非常重视数据的收集和分析,通过大数据技术来优化产品和服务,提高用户体验。公司利用数据来了解用户的需求和行为,从而进行精准的市场定位和产品研发。同时,谷歌公司还通过数据分析来评估项目的效果和绩效,为公司的决策提供科学依据。

3. 多元化的业务布局

谷歌公司不仅仅局限于搜索引擎业务,还积极拓展多元化的业务领域。公司通过收购和投资等方式,进入了人工智能、自动驾驶、云计算等领域,构建了一个多元化的业务版图。这种多元化的业务布局使得谷歌公司能够在不同的领域中寻找新的增长机会,降低公司的经营风险。

4. 开放的技术平台

谷歌公司推出了一系列的开放技术平台,如 Android 操作系统、Google Maps API 等,鼓励开发者基于这些平台进行创新和开发。这种开放的技术平台策略促进了技术的普及和应用,推动了整个行业的发展。

谷歌公司的科技管理体系使其成为全球科技领域的佼佼者。技术驱动的创新文化为公司的技术创新提供了强大的动力,使其能够不断推出引领行业发展的产品和服务。数据驱动的决策机制提高了公司的决策效率和准确性,使公司能够更好地适应市场变化。多元化的业务布局降低了公司的经营风险,为公司的持续发展提供了保障。开放的技术平台策略促进了技术的共享和创新,提升了公司的影响力和竞争力。

然而,谷歌公司也面临着一些问题和挑战。例如,随着数据隐私和安全问题的日益突出,谷歌公司需要加强对用户数据的保护和管理,以避免潜在的法律风险。此外,谷歌公司在一些新兴市场的发展还需要进一步加强,以应对来自当地竞争对手的挑战。

8.1.4 对比与总结

通过对苹果、华为和谷歌这三家国内外知名企业的科技管理体系案例分析,我们可以发现它们在科技管理方面有一些共同的特点和成功经验,同时也存在一些差异和挑战。

1. 共同特点和成功经验

(1)重视创新

这三家企业都将创新作为企业发展的核心动力,通过建立创新文化、加大研发投入等方式,不断推动技术创新和产品升级。

(2)注重人才

人才是科技创新的关键,这三家企业都非常重视人才的培养和吸引,通过提供良好的薪酬待遇、发展空间和工作环境,吸引了大量的优秀人才。

(3)强化研发

持续的研发投入是企业保持技术领先地位的重要保障,这三家企业都将大量的资源投入到研发中,不断提升自身的技术实力。

(4)以客户为中心

满足客户的需求是企业生存和发展的基础,这三家企业都始终坚持以客户为中心的理念,深入了解客户的需求和痛点,为客户提供优质的产品和服务。

2. 差异和挑战

(1)创新模式

苹果公司注重产品的设计和用户体验,通过整合硬件和软件的创新来打造独特的产品优势;华为公司则更加注重技术的研发和应用,通过持续的技术投入来提升产品的性能和竞争力;谷歌公司则以技术驱动的创新文化为特色,通过不断探索新的技术领域来推动公司的发展。

(2)市场定位

苹果公司的产品主要面向高端市场,以其卓越的品质和设计吸引消费者;华为公司则在中高端市场和新兴市场都有较强的竞争力,通过提供高性价比的产品来满足不同客户的需求;谷歌公司的搜索引擎业务在全球范围内占据了主导地位,但其多元化的业务布局也面临着不同市场的挑战。

(3)发展环境

苹果公司和谷歌公司作为美国企业,在全球市场上具有较强的品牌影响力和技术优势,但也面临着国际贸易摩擦和数据隐私等问题的挑战;华为公司作为中国企业,在国际市场上的发展受到了一些政治因素的影响,同时也需要不断加强在新兴技术领域的研发和布局,以提升自身的竞争力。

综上所述,国内外知名企业的科技管理体系各有特色,但都强调创新、人才、研发和以客户为中心的理念。这些企业的成功经验为其他企业提供了有益的借鉴,同时也提醒企业在科技管理过程中要根据自身的特点和市场需求,制定适合自己的科技管理策略,不断提升企业的科技创新能力和市场竞争力。

8.2　高校与科研机构科技管理体系建设经验

在当今知识经济时代,高校与科研机构作为科技创新的重要力量,其科技管理体系的建设对于提高科技创新能力、推动科技成果转化具有至关重要的意义。本部分将通过对一些高校与科研机构的科技管理体系建设经验进行分析,探讨如何构建高效的科技管理体系,以适应新时代科技创新的需求。

8.2.1 高校科技管理体系建设经验

高校作为人才培养和科学研究的重要基地,在科技管理体系建设方面积累了丰富的经验。以下以某知名高校为例,介绍其科技管理体系的建设情况。

1.完善的组织机构与管理体制

该校设立了专门的科技管理部门,负责全校科技工作的规划、组织、协调和管理。科技管理部门下设多个科室,分别负责科研项目管理、科研成果管理、科技平台建设、科技合作与交流等工作。同时,该校还建立了校院两级科技管理体制,学院设立科研管理办公室,负责本学院的科技管理工作,形成了上下联动、协同推进的科技管理工作格局。

2.科学的科研项目管理机制

(1)科研项目申报与评审制度的规范化与科学化

该校制定了严格的科研项目申报与评审制度,明确了申报条件、要求和程序。在申报过程中,学校积极组织教师开展选题与论证工作,提升项目申报质量;同时,建立专家评审库,邀请校内外专家参与评审,确保评审过程的公正性与科学性。这一制度为科研项目的规范管理提供了有力保障。

(2)科研项目过程管理的规范化与制度化

该校通过建立项目中期检查和结题验收制度,加强了对科研项目的过程管理。在项目实施过程中,学校定期检查项目进展,及时发现问题并解决;同时,要求项目负责人按时提交进展报告和结题报告,全面总结和评价项目完成情况。这一制度确保了科研项目的高效推进与规范管理。

(3)科研项目经费管理的规范化与透明化

该校严格按照国家规定,加强科研项目经费管理,设立专门的科研经费管理部门,负责预算编制、使用审批和财务核算等工作。同时,建立科研经费审计制度,定期对经费使用情况进行审计,确保经费的合理使用与安全。这一管理体系为科研经费的规范使用提供了有力保障。

3.有效的科研成果转化机制

(1)知识产权保护的制度化与效益化

该校高度重视知识产权保护,建立了完善的管理制度,鼓励教师和科研人员积极申请专利、著作权等知识产权,并提供必要的支持与服务。同时,学校加强知识产权的管理与运营,提升其经济效益和社会效益。这一举措为知识产权的创造、保护和转化提供了有力保障。

(2)科技成果转化的机制化与市场化

该校积极推动科技成果转化,设立科技成果转化中心,负责成果的推广、转化和应用。中心通过与企业、政府等合作,搭建转化平台,促进科技成果与市场需求的对接。同时,学校制定了一系列激励政策,如对取得显著经济效益的教师和科研人员给予奖励,提高了科技成果转化的积极性和主动性。这一机制为科技成果的市场化应用提供了有力支持。

4. 加强科技人才队伍建设

(1)人才引进与培养的多元化与支持性

该校通过制定优惠的人才引进政策,吸引了大批国内外优秀人才;同时,注重青年教师的培养,为其提供良好的发展环境和条件,设立青年教师科研基金支持其科研工作。此外,学校积极组织教师参与国内外学术交流与培训活动,提升教师的学术水平和业务能力。这一系列举措为人才队伍建设提供了有力保障。

(2)人才评价与激励的科学化与激励性

该校建立了科学的人才评价体系,对教师和科研人员的教学、科研工作进行全面评价,并将评价结果作为职称评定、岗位晋升和绩效考核的重要依据。同时,学校完善了人才激励机制,对在教学、科研工作中取得突出成绩的人员给予表彰和奖励,有效激发了教师和科研人员的工作积极性和创造性。这一体系为人才发展提供了科学化与激励性的支持。

8.2.2　科研机构科技管理体系建设经验

科研机构作为科技创新的重要力量,在科技管理体系建设方面也进行了积极的探索和实践。以下以某国家级科研机构为例,介绍其科技管理体系的建设情况。

1. 明确的战略定位与发展目标

该科研机构根据国家科技发展战略和自身的优势特色,明确了战略定位和发展目标。机构将自身定位为国家科技创新的重要支撑力量,致力于解决国家经济社会发展中的重大科技问题。围绕这一定位,机构制定了长远的发展规划和年度工作计划,明确了各阶段的工作重点和任务,为科技管理工作提供了明确的方向和指导。

2. 创新的科研组织模式

(1)学科交叉与融合推动科技创新突破

该科研机构打破传统学科界限,积极推动学科交叉与融合,设立多个跨学科研究中心,汇聚不同领域的优秀人才,开展跨学科研究。通过这一模式,机构在前沿领域取得了重要突破,显著提升了科技创新能力。这一举措为科研创新提供了新的动力与方向。

(2)团队合作与协同创新推动科研攻关

该科研机构注重团队合作与协同创新,建立以项目为纽带的科研团队,成员密切配合、协同攻关,共同解决关键技术问题。同时,机构加强与国内外高校、科研机构和企业的合作与交流,构建广泛的协同创新网络,实现资源共享和优势互补。这一模式为科研攻关提供了强有力的支持。

3. 先进的科研条件与平台建设

(1)科研设施建设提升科研效率与质量

该科研机构加大投入,购置先进科研仪器设备,建立完善的科研实验平台。这些设施为科研人员提供了良好的工作条件和保障,显著提高了科研工作的效率和质量。这一举措为科研创新奠定了坚实的硬件基础。

(2)数据资源管理提升科研数据共享与利用效率

该科研机构重视数据资源的管理与利用,建立数据中心,对科研数据进行统一收集、整理、存储和分析。通过这一举措,机构提高了数据的共享程度和利用效率,为科研工作提供了强有力的数据支持。这一管理模式为科研创新提供了重要的数据保障。

4. 完善的科技管理制度与流程

(1)项目管理制度保障科研项目规范化管理

该科研机构建立了完善的项目管理制度,对项目的立项、实施和验收等环节进行规范管理。立项阶段组织专家论证项目的科学性和可行性;实施阶段加强过程管理,定期检查评估,及时解决问题;验收阶段严格按照任务书要求,确保项目达到预期目标。这一制度为科研项目的规范化管理提供了有力保障。

(2)经费管理制度确保科研经费规范使用

该科研机构建立了严格的经费管理制度,对科研经费的预算编制、使用和报销等环节进行规范管理。预算编制要求科学合理、实事求是,确保准确性和合理性;经费使用过程中加强监督和检查,杜绝挪用、截留现象;报销环节严格按照财务制度审核凭证,确保合法性和规范性。这一制度为科研经费的规范使用提供了有力保障。

(3)成果管理制度促进科研成果保护与激励

该科研机构建立了科学的成果管理制度,对科研成果的评价、登记和奖励等环节进行规范管理。通过专家评价确保成果的创新性和实用性;及时登记和归档科研成果,保护科研人员的知识产权;对取得突出成绩的科研人员进行表彰和奖励,激发创新积极性。这一制度为科研成果的保护与科研人员的激励提供了有力支持。

8.2.3　案例分析

通过对上述高校与科研机构科技管理体系建设经验的介绍,我们可以看出,构建高效的科技管理体系需要从多个方面入手,包括完善的组织机构与管理体制、科学的科研项目管理机制、有效的科研成果转化机制、加强科技人才队伍建设等。以下将对这些方面进行进一步的分析。

1. 完善的组织机构与管理体制是科技管理体系的基础

高校与科研机构应设立专门的科技管理部门,明确其职责和权限,建立健全校院两级科技管理体制,形成上下联动、协同推进的工作格局。同时,科技管理部门应加强与其他部门的沟通与协作,形成合力,共同推动科技工作的开展。

2. 科学的科研项目管理机制是提高科研质量的关键

高校与科研机构应建立科学的科研项目管理机制,包括项目申报与评审、项目过程管理、项目经费管理等方面。在项目申报与评审环节,应严格按照规定的程序和标准进行,确保项目的质量和可行性。在项目过程管理环节,应加强对项目的监督和检查,及时发现和解决问题,确保项目按时完成。在项目经费管理环节,应严格按照国家有关规定进行,确保经费的合理使用和安全。

3. 有效的科研成果转化机制是实现科技与经济结合的重要途径

高校与科研机构应加强知识产权保护,推动科技成果转化。一方面,要建立完善的知识产权管理制度,鼓励科研人员积极申请专利、著作权等知识产权;另一方面,要建立科技成果转化中心,加强与企业、政府等的合作与交流,搭建科技成果转化平台,促进科技成果与市场需求的对接。

4. 加强科技人才队伍建设是科技创新的核心

高校与科研机构应加强科技人才队伍建设,包括人才引进与培养、人才评价与激励等方面。在人才引进与培养方面,应制定优惠的政策措施,吸引国内外优秀人才来校工作,并加强对青年教师的培养,为其提供良好的发展环境和条件。在人才评价与激励方面,应建立科学的人才评价体系,对科研人员的工作进行全面评价,并建立完善的人才激励机制,对在科研工作中取得突出成绩的人员给予表彰和奖励,激发科研人员的创新积极性和创造性。

8.2.4 结论与展望

高校与科研机构作为科技创新的重要力量,其科技管理体系的建设对于提高科技创新能力、推动科技成果转化具有重要意义。通过对高校与科研机构科技管理体系建设经验的分析,我们可以得出以下结论。

1. 完善组织机构与管理体制

高校与科研机构需建立专门科技管理部门,明确职责权限,健全校院两级科技管理体制,以此奠定科技管理体系的基础。

2. 建立科学科研项目管理机制

高校与科研机构应设立严格的项目申报与评审制度,强化项目过程管理,规范项目经费管理,这是提升科研质量的关键。

3. 构建有效的科研成果转化机制

加强知识产权保护,推动科技成果转化,搭建转化平台,是实现科技与经济结合的重要途径,高校与科研机构应予以重视。

4. 加强科技人才队伍建设

高校与科研机构要制定优惠人才引进政策,加强青年教师培养,建立科学人才评价体系和完善人才激励机制,因为这是科技创新的核心。

展望未来,随着科技的不断发展和创新需求的不断增加,高校与科研机构的科技管理体系将面临新的挑战和机遇。高校与科研机构应不断创新科技管理理念和方法,完善科技管理体系,提高科技创新能力和水平,为国家经济社会发展做出更大的贡献。

8.3　区域科技创新体系构建与实践

在当今全球化和知识经济时代,科技创新已成为推动区域经济发展和提升竞争力的关键因素。区域科技创新体系的构建是实现区域创新发展的重要途径,它通过整合区域内的科技资源,促进知识流动和技术创新,提高区域的创新能力和产业竞争力。本文将通过对几个典型区域科技创新体系的构建与实践案例进行分析,探讨区域科技创新体系的构成要素、运行机制和发展模式,为其他地区构建区域科技创新体系提供参考和借鉴。

8.3.1　区域科技创新体系的内涵与构成要素

1. 区域科技创新体系的内涵

区域科技创新体系是指在一定的区域范围内,由各类科技创新主体、科技创新资源、科技创新环境和科技创新机制等要素相互作用而形成的有机整体。它以提高区域创新能力和竞争力为目标,通过促进科技成果转化和产业化,推动区域经济社会的可持续发展。

2. 区域科技创新体系的构成要素

(1)科技创新主体

科技创新主体包括企业、高校、科研机构、科技中介机构等。企业是技术创新的主体,高校和科研机构是知识创新的主体,科技中介机构是科技成果转化和技术转移的桥梁和纽带。

(2)科技创新资源

科技创新资源包括人才、资金、技术、信息等。科技创新资源是区域科技创新体系的基础,只有拥有丰富的科技创新资源,才能为区域科技创新提供有力的支撑。

(3)科技创新环境

科技创新环境包括政策法规、文化氛围、基础设施等。科技创新环境是区域科技创新体系的重要保障,良好的科技创新环境能够激发科技创新主体的创新活力,提高科技创新效率。

(4)科技创新机制

科技创新机制包括创新激励机制、创新合作机制、创新投入机制、创新评价机制等。科技创新机制是区域科技创新体系的核心,它能够协调各创新主体之间的关系,促进科技创新资源的优化配置,提高科技创新的效益。

8.3.2 区域科技创新体系的运行机制

1. 知识创新机制

知识创新是区域科技创新的基础,高校和科研机构是知识创新的主要力量。知识创新机制主要包括知识生产、知识传播和知识应用三个环节。在知识生产环节,高校和科研机构通过开展基础研究和应用基础研究,不断创造新知识;在知识传播环节,高校和科研机构通过教学、培训、学术交流等方式,将知识传播给企业和社会;在知识应用环节,企业将高校和科研机构的知识成果应用于生产实践,实现知识的价值转化。

2. 技术创新机制

技术创新是区域科技创新的核心,企业是技术创新的主体。技术创新机制主要包括技术研发、技术转移和技术扩散三个环节。在技术研发环节,企业通过自主研发或与高校、科研机构合作研发,开发新技术、新产品;在技术转移环节,高校、科研机构和科技中介机构将技术成果转移给企业,实现技术的商业化应用;在技术扩散环节,企业通过技术示范、技术推广等方式,将新技术扩散到整个行业和区域,提高区域的技术水平。

3. 创新协同机制

创新协同是区域科技创新的重要方式,通过整合区域内的创新资源,实现各创新主体之间的优势互补和协同创新。创新协同机制主要包括产学研协同创新、区域协同创新和创新网络协同创新三个方面。产学研协同创新是指企业、高校和科研机构之间的合作创新,通过建立产学研合作联盟、联合研发中心等方式,实现科技成果的快速转化和产业化;区域协同创新是指不同区域之间的合作创新,通过建立区域创新联盟、跨区域科技合作项目等方式,实现区域之间的资源共享和优势互补;创新网络协同创新是指通过建立创新网络平台,整合区域内的各类创新资源,实现创新主体之间的信息交流和协同创新。

4. 创新服务机制

创新服务是区域科技创新的重要支撑,科技中介机构是创新服务的主要提供者。创新服务机制主要包括科技咨询、技术评估、技术转移、知识产权服务等方面。科技中介机构通过为企业提供专业的科技服务,帮助企业解决技术创新过程中遇到的问题,提高企业的创新能力和市场竞争力。

8.3.3　区域科技创新体系的发展模式

1. 自主创新模式

自主创新模式是指区域依靠自身的科技力量和创新资源,进行原始创新和集成创新,实现科技进步和经济发展的模式。这种模式需要区域具备较强的科技实力和创新能力,适合于科技发达地区或具有独特科技资源优势的地区。例如,美国的硅谷地区就是以自主创新模式为特色,该地区拥有世界一流的高校和科研机构,以及众多的高科技企业,形成了强大的创新能力和产业竞争力。

2. 引进消化吸收再创新模式

引进消化吸收再创新模式是指区域通过引进国外先进技术和管理经验,进行消化吸收和再创新,提高自身的技术水平和创新能力的模式。这种模式适合于科技相对落后地区或具有一定产业基础的地区。例如,我国的一些沿海地区在改革开放初期,通过引进国外的先进技术和设备,进行消化吸收和再创新,实现了产业的快速发展和技术水平的提升。

3. 协同创新模式

协同创新模式是指区域内的企业、高校、科研机构等创新主体之间通过合作创新,实现资源共享和优势互补,提高创新效率和创新能力的模式。这种模式适合于各类地区,尤其是产业集群发展较好的地区。例如,德国的巴伐利亚地区通过建立产学研合作联盟,加强企业、高校和科研机构之间的合作创新,形成了强大的创新合力,推动了地区经济的发展。

8.3.4　区域科技创新体系构建与实践案例分析

1. 美国硅谷科技创新体系

(1)科技创新主体

硅谷拥有众多世界知名的高科技企业,如苹果、谷歌、英特尔、惠普等,这些企业是硅谷科技创新的核心力量。同时,硅谷还拥有斯坦福大学、加州大学伯克利分校等世界一流的高校,以及劳伦斯伯克利国家实验室等顶尖科研机构,为硅谷提供了源源不断的人才和技术支持。

(2)科技创新资源

硅谷吸引了全球各地的优秀人才,形成了丰富的人才资源库。此外,硅谷还拥有充足的资金支持,包括风险投资、天使投资等多种融资渠道,为科技创新企业提供了资金保障。

(3)科技创新环境

美国政府为硅谷的发展提供了良好的政策环境,包括税收优惠、知识产权保护等。同时,硅谷还形成了鼓励创新、宽容失败的文化氛围,为科技创新提供了宽松的环境。

(4)科技创新机制

硅谷建立了完善的产学研合作机制,企业、高校和科研机构之间紧密合作,共同开展科技创新活动。此外,硅谷还拥有发达的风险投资机制,为科技创新企业提供了资金支持和风险管理服务。

硅谷科技创新体系的成功经验在于:一是充分发挥了企业的创新主体作用,企业在科技创新中占据主导地位,不断推动技术创新和产品创新;二是高度重视人才培养和引进,吸引了全球各地的优秀人才汇聚硅谷;三是建立了完善的科技创新生态系统,包括科技创新主体、科技创新资源、科技创新环境和科技创新机制等要素,各要素之间相互作用、相互促进,形成了强大的创新合力。

2. 中国深圳科技创新体系

(1)科技创新主体

深圳培育了一批具有国际竞争力的创新型企业,如华为、腾讯、比亚迪等。同时,深圳还积极引进国内外知名高校和科研机构,建立了一批产学研合作基地,提高了科技创新能力。

(2)科技创新资源

深圳加大了对科技研发的投入,不断提高研发经费占 GDP 的比重。同时,深圳还加强了人才培养和引进工作,出台了一系列优惠政策,吸引了大量高层次人才和创新团队。

(3)科技创新环境

深圳市政府出台了一系列支持科技创新的政策措施,包括税收优惠、财政补贴、知识产权保护等。同时,深圳还加强了科技创新基础设施建设,提高了科技创新的支撑能力。

(4)科技创新机制

深圳建立了以市场为导向、企业为主体、产学研相结合的科技创新机制。企业在科技创新中发挥了主导作用,高校和科研机构积极参与,形成了协同创新的良好局面。此外,深圳还建立了完善的科技成果转化机制,促进了科技成果的产业化应用。

深圳科技创新体系的成功经验在于:一是坚持以市场为导向,充分发挥市场在资源配置中的决定性作用,引导企业加大科技创新投入,提高自主创新能力;二是加强政府引导和支持,出台了一系列优惠政策,为科技创新提供了良好的政策环境;三是注重人才培养和引进,打造了一支高素质的创新人才队伍;四是加强科技创新平台建设,建立了一批产学研合作基地和科技企业孵化器,为科技创新提供了有力的支撑。

3. 德国巴伐利亚科技创新体系

(1)科技创新主体

巴伐利亚地区拥有众多的中小企业,这些企业是科技创新的重要力量。同时,巴伐利亚地区还拥有慕尼黑工业大学、慕尼黑大学等知名高校,以及弗劳恩霍夫协会等科研机构,为科技创新提供了人才和技术支持。

(2)科技创新资源

巴伐利亚地区政府加大了对科技研发的投入,同时还积极引导企业加大研发投入,提高了科技创新的资金保障能力。此外,巴伐利亚地区还注重人才培养和引进,通过提供良好的工作和生活环境,吸引了大量优秀人才。

(3)科技创新环境

巴伐利亚地区政府出台了一系列支持科技创新的政策措施,包括税收优惠、财政补贴、知识产权保护等。同时,巴伐利亚地区还注重营造创新文化氛围,鼓励企业和个人勇于创新、敢于冒险。

(4)科技创新机制

巴伐利亚地区建立了产学研合作机制,企业、高校和科研机构之间紧密合作,共同开展科技创新活动。此外,巴伐利亚地区还建立了创新网络平台,促进了信息交流和资源共享,提高了科技创新效率。

德国巴伐利亚科技创新体系的成功经验在于:一是重视中小企业的创新作用,通过提供政策支持和技术服务,帮助中小企业提高创新能力;二是加强产学研合作,促进科技成果转化和产业化应用;三是营造良好的创新环境,激发企业和个人的创新活力;四是建立创新网络平台,加强信息交流和资源共享,提高科技创新效率。

8.3.5 区域科技创新体系构建的对策建议

1.加强科技创新主体培育

为提升国家整体创新能力,需从多方面着手:首先,强化企业的创新主体地位,引导企业加大研发投入,提高自主创新能力,鼓励企业建立研发机构,并加强与高校、科研机构的合作,推动产学研协同创新。其次,支持高校和科研机构加强基础研究和应用基础研究,提高知识创新能力,同时推动这些机构与企业的紧密结合,促进科技成果的转化和产业化。最后,培育和发展科技中介机构,提高科技服务水平,加强这些机构的规范化建设,提升服务质量和专业水平,为科技创新提供全方位的支持。通过这些措施,可以构建一个更加完善和高效的创新生态系统。

2.优化科技创新资源配置

为全面提升科技创新能力,需采取多维度措施:首先,加大对科技创新的投入,建立多元化的科技投入体系,强化政府财政投入的引导作用,鼓励企业增加研发投入,并吸引社会资本参与科技创新。其次,加强人才培养和引进,构建高素质的科技创新人才队伍,完善人才培养机制,提升高校和科研机构的人才培养能力,同时加大对高层次人才和创新团队的引进力度。最后,加强科技创新平台建设,提高科技创新的支撑能力,建立一批国家级和省级科技创新平台,如实验室、工程技术研究中心、科技企业孵化器等,为科技创新提供良好的条件和环境。通过这些举措,可以有效推动科技创新体系的完善和发展。

3.完善科技创新环境

为全面推动科技创新发展,需从多个层面入手:首先,加强政策法规建设,为科技创新提供良好的政策环境,出台一系列支持措施,如税收优惠、财政补贴和知识产权保护等,以激发科技创新主体的活力。其次,营造良好的文化氛围,鼓励创新并宽容失败,加强科技创新文化建设,培养全社会的创新意识和精神,形成尊重知识、尊重人才、尊重创造的良好风尚。最后,加强基础设施建设,提高科技创新的保障能力,完善交通、通信、能源等基础设施,为科技创新提供坚实的硬件支持。通过这些综合措施,可以为科技创新营造更加优越的环境,推动科技事业蓬勃发展。

4. 健全科技创新机制

为全面激发科技创新活力并推动其高质量发展,需构建系统化的机制体系:首先,建立完善的创新激励机制,激发科技创新主体的积极性和创造性,加强对科技创新成果的奖励和激励,提升科技人员的待遇和社会地位。其次,建立创新合作机制,加强区域内和区域间的创新合作,推动产学研协同创新,促进企业、高校和科研机构之间的合作交流,实现资源共享和优势互补。第三,建立创新投入机制,确保科技创新的资金需求,增强政府财政投入的稳定性和持续性,引导企业和社会资本加大对科技创新的投入。最后,建立创新评价机制,提高科技创新的质量和效益,构建科学合理的科技创新评价指标体系,加强对科技创新成果的评价和考核,促进科技创新的可持续发展。通过以上机制的综合作用,可以为科技创新提供全方位的支持和保障,推动科技事业迈向更高水平。

5. 结论

区域科技创新体系的构建是一个复杂的系统工程,需要政府、企业、高校、科研机构和科技中介机构等各方的共同努力。通过对美国硅谷、中国深圳和德国巴伐利亚等区域科技创新体系的构建与实践案例进行分析,我们可以得出以下结论。

区域科技创新体系的构建与发展需要多方面的协同作用:首先,科技创新主体是体系的核心,企业、高校和科研机构应充分发挥各自优势,加强协同创新,共同推动区域科技创新的进步。其次,科技创新资源是体系的基础,人才、资金、技术和信息等资源的优化配置是提升区域科技创新能力的关键。第三,科技创新环境是体系的重要保障,良好的政策法规、文化氛围和基础设施等环境因素能够有效激发科技创新主体的活力。最后,科技创新机制是体系的核心,完善的创新激励机制、创新合作机制、创新投入机制和创新评价机制能够协调各创新主体之间的关系,提高科技创新的效率和效益。通过主体、资源、环境和机制的有机结合,区域科技创新体系能够实现高效运转,推动科技事业持续发展。

总之,构建区域科技创新体系是实现区域经济可持续发展和提升竞争力的重要途径。各地区应根据自身的实际情况,借鉴国内外先进经验,加强科技创新主体培育,优化科技创新资源配置,完善科技创新环境,健全科技创新机制,推动区域科技创新体系的建设和发展。

8.4 案例总结与启示

在当今科技飞速发展的时代,科技创新已成为推动经济社会发展的核心动力。通过对一系列科技管理体系实践案例的深入分析,我们获得了许多有价值的总结和启示。

8.4.1 案例总结

1. 科技管理体系的重要意义

科技管理体系在不同层面均发挥着重要作用:对于企业而言,它能够帮助企业提高产品和服务的质量与竞争力,实现可持续发展,促使企业不断投入研发资源,推动技术创新,从而在市场中占据优势地位;在高校和科研机构中,科技管理体系有助于优化科研资源配置,提高科研效率和质量,通过科学的管理培养更多高素质的科研人才,产出更多具有创新性和应用价值的科研成果;从区域层面来看,完善的科技管理体系能够促进区域内科技资源的整合与共享,推动产业升级和经济结构调整,提升区域的整体创新能力和竞争力。通过科技管理体系的全面实施,企业、高校、科研机构以及区域经济均能实现高质量发展。

2. 成功科技管理体系的共同特点

(1)重视创新

将创新作为核心价值观,鼓励员工提出新的想法和观点,营造勇于创新的文化氛围。

(2)人才培养

注重人才的引进和培养,为科研人员提供良好的发展空间和培训机会,激发他们的创新潜力。

(3)研发管理

建立科学的研发流程和管理制度,加强项目的规划、执行和监控,确保研发工作的高效进行。

(4)成果转化

积极推动科技成果的转化和应用,加强与企业的合作,将科研成果转化为实际生产力，实现经济效益和社会效益的双赢。

3. 针对性设计与实施

科技管理体系的建设需根据不同主体的特点和发展需求进行针对性设计：企业的科技管理体系应紧密围绕市场需求和企业战略，注重技术创新与市场需求的结合，提高产品的市场适应性和竞争力；高校和科研机构的科技管理体系应突出学术研究和人才培养的特点，加强基础研究和前沿技术研究，提高科研成果的学术水平和影响力；区域的科技管理体系则应根据本地区的产业基础和发展需求，制定合理的科技发展规划和政策，引导科技资源向重点产业和领域集聚，促进区域经济的协调发展。通过因地制宜的科技管理体系，企业、高校、科研机构和区域经济能够实现协同发展，共同推动科技创新能力的全面提升。

8.4.2　案例启示

1. 企业加强科技管理

企业应树立科技创新的理念，加大研发投入，不断提升自主创新能力，同时加强知识产权保护，以提高核心竞争力；在此基础上，建立健全科技管理机制，优化研发流程，强化项目管理和风险管理，从而提升研发效率和成功率；此外，企业还应加强与高校、科研机构的合作，推动产学研深度融合，共同开展技术创新和成果转化工作，实现资源共享和优势互补。通过以上措施，企业能够在科技创新中占据主动地位，推动可持续发展。

2. 高校和科研机构加强科技管理体系建设

高校和科研机构应加强科研团队建设，吸引和培养一批高水平的科研人才，打造具有国际竞争力的科研团队；同时，完善科研评价体系，注重科研成果的质量和应用价值，鼓励科研人员开展具有实际应用意义的研究工作；此外，还应加强与企业的合作，建立产学研合作平台，促进科技成果的转化和应用，提高科研成果的转化率和经济效益。通过以上措施，高校和科研机构能够充分发挥科研优势，推动科技创新与经济社会发展的深度融合。

3. 政府加强对区域科技创新体系的规划和引导

政府应制定科学合理的区域科技创新发展规划，明确科技创新的目标和重点任务，引导科技资源的合理配置；同时，加大对科技创新的投入，建立多元化的科技投入体系，为科技创新提供资金支持；此外，还需营造良好的创新环境，加强知识产权保护，完善科技政策法规，为科技创新提供政策保障。通过以上措施,政府能够有效推动区域科技创新体系的建设与发展,为经济社会高质量发展提供强有力的科技支撑。

4. 各类创新主体加强合作与交流

企业、高校、科研机构和政府等各类创新主体应加强合作与交流,形成创新合力,通过建立产学研合作联盟、产业技术创新战略联盟等形式,实现资源共享和优势互补,共同推动科技创新的发展;同时,还应加强国际科技合作与交流,积极引进国外先进技术和人才,提升我国科技创新的国际化水平。通过内外协同合作,能够有效整合创新资源,推动科技创新能力的全面提升,为经济社会发展注入强劲动力。

总之,现代科技管理体系的实践案例为我们提供了丰富的经验和有益的启示。我们应充分认识到科技管理体系的重要性,不断总结和借鉴成功经验,结合自身实际情况,完善和优化科技管理体系,推动科技创新和经济社会的高质量发展。只有这样,我们才能在激烈的国际竞争中立于不败之地,实现中华民族伟大复兴的中国梦。

第9章　面向未来的科技管理体系展望

9.1　科技进步对科技管理体系的新要求

随着科技的飞速发展,科技管理体系面临着一系列新的要求。科技进步不仅带来了新的技术和创新模式,也改变了科技研发、应用和传播的方式。因此,科技管理体系需要不断适应这些变化,以更好地推动科技发展和创新。

9.1.1　快速响应和灵活调整的能力

科技发展的速度越来越快,新技术、新应用层出不穷。科技管理体系需要具备快速响应市场需求和科技变化的能力,能够及时调整科技发展战略和计划。例如,在人工智能领域,技术的发展日新月异,科技管理部门需要密切关注行业动态,及时调整政策和资源配置,以支持相关企业和研究机构的创新发展。

案例分析:智能手机行业的快速发展。随着技术的不断进步,智能手机的功能和性能不断提升,市场需求也在不断变化。科技管理部门需要及时了解这些变化,调整产业政策,鼓励企业加大研发投入,推出更具创新性的产品。例如,一些国家和地区通过提供研发补贴、税收优惠等政策,支持企业开展智能手机技术的研发和创新,从而推动了整个行业的快速发展。

9.1.2　跨学科、跨领域的协同创新能力

现代科技的发展越来越呈现出多学科交叉、融合的趋势,许多重大科技突破都需要跨学科、跨领域的协同创新。科技管理体系需要打破传统的学科和领域界限,促进不同学科、不同领域之间的交流与合作,形成协同创新的合力。例如,在生物医药领域,新药的研发需要生物学、化学、医学等多个学科的协同合作,科技管理部门可以通过搭建协同创新平台,促进相关学科和领域的专家、学

者、企业之间的交流与合作,提高新药研发的效率和质量。

案例分析:人类基因组计划。这是一个国际性的科学研究项目,涉及生物学、医学、物理学、化学、计算机科学等多个学科领域。各国科技管理部门通过协调各方资源,组织跨学科的研究团队,共同完成了人类基因组的测序工作,为人类健康事业做出了巨大贡献。该项目的成功实施,充分体现了跨学科、跨领域协同创新的重要性,也为科技管理体系如何促进协同创新提供了有益的借鉴。

9.1.3 风险管理和应对能力

科技进步在带来机遇的同时,也带来了一系列风险和挑战,如技术风险、市场风险、伦理风险等。科技管理体系需要建立健全风险管理机制,对科技发展过程中的风险进行识别、评估和应对,以降低风险带来的损失。例如,在基因编辑技术的发展过程中,存在着伦理和法律方面的风险,科技管理部门需要加强对该技术的监管,制定相关的伦理准则和法律法规,确保技术的合理应用和发展。

案例分析:自动驾驶技术的发展。自动驾驶技术虽然具有广阔的应用前景,但也面临着技术故障、安全事故、法律责任等风险。科技管理部门需要加强对自动驾驶技术的研发和测试的监管,制定相关的安全标准和法律法规,同时建立风险应急预案,以应对可能出现的安全事故和其他风险。例如,一些国家和地区要求自动驾驶汽车在进行道路测试前,必须经过严格的安全评估和审批程序,并配备相应的安全设备和应急措施。

9.1.4 全球视野和国际合作能力

科技的发展是全球性的,许多科技问题需要各国共同面对和解决。科技管理体系需要具备全球视野,加强国际科技合作与交流,积极参与全球科技治理,提升我国在国际科技领域的地位和影响力。例如,在应对气候变化问题上,各国需要共同开展科技创新,推动清洁能源技术的发展和应用。科技管理部门可以通过组织国际科技合作项目,加强与其他国家的科技交流与合作,共同应对全球气候变化的挑战。

案例分析:国际空间站项目。这是一个由多个国家共同参与的国际航天合作项目,旨在进行太空科学研究和技术试验。各国科技管理部门通过密切合作,共同制定项目计划,协调各方资源,实现了国际空间站的建设和运营。该项目的成功实施,不仅推动了航天技术的发展,也为国际科技合作树立了典范。

9.2　未来科技管理体系的发展趋势预测

9.2.1　数字化、智能化的科技管理模式

随着信息技术的不断发展,数字化、智能化将成为未来科技管理的重要趋势。科技管理部门将利用大数据、人工智能等技术,实现科技资源的精准配置、科技项目的高效管理和科技决策的科学化。例如,通过建立科技资源数据库,对科技人才、科研设备、科研项目等信息进行数字化管理,实现资源的优化配置;利用人工智能技术对科技项目进行评估和预测,提高项目管理的效率和质量;通过数据分析为科技决策提供科学依据,降低决策风险。

案例分析:某科技管理部门利用大数据技术,对本地区的科技企业进行了全面的分析和评估。通过收集企业的财务数据、研发投入、专利申请等信息,建立了企业科技创新能力评估模型。该模型可以对企业的科技创新能力进行量化评估,并根据评估结果为企业提供个性化的政策支持和服务。这种数字化的科技管理模式,提高了科技资源的配置效率,促进了企业的创新发展。

9.2.2　开放创新的科技管理理念

未来的科技管理体系将更加注重开放创新,打破传统的封闭创新模式,加强与外部创新资源的合作与交流。科技管理部门将积极推动产学研合作,促进科技成果的转化和应用;鼓励企业开展开放式创新,吸引全球创新资源;加强科技园区、孵化器等创新载体的建设,营造良好的创新创业环境。例如,一些科技园区通过建立开放式创新平台,吸引了国内外的创新企业和创业团队入驻,形成了创新资源集聚效应,推动了区域经济的发展。

案例分析:某高校与当地企业合作建立了产学研合作基地。高校的科研人员和企业的技术人员共同开展科研项目,将高校的科研成果转化为实际生产力。同时,企业为高校提供实践教学基地和科研经费,促进了高校人才培养和科研水平的提高。这种产学研合作的模式,实现了高校和企业的优势互补,推

动了科技成果的转化和应用。

9.2.3 以人为本的科技管理导向

科技的发展离不开人才,未来的科技管理体系将更加注重以人为本,加强科技人才的培养和引进,优化人才发展环境。科技管理部门将制定更加完善的人才政策,吸引国内外优秀科技人才;加强科技人才的培养和培训,提高人才的创新能力和综合素质;建立科学的人才评价和激励机制,激发人才的创新活力。例如,一些地方政府出台了一系列人才优惠政策,如购房补贴、子女入学优惠等,吸引了大量高层次科技人才落户。

案例分析:某企业为了吸引和留住优秀人才,制定了完善的人才激励机制。该机制包括股权激励、项目奖金、晋升机会等多种激励方式,充分调动了员工的创新积极性和工作热情。同时,企业还注重员工的培训和发展,为员工提供各种培训课程和学习机会,提高员工的专业技能和综合素质。通过这些措施,该企业吸引了大量优秀人才,提高了企业的核心竞争力。

9.2.4 绿色可持续的科技管理目标

随着全球对环境保护和可持续发展的重视,未来的科技管理体系将更加注重绿色可持续发展。科技管理部门将加强对绿色科技的研发和推广,推动产业结构的调整和升级,实现经济发展与环境保护的协调统一。例如,一些国家和地区通过制定相关政策,鼓励企业开展清洁能源、节能环保等领域的科技创新,减少对传统能源的依赖,降低环境污染。

案例分析:某地区大力发展太阳能产业。科技管理部门通过出台扶持政策,鼓励企业加大对太阳能技术的研发投入,提高太阳能电池的转换效率和降低成本。同时,该地区还积极推广太阳能应用,建设了大量的太阳能光伏发电项目,减少了对传统能源的消耗,实现了能源结构的优化和环境的保护。

9.3　构建适应未来发展的科技管理体系的策略建议

9.3.1　加强科技管理体制改革

深化科技管理体制改革,建立健全统筹协调、职责明确、科学高效的科技管理体制。加强科技管理部门与其他部门之间的协调配合,形成合力推动科技发展。例如,建立科技领导小组,统筹协调科技发展的重大问题;完善科技项目管理机制,提高项目管理的透明度和公正性。

案例分析:某省成立了科技领导小组,由省长担任组长,相关部门负责人为成员。领导小组定期召开会议,研究解决科技发展中的重大问题,协调各部门之间的工作。通过这种方式,加强了对科技工作的领导和统筹协调,提高了科技管理的效率和水平。

9.3.2　加大科技投入力度

持续加大对科技的投入,提高科技经费的使用效益。建立多元化的科技投入体系,引导社会资本投入科技创新。例如,设立科技发展基金,鼓励企业和社会力量捐赠;加强对科技经费的管理和监督,确保经费使用的合理性和有效性。

案例分析:某市设立了科技创新发展基金,每年安排一定的资金用于支持企业开展科技创新活动。基金的资金来源包括财政拨款、企业捐赠和社会资本等。通过基金的运作,吸引了大量社会资本投入科技创新领域,提高了科技经费的总量和使用效益。

9.3.3　加强科技人才队伍建设

加强科技人才的培养、引进和使用,打造一支高素质的科技人才队伍。完善科技人才评价和激励机制,激发科技人才的创新活力。例如,建立以创新能力、业绩和贡献为导向的科技人才评价体系;加大对科技人才的奖励力度,提高科技人才的待遇和社会地位。

案例分析:某高校实施了"人才强校"战略,加大了对高层次人才的引进和培养力度。学校制定了一系列优惠政策,如提供高额科研启动经费、安家费等,吸引了一批国内外优秀的学者和专家。同时,学校还加强了对青年教师的培养和支持,为他们提供更多的发展机会和平台。通过这些措施,学校的师资队伍得到了显著加强,科研水平和教学质量也得到了提高。

9.3.4 完善科技创新政策环境

制定和完善有利于科技创新的政策法规,营造良好的创新创业环境。加强知识产权保护,鼓励企业开展技术创新。例如,出台税收优惠政策,鼓励企业加大研发投入;加强知识产权执法力度,维护创新者的合法权益。

案例分析:某市政府出台了一系列鼓励科技创新的政策,如对企业研发费用给予加计扣除、对高新技术企业给予税收优惠等。同时,该市还加强了知识产权保护工作,建立了知识产权维权援助中心,为企业提供知识产权保护的咨询和服务。通过这些政策的实施,该市的科技创新环境得到了明显改善,企业的创新积极性得到了提高。

9.3.5 加强国际科技合作与交流

积极开展国际科技合作与交流,引进国外先进技术和管理经验,提升我国科技的国际竞争力。鼓励企业"走出去",参与国际科技合作项目。例如,建立国际科技合作基地,吸引国外科研机构和企业入驻;组织企业参加国际科技展会和论坛,拓展国际市场。

案例分析:某企业积极参与国际科技合作,与国外一家知名企业开展了技术合作项目。通过合作,该企业引进了国外先进的技术和管理经验,提高了产品的质量和技术水平。同时,该企业还借助合作企业的国际市场渠道,将产品推向了国际市场,提高了企业的国际竞争力。

9.4 结语:科技管理体系的持续优化与升级

科技管理体系的持续优化与升级是推动科技进步和创新发展的重要保障。面对科技进步带来的新要求和新挑战,我们需要不断探索和创新,构建适应未来发展的科技管理体系。通过加强科技管理体制改革、加大科技投入力度、加强科技人才队伍建设、完善科技创新政策环境和加强国际科技合作与交流等策略,我们能够提高科技管理的水平和效率,激发科技创新的活力和潜力,为实现我国科技强国的目标奠定坚实的基础。

在未来的发展中,我们要紧密围绕国家战略需求,以科技创新为引领,推动经济社会的高质量发展。同时,我们也要积极关注全球科技发展的动态,加强国际科技合作与交流,在全球科技竞争中赢得主动。相信在全社会的共同努力下,我国的科技管理体系将不断完善,科技事业将取得更加辉煌的成就。

附　　录

附录 A　国内外科技管理相关法律法规与政策文件汇编

一、国内部分

1.《中华人民共和国科学技术进步法》

本法旨在促进科学技术进步，推动科学技术为经济社会发展服务。规定了国家发展科学技术的目标、任务和保障措施，以及科学技术研究开发机构、科学技术人员的权利和义务等。

2.《中华人民共和国促进科技成果转化法》

本法旨在促进科技成果转化为现实生产力，规范科技成果转化活动，加速科学技术进步。明确了科技成果转化的概念、原则和方式，以及相关主体的权利和义务，同时规定了促进科技成果转化的保障措施。

3.《国家中长期科学和技术发展规划纲要(2006—2020年)》

这是我国中长期科技发展的纲领性文件，确定了我国科技发展的指导方针、战略目标和总体部署，提出了重点领域及其优先主题、重大专项、前沿技术和基础研究等方面的任务和措施。

4.《关于深化科技体制改革加快国家创新体系建设的意见》

本意见强调了深化科技体制改革的重要性和紧迫性，提出了加快国家创新体系建设的总体目标和主要任务，包括强化企业技术创新主体地位、加强协同创新、推进科技管理体制改革等方面的内容。

二、国外部分

1.《美国创新战略》(The Strategy for American Innovation)

美国政府发布的旨在保持美国在全球创新领域的领先地位的战略文件。

提出了促进创新的一系列举措,包括加大对基础研究的投入、培养高素质创新人才、加强知识产权保护、推动创新创业等。

2.《德国高科技战略》(High-Tech Strategy for Germany)

德国政府为推动科技发展和创新而制定的战略计划。强调了在关键技术领域的研发投入,加强产学研合作,提高科技创新能力,以实现经济增长和社会可持续发展的目标。

3.《日本科学技术基本计划》(Science and Technology Basic Plan)

日本政府制定的科技发展规划,确定了日本科技发展的重点领域和目标,提出了加强基础研究、培养科技人才、促进科技成果转化等方面的措施,以提升日本的科技竞争力。

附录 B　科技管理相关术语解释

术语解释

本附录旨在为读者提供科技管理领域的关键术语解释和索引,帮助理解相关概念及其在实践中的应用。

1. 科技管理(technology management)

科技管理是指通过规划、组织、领导和控制等管理职能,有效利用科技资源,推动技术创新和成果转化,以实现组织战略目标的过程。它涵盖了技术研发、创新管理、知识产权管理、技术转移等多个方面。

2. 技术创新(technological innovation)

技术创新是指通过研发新技术、改进现有技术或将技术应用于新产品、新工艺或新服务,以提升生产效率、降低成本或创造新的市场机会的过程。技术创新是推动经济增长和企业竞争力的关键因素。

3. 知识产权(intellectual property, IP)

知识产权是指通过法律保护的智力劳动成果,包括专利、商标、版权和商业秘密等。知识产权的管理对于保护创新成果、促进技术转移和商业化具有重要意义。

4. 技术转移(technology transfer)

技术转移是指将技术从研发机构、大学或企业转移到其他组织或市场的过程。技术转移可以通过许可、合作研发、技术入股等方式实现，旨在促进技术的广泛应用和商业化。

5. 研发管理(R&D management)

研发管理是指对科学研究和技术开发活动进行规划、组织、协调和控制的过程。其目标是提高研发效率，确保研发成果符合市场需求，并推动技术创新。

6. 开放式创新(open innovation)

开放式创新是指企业不仅依靠内部研发，还通过外部合作、技术引进、并购等方式获取创新资源，以加速技术创新和市场化的过程。开放式创新强调内外资源的整合与协同。

7. 技术路线图(technology roadmap)

技术路线图是一种战略规划工具，用于描述未来技术发展的路径和关键里程碑。它帮助企业或组织识别技术趋势、制订研发计划，并协调各方资源以实现技术目标。

8. 技术评估(technology assessment)

技术评估是对技术的可行性、经济性、社会影响和风险进行系统分析的过程。技术评估有助于决策者选择合适的技术方案，并规避潜在风险。

9. 技术商业化(technology commercialization)

技术商业化是指将技术从实验室或研发阶段推向市场，转化为具有商业价值的产品或服务的过程。它包括市场分析、产品开发、营销策略制定等多个环节。

10. 创新生态系统(innovation ecosystem)

创新生态系统是指由企业、科研机构、政府、投资者、用户等多元主体构成的网络，通过协同合作推动技术创新和商业化。创新生态系统的健康运作有助于加速技术发展和经济增长。

附录 C　进一步阅读书目

[1]《科技政策学》，陈劲著，科学出版社，2012 年。

[2]《科技管理研究方法》，杜宝贵著，东北大学出版社，2009 年。

[3]《科技创新与管理变革》,刘则渊著,科学出版社,2008 年。
[4]《国际科技管理教程》,李宝山著,中国人民大学出版社,2006 年。
[5]《科技管理案例分析》,王方华著,复旦大学出版社,2007 年。

参考文献

[1] 周寄中,胡志坚,周勇. 在国家创新系统内优化配置科技资源[J]. 管理科学学报, 2002, 5(3):10.

[2] 李军强. 自主科技创新与科技资源优化配置管理探讨[J]. 科学家, 2012(10):229-229,235.

[3] 王艳艳. 科研院所科技人才激励机制研究[D]. 长春:长春工业大学,2014.

[4] 杨放,雷琳,高蓉,等. 科技项目管理体系创新与应用[J]. 石油科技论坛, 2019, 038(003):17-22.

[5] 刘泽圻. 中国政府科技支出的创新效应研究[D]. 武汉:中南财经政法大学,2023.

[6] 韩景宽,何宁,王钦,等. 以科技体制机制改革驱动企业科技创新的探索与实践:以中国石油规划总院为例[J]. 石油科技论坛, 2020, 39(1):23-28.

[7] 刘玉莹. 研发费用加计扣除政策激励战略性新兴产业技术创新研究[D]. 济南:山东财经大学,2022.

[8] 晏艳. 基于对分课堂的公共管理类课程教学改革与实践[J]. 中文科技期刊数据库(全文版)教育科学, 2022(7):195-198.

[9] 张仁开. 从科技管理到创新治理:全球科技创新中心的制度建构[J]. 上海城市规划, 2016(6):46-50.

[10] 齐天. 高校纵向科研经费协同治理模型及体系构建研究[D]. 北京:北京交通大学,2023.

[11] 马婉宁,陈亚平,韩凤芹. 科技伦理治理:核心要义,面临困局及实现机制[J]. 中国科技论坛, 2024(4):1-11.

[12] 杜剑涛. 我国高校研究生科技伦理教育体系的构建[J]. 自然辩证法研究, 2024, 40(4):136-143.

[13] 段伟文. 科技伦理治理,如何伦理先行? [J]. 中国医学伦理学, 2022(5):35.

[14] 闵双梅,李兴华.“绿色+”发展战略:中国可持续发展的新思维[J].赤峰学院学报(汉文哲学社会科学版), 2017, 38(11):93-95.

[15] 徐红.新政策背景下专家型教师素质与行为标准研究[D].武汉:华中师范大学,2012.

[16] 汪涛.组合模型在能源需求预测中的应用[J].能源与环境, 2006(6):22-24.

[17] 王海花,谢富纪,周嵩安.创新生态系统视角下我国实施创新驱动发展战略的“四维”协同框架[J].科技进步与对策, 2014(17):7-11.

[18] 张占仓.论创新驱动发展战略与青年人才的特殊作用[J].河南科学, 2014, 32(1):88-93.

[19] 郗胡平,盛思鑫.从 SpaceX 看美国“科技举国体制”及对中国的启示[J].中国改革, 2021(4):56-58.

[20] 甘志霞,张玮艺.美国高校技术转移体制机制分析[J].中国高校科技, 2018(4):41-43.

[21] 许庆瑞. 管理学[M]. 北京:高等教育出版社, 2005.

[22] 吴贵生. 技术创新管理[M]. 北京:清华大学出版社, 2000.

[23] 傅家骥. 技术经济学前沿问题[M]. 北京:经济科学出版社, 2003.

[24] 王众托. 知识系统工程[M]. 北京:科学出版社, 2004.

[25] 陈劲. 创新管理:赢得持续竞争优势[M]. 北京:机械工业出版社, 2009.

[26] SMITH R. Managing innovation: integrating technological, market and organizational change[J]. Technovation, 2011, 18(1):369-370.

[27] CHESBROUGH H B. Open innovation: the new imperative for creating and profiting from technology[M]. Cambridge: Harvard Business School Press Books, 2006.

后　　记

在完成本书的过程中，我经历了一段充满挑战与收获的研究之旅。通过对科技管理体系的深入探讨，我们不仅获得了丰富的知识和见解，也对这一领域的发展有了更深刻的认识。

1. 研究心得与感悟

科技管理体系是一个复杂而又充满活力的领域，它涉及科技政策、创新管理、资源配置等多个方面。在研究过程中，我们深刻体会到了跨学科研究的重要性。科技管理体系的研究需要综合运用管理学、经济学、社会学等多学科的理论和方法，只有这样才能全面、深入地理解这一领域的问题和挑战。

同时，我们也感受到了实践与理论相结合的必要性。科技管理体系的研究不能仅仅停留在理论层面，必须紧密结合实际情况，关注科技发展的动态和需求。通过对实际案例的分析和研究，我们更加深入地理解了科技管理体系在实践中的应用和效果，为进一步完善理论体系提供了有力的支撑。

此外，研究过程中还让我们明白了团队合作的重要性。在与其他研究者的交流和合作中，我们不仅学到了新的知识和方法，也拓宽了自己的视野和思路。团队成员之间的相互支持和协作，使得我们能够更加高效地完成研究任务，取得更好的研究成果。

2. 对未来科技管理体系研究的展望与期待

随着科技的飞速发展和全球竞争的日益激烈，科技管理体系的重要性将愈发凸显。未来的科技管理体系研究更加关注以下几个方面。

(1)科技创新与可持续发展的融合。在全球可持续发展的背景下，科技管理体系需要更加注重科技创新与环境保护、资源利用等方面的协调发展。研究如何通过科技管理手段推动绿色技术创新，实现经济发展与生态保护的双赢，将是未来研究的一个重要方向。

(2)数字化转型对科技管理体系的影响。数字化技术的快速发展正在深刻改变着科技管理的方式和手段。未来的研究需要关注数字化转型对科技研发、创新模式、资源配置等方面的影响,探索如何利用数字化技术提高科技管理的效率和水平。

(3)跨区域科技合作与协同创新。随着全球化的深入发展,跨区域科技合作与协同创新将成为推动科技进步的重要力量。未来的科技管理体系研究需要加强对跨区域科技合作机制、政策环境等方面的研究,为促进全球科技合作提供理论支持和实践指导。

(4)科技人才培养与发展。科技人才是科技创新的核心力量,科技管理体系需要更加注重科技人才的培养和发展。未来的研究需要关注科技人才的需求和特点,探索如何建立更加有效的科技人才培养机制和激励机制,吸引和留住优秀的科技人才。

总之,未来的科技管理体系研究充满了机遇和挑战。我们相信,通过广大研究者的共同努力,我们一定能够不断完善科技管理体系的理论和实践,为推动科技进步和社会发展做出更大的贡献。

本书的完成是一个新的起点,我们将继续关注科技管理体系领域的发展动态,不断深入研究,为这一领域的发展贡献自己的一份力量。

著　者